Nik Ripken/Gr

Gottes unfassbare Wege

*Wie mein Glaube
durch verfolgte Christen
radikal erneuert wurde*

Brunnen Verlag / Open Doors

Sei getreu bis an den Tod,

so will ich dir die Krone des Lebens geben.

(Offenbarung 2,10)

Die amerikanische Originalausgabe erschien unter dem Titel
„The Insanity of God" bei B&H Publishing Group,
Nashville,Tennessee, USA.
© 2013 by Nik Ripken. Alle Rechte vorbehalten.

Deutsch von Dr. Friedemann Lux

Das Motto auf dieser Seite aus Offenbarung 2,10 ist entnommen aus:
Lutherbibel, revidierter Text 1984,
© Deutsche Bibelgesellschaft, Stuttgart 1999

MIX
Papier aus verantwor-
tungsvollen Quellen
FSC
www.fsc.org
FSC® C006701

2. Auflage 2014

© der deutschen Ausgabe: 2013 Brunnen Verlag Gießen
www.brunnen-verlag.de
Umschlagfoto: shutterstock
Umschlaggestaltung: Ralf Simon
Satz: DTP Brunnen
Druck: CPI – Ebner und Spiegel, Ulm
ISBN 978-3-7655-4204-6

Inhalt

Meine Erfahrungen
beim Lesen dieses Buches

Im Mai 2011, auf einer Konferenz von Open Doors in Toronto, Kanada, hatte ich das Privileg, Nik Ripken und seine Frau Ruth das erste Mal sprechen zu hören. Ich erlebte sie als ein bescheidenes amerikanisches Pastorenehepaar. In ihrem Vortrag erzählten sie, wie sie Gottes Ruf in die „Hölle Somalia" gefolgt waren. Einem Land im Bürgerkrieg, aus dem sich Hilfsorganisationen schon längst zurückgezogen hatten. Als ich später das Textmanuskript für ein neues Buch erhielt, in dem Nik seine Erlebnisse aufgeschrieben hatte, begann ich voller Erwartung zu lesen. Ich hatte zwar schon manches im Dienst für verfolgte Christen erlebt, doch was Nik in Somalia durchgemacht hatte, überstieg meine Vorstellungskraft. Wie weit können Menschen gehen, um einer Berufung zu folgen? War Nik auf das Böse, das ihm in Somalia begegnen würde, ausreichend vorbereitet gewesen? Gab und gibt es unter den schwierigsten Umständen einer Berufung eine geistliche Überlebensstrategie? Gegen Ende der ersten einhundert Seiten schrieb ich mir folgende Hilferufe des Pastorenehepaars auf, die mich an die verzweifelten Worte eines Hiob erinnerten: „*Wenn jeder Mensch eine Seele ist, für die Christus starb, wie war es da möglich, all diesen Schmerz, diesen Tod, diese Unmenschlichkeit zu ertragen? … Wir trafen eine bewusste Entscheidung, in einer Hölle des Wahnsinns Salz und Licht zu sein. Und wir beteten darum, dass mitten in der Nacht dieses Wahnsinns irgendwo das Licht scheinen möge.*"

Zu diesem Zeitpunkt meiner Lektüre war ich ziemlich mitgenommen. Wenn es Ihnen beim Lesen auch so geht, legen Sie das Buch nicht aus der Hand! Denn Nik machte sich auf die Suche nach der Auferstehungskraft Christi, die über die Macht des Bösen in Somalia scheinbar nicht siegen konnte. Und so reiste er rund um den Globus in die für den christlichen Glauben gefährlichsten Länder, um dort von Christen zu erfahren, wie sie in härtester Verfolgung ihren Glauben behalten hatten. Ich war von der zweiten Hälfte so gebannt, dass ich immer wieder die Zeit vergaß. In meinem Dienst bei Open Doors hatte ich schon durch persönliche Glaubenszeugnisse verfolgter Christen von Gottes Wundern erfahren. Niks Erlebnisse in Osteuropa, Asien und Nordafrika zeigten mir jedoch in dieser Breite und Intensität eine ganz neue Tiefe von Gottes Handeln. Ich fühlte mich von seinen Schilderungen in die Zeit der ersten Apostel zurückversetzt. Und doch geschieht das alles in unserer Zeit!

Ich wünsche mir von ganzem Herzen, dass Sie am Ende dasselbe wie Nik und Ruth sagen können: *„Was die verfolgten Christen uns vorgelebt und was sie uns erzählt haben, hat nicht nur unsere Hoffnung erneuert und unsere Wunden geheilt, es hat uns auch einen neuen Blick für die Welt und für unsere Berufung gegeben, unseren Glauben wiederbelebt und unser Leben verändert. Für immer."*

Ich wünsche Ihnen, dass Sie durch die Glaubenszeugnisse unserer verfolgten Brüder und Schwestern das wunderbare Wirken des Heiligen Geistes selbst unter den schwierigsten Umständen auch in Ihrem Leben erkennen können.

Und ich danke Jesus Christus für seine unendliche Gnade, Liebe und Treue!

Kelkheim/Ts., im Frühjahr 2013
Markus Rode
Leiter von Open Doors Deutschland

1.

„Könnten Sie mich mal eben nach Somalia mitnehmen?"

Als Erstes muss ich etwas beichten. Ich heiße nicht Nik Ripken. Sie werden bald merken, warum ich unter einem Pseudonym schreibe. Doch meine Geschichte und die Personen darin sind sehr real. Viele dieser Menschen sind bis heute in großer Gefahr, und ich möchte ihre Identität schützen (nicht meine). So habe ich für dieses Buch meinen Namen und ihre Namen geändert.

Dies ist mein wahrer Bericht über eine lange, persönliche Reise. Es ist kein Heldenepos; die meiste Zeit bin ich mir vorgekommen wie jemand, der bei Nacht und Nebel durch einen dunklen Wald stolpert. Es ist eine Geschichte mit einem klaren Anfang und einem ungewissen Ende. Oder vielleicht sollte ich besser sagen: Die Geschichte fängt mit einem Anfang an und endet mit einem anderen Anfang.

Als ich in jungen Jahren Gottes Gnade entdeckte, nahm ich sie begierig an. Ich vertraute Gott wie ein Kind, ohne Wenn und Aber. Was man mir über Gottes Liebe und seine Erlösung erzählte, packte mein Herz. Als ich in der Bibel las, dass Gott die Welt liebt, begriff ich, dass ich zu dieser Welt gehörte. Als ich von Gottes Geschenk der Erlösung hörte, wollte ich dieses Geschenk haben. Als ich hörte, dass Gott die ganze Welt mit seiner Gnade erreichen will, wurde mir schnell klar, dass ich eine persönliche Verantwortung hatte, an der Verwirklichung dieses Zieles mitzuarbeiten. Und als ich die Apostelgeschichte aufschlug und Gottes Herz für die Völker entdeckte, war mir klar, dass Gott hier eine Aufgabe für mich hatte.

Damals war alles ganz einfach: *Das bietet Gott seinen Leuten an, das möchte er mit ihnen machen, das erwartet er von ihnen – und sie antworten mit Gehorsam und Vertrauen; was denn sonst?*

Ich sage nicht, dass ich damals alles verstand; oft lag ich falsch. Aber der Weg des Gehorsams und Gottvertrauens schien mir ganz deutlich zu sein. Und es gab keine Frage, dass ich Gott gehorchen musste.

Ich weiß nicht, ob ich es jemals wortwörtlich so hörte, aber irgendwie kam ich damals zu der Überzeugung: Wenn ich auf Gottes Ruf antwortete, würde ich ein schönes, behütetes Leben haben. Wer Gott gehorsam diente, der konnte damit rechnen, Ergebnisse zu sehen, ja, richtig Erfolg zu haben. Mehr als einmal hörte ich: „Der sicherste Ort der Welt ist im Zentrum von Gottes Willen." Was konnte wahrer sein? Und beruhigender?

◆◆◆

Nichts an meiner Jugend im ländlich-beschaulichen Kentucky hatte mich auf Reisen in ferne Länder und lebensgefährliche Begegnungen vorbereitet.

Ich war das zweitälteste von sieben Kindern, und als ich mit 18 Jahren mein Elternhaus verließ, reiste ich zum ersten Mal außerhalb des US-Bundesstaates Kentucky. Unsere Familie gehörte nicht zu den Privilegierten. Sie war arm, aber stolz. Meine Eltern gaben uns Kindern einen ausgeprägten Sinn für Familienzusammenhalt, Ehrlichkeit, persönliche Verantwortung, Eigenständigkeit und eine solide Arbeitsethik mit.

Hatte ich eine besonders glückliche oder unglückliche Kindheit? Schwer zu sagen. Die meiste Zeit arbeitete ich oder war anderweitig beschäftigt; da hatte ich nicht viel Zeit, darüber nachzudenken, ob ich nun glücklich war oder nicht. Aber von meinen Eltern und den Nachbarn lernte ich, dass das Leben Arbeit ist und man das Glück bei seinen Verwandten und Freunden findet – zwei einfache Erkenntnisse, die mir im Laufe der Jahre gute Dienste geleistet haben.

Mein Bruder und ich waren die Ersten in unserer Familie, die studieren konnten. Mein Vater verdiente sein Brot in der Baubranche. Meine Mutter war Hausfrau, was bedeutete, dass sie auch Metzgerin, Bäckerin, Kerzenmacherin und vieles mehr war. Abends und am Wochenende bewirtschaftete unsere Familie ein nahe gelegenes Stück Land, wo es immer etwas zu tun gab.

Wochenweise wohnte ich bei meinen Großeltern mütterlicherseits, die ihr Leben lang arme Pächter waren, und ging ihnen zur Hand. Sie waren von einer Farm zur nächsten gezogen, um für diverse Grundbesitzer aus der Stadt die Äcker und Wiesen zu bewirtschaften und nach dem Vieh zu sehen. Wenn ich bei ihnen war, stand ich meistens um vier Uhr morgens auf, um mit der Arbeit zu beginnen. Oft musste ich zwanzig Kühe melken – ohne Melkmaschine, mit der Hand. Gegen sechs Uhr stand das Frühstück auf dem Tisch. Nach dem Frühstück trabte ich zum Schulbus, der anschließend zwei Stunden lang kreuz und quer über die Dörfer fuhr, um die Schüler einzusammeln. Wenn der Unterricht am Nachmittag vorbei war, ging es die zwei Stunden zurück zur Farm, wo meine Großeltern gerade wohnten. Wir aßen zu Abend und gingen mit den Hühnern ins Bett, um genügend Schlaf zu bekommen, bevor noch zu nachtschlafender Zeit der nächste Arbeitstag begann. Mit so einem Tagesprogramm hatte man weder Zeit noch Gelegenheit, irgendwelche Dummheiten zu machen.

An körperlichem Training hatten wir also keinen Mangel, aber im Sommer spielten meine Brüder und ich zur Abwechslung Baseball in der *Little League*, einer gemeinnützigen amerikanischen Sportorganisation für Kinder und Jugendliche. In Kentucky war es Ehrensache, dass jedes Kind, das aus den Windeln heraus war, den ganzen Winter vor dem Radio saß und den

Heldentaten der „University of Kentucky Wildcats" mit ihrem legendären Basketballtrainer Adolph Rupp lauschte. Für nicht wenige in Kentucky war Rupp so etwas wie der liebe Gott.

Apropos Gott: Viele unserer Nachbarn und Freunde schienen mit ihm per Du zu sein. Allerdings muss ich zugeben, dass der Name des Herrn in unserem Haus weniger oft und gelegentlich weniger respektvoll genannt wurde als bei vielen unserer Nachbarn.

Meine Eltern waren keine großen Kirchgänger. Am ehesten sah man sie dort noch an Weihnachten, vielleicht auch Ostern – und natürlich dann, wenn ihre Kinder bei irgendeiner Aufführung mitmachten. Ich muss es meinen Eltern lassen, dass sie meine Geschwister und mich oft zur Kirche fuhren. Wir mussten früh aufstehen und unsere besten Sachen anziehen, und dann ging es zur Sonntagsschule und in den anschließenden Gottesdienst.

Es kann gut sein, dass meine Eltern uns nicht wegen unseres Seelenheils so eisern zur Kirche fuhren, sondern vielmehr wegen der Aussicht, zwei Stunden in der Woche frei von ihren Elternpflichten zu sein und die Kinder versorgt zu wissen. Die religiöse Unterweisung zu Hause beschränkte sich auf das jährliche Vorlesen der Weihnachtsgeschichte und die gelegentlich offen geäußerte Kritik meines Vaters an den Sünden und Schwächen der ihm bekannten „Frommen" – gerade so, als wollte er uns (und vielleicht auch sich selbst) davon überzeugen, dass unsere Familie nicht schlechter war als die anderen – vielleicht sogar besser und ganz bestimmt weniger heuchlerisch …

Ich ging eigentlich ganz gerne in die Kirche. In der Sonntagsschule traf ich meine Freunde aus der Schule wieder. Ich mochte auch den Gottesdienst. Vor allem die Chorstücke hatten es mir angetan; hier erlebte ich zum ersten Mal so etwas wie Ehrfurcht. Die Kirche war auf eine schöne Art anders als mein Alltagsleben. Was allerdings auch bedeutete, dass die Gottesdienste und das „wirkliche Leben" wenig miteinander zu tun zu haben schienen.

Ich versuchte wacker, den Predigten zu folgen, was mir indes nur gelang, wenn der Pastor eine gute Geschichte erzählte. Am wenigsten gefiel mir an den Gottesdiensten das Schlusslied, denn am Ende des Gottesdienstes rief jeder Prediger, der etwas auf sich hielt, alle, die ihr Leben Jesus übergeben wollten, dazu auf, nach vorne zum Altar zu kommen. Just in dem Augenblick, wo es mir in den Füßen juckte, endlich wieder etwas anderes zu machen, und mir beim Gedanken an das gute Mittagessen das Wasser im Mund zusammenlief, ausgerechnet jetzt, wo das gnädige Ende der Veranstaltung zum Greifen nahe schien, kam diese abrupt, wenn auch nicht unerwartet zum Stillstand. Man wusste nie, wie lange der Bekehrungsaufruf des Pastors dauern würde. Und gefährlich war die Sache auch, denn diese Aufrufe konnten peinlich persönlich klingen.

◆◆◆

Eines Sonntagsnachmittags, nach dem Gottesdienst, zogen mein älterer Bruder und ich uns zu Hause für den gemütlichen Teil des Tages um. Plötzlich wurde mein Bruder ganz ernst und sagte: „Nik, es ist Zeit, dass du dich bekehrst."

Was meinte er denn damit? Er sah meinen fragenden Blick und erklärte: „Darum ging es heute in meiner Sonntagsschulklasse, und da musste ich denken, dass du eigentlich alt genug bist, um das mit der Bekehrung zu verstehen. Also, Nik, wenn der Pastor am nächsten Sonntag die Leute wieder dazu aufruft, nach vorne zum Altar zu kommen, dann gehst du, klar? Und sagst ihm, warum du da bist. Okay?"

Ich nickte brav, aber ganz verstehen konnte ich meinen Bruder immer noch nicht. Ich war sieben Jahre alt.

Nun gut, der nächste Sonntag kam, und als während des

Abschlusslieds der Prediger seinen Aufruf aussprach, stieß mein Bruder mich in die Seite. Ich schaute zu ihm hoch und er zeigte nach vorne, zum Altar. Ich wusste beim besten Willen nicht, ob ich für das, was jetzt kommen würde (was immer das war), bereit war, aber meinen großen Bruder enttäuschen wollte ich auch nicht. Deshalb schob ich mich aus der Bank und ging ganz langsam nach vorne.

Der Pastor nahm mich vor dem Altar in Empfang, beugte sich zu mir und fragte mich, warum ich nach vorne gekommen war. Ich sagte: „Weil mein Bruder das wollte!" Der Pastor machte ein komisches Gesicht und sagte, dass er sich nach dem Gottesdienst mit mir unterhalten würde. Ich kann mich nicht mehr groß an dieses Gespräch erinnern, das in seinem Büro stattfand, außer dass er es mit einer Frage begann, auf die ich keine Antwort wusste. Darauf stellte er mir eine zweite Frage; meine Antwort schien ihm auch diesmal nicht zu gefallen. Was wollte er bloß von mir? Es dauerte nicht lange, und ich begann vor lauter Elend und Verlegenheit zu heulen. Damit war das „seelsorgerliche" Gespräch über mein Seelenheil beendet.

Einige Jahre später erfuhr ich, dass der Pastor meine Mutter ein paar Tage danach angerufen hatte, um ihr von dem Gespräch zu berichten. „Ich bin mir nicht sicher, ob Nik verstanden hat, was Erlösung ist", sagte er, „oder was es bedeutet, die Vergebung der Sünden zu bekommen. Aber ich befürchte, dass wir ihn in seinem Glauben zurückwerfen, wenn wir ihn nicht bald taufen." Und so wurde ich getauft, gleich am nächsten Sonntag. Von dem Taufgottesdienst ist mir am besten in Erinnerung, wie kalt das Wasser war; ansonsten hatte er mir nicht viel zu sagen.

◆◆◆

Das erste echte, persönliche geistliche Erlebnis, das ich in der Kirche hatte, kam erst vier Jahre später. Es war Ostersonntag und ich war elf Jahre alt. Ich kann mich noch daran erinnern, als ob es gestern gewesen wäre.

Als wir ankamen, war die Kirche schon voll; unsere „Stammplätze" waren belegt und wir mussten uns trennen. Ich schob mich auf einen leeren Platz in einer Bank ziemlich weit vorne. Vielleicht war es das Gefühl, dass diesmal alles ein bisschen anders war, das mich an diesem Morgen besonders aufnahmebereit machte.

Es war ein strahlender Tag. Die Sonne schien besonders hell; so prächtig und leuchtend waren mir die Buntglasfenster noch nie vorgekommen. Die Gemeinde schien begeisterter zu singen als sonst. Der Chor auch; er klang richtig triumphierend und ich merkte, wie mein Herz mitging.

Diese noch nie da gewesene innere Begeisterung hörte auch nicht auf, als der Pastor auf die Kanzel trat und mit seiner Predigt begann. Er erzählte von den letzten Tagen von Jesus auf dieser Erde. Es war die altbekannte Geschichte, aber diesmal – ja, diesmal packte sie mich.

Die Worte des Pastors klangen für mich wie die Stimme des Erzählers in einem Film, während vor meinem inneren Auge, ja tief in meinem Herzen die Szenen der Karwoche und all das, was Jesus und seine Jünger da erlebt hatten, lebendig wurden. Ich spürte sie in mir: die Liebe und Freundschaft zwischen Jesus und den Jüngern beim Abendmahl. Ich spürte die Traurigkeit, die Enttäuschung, den Schmerz und die Angst im Garten. Ich war hell empört, als seine Feinde Jesus während des Verhörs und dann am Kreuz schlugen und quälten. Es juckte mich in den Fingern einzugreifen. Und warum griff *Gott* nicht ein, warum tat er nichts gegen dieses schreiende Unrecht?

Zum ersten Mal in meinem Leben begriff ich etwas davon, was für einen Preis Jesus gezahlt hatte für die Sünden der Welt, ja für *meine* Sünden. Ich verstand sie auf einmal, die tiefe Verzweiflung, die die Jünger gespürt haben mussten, als er dann tot war und sein Leichnam in ein Grab gelegt wurde. Was für ein finsterer Tag musste der Karsamstag gewesen sein!

Als der Pastor dann zum Ostermorgen kam, zu dem weggerollten Stein, dem Engel, dem leeren Grab und dem auferstandenen Jesus, da wollte etwas tief in mir laut „Hurraaa!" schreien. Ich hatte Lust, in den Jubel der Menge in Jerusalem am Palmsonntag einzustimmen.

Ich versuchte mir vorzustellen, was passieren würde, wenn ich das wirklich machte. Verstohlen schaute ich mich um. Ein paar Kinder waren dabei, im Gemeindebrief herumzumalen. Andere zappelten nervös auf ihrem Stuhl oder starrten leer vor sich hin, in ihre Tagträume versunken. Und die Erwachsenen? Die meisten hörten mit dem üblichen Sonntagspredigtgesicht zu, wie an jedem anderen Sonntag und bei jeder anderen Predigt auch.

Ich hätte am liebsten laut gerufen: „Hey, Leute! Hört ihr das?" Einige von ihnen hatte ich auf dem Sportplatz erlebt, wie sie schrien und tobten. Wie brachten die es bloß fertig, beim Schulfußball am Freitagabend dreimal mehr mitzugehen als bei der Auferstehung Jesu am Ostersonntag? In meinem elfjährigen Gehirn wollte es sich nicht zusammenreimen. Ich konnte nicht begreifen, dass diese schier unglaubliche Geschichte vom Tod und von der Auferstehung Jesu, die wir gerade hörten, anscheinend keinen hier vom Hocker riss.

Es sei denn … und dieser Gedanke ließ meinen inneren Jubel abrupt verstummen. Ja, konnte es sein, dass die Menschen hier um mich herum deswegen keine Begeisterung über die Geschichte von Ostern zeigten, weil sie sie schon so oft gehört hatten – so oft, dass es *nur noch* eine schöne Geschichte war?

Doch, ich bin sicher, dass sie die Geschichte glaubten. Aber sie schien kaum etwas mit ihrem Alltagsleben zu tun zu haben. Offenbar war es eine Geschichte, die nicht viel an Begeisterung oder Reaktion verlangte. Es war halt die nächste gute, vielleicht sogar großartige Geschichte, die ich zusammen mit x anderen unterhaltsamen und anregenden Geschichten von anderen Gelegenheiten in mein „Es war einmal"-Bücherregal stellen konnte. Und genau das tat ich, als ich an diesem Ostermorgen aus der Kirche ging: Ich legte die Auferstehungsgeschichte innerlich unter der Rubrik „Interessantes" ab.

Die nächsten sieben Jahre meines Lebens entdeckte ich wenig über die Bibel, die Kirche oder den christlichen Glauben, das mich erneut begeistert hätte.

◆ ◆ ◆

Viele Jahre später fand ich mich in einer Arbeit am Horn von Afrika wieder, in einem Leben, das alles andere als sicher und geborgen war. An diesem völlig anderen Ort und unter den Umständen, in denen ich mich befand, dachte ich wieder an diese Aufregung damals am Ostersonntag und fragte mich, ob die Auferstehungsgeschichte irgendetwas mit dem wirklichen Leben zu tun hatte – vor allem mit dem realen Leben am Horn von Afrika. Schockiert stellte ich fest, dass ich mich für Gott aufopferte, dass aber kaum etwas dabei herauszukommen schien. Es gab einfach keine messbaren Ergebnisse, und was ich erlebte, waren vor allem Verluste, Leid und Fehlschläge. „Erfolg" wäre das letzte Wort gewesen, mit dem ich das beschrieben hätte, was ich da erlebte.

Der sicherste Ort war im Zentrum des Willens Gottes – das mochte ja stimmen, aber was bedeutete das Wort „sicher" in diesem Zusammenhang? Ich hatte den Eindruck, dass ich mit meinem Leben auf Gottes Ruf geantwortet hatte, aber statt mess- und sichtbaren Resultaten oder gar Erfolg erlebte ich einen Verlust, einen Kummer und eine Niederlage nach der anderen. Was war das für ein Gott, der das zuließ?

Die Frage brachte mich schier zur Verzweiflung. Ich sah mich gezwungen, vieles von dem, was ich glaubte und gelernt hatte, auf den Prüfstand zu stellen. Es war ein heftiger innerer Kampf. Noch nie im Leben hatte ich das erlebt – Verzweiflung.

Ich war vertraut mit Entmutigung. Als junger Christ hatte ich gehört, dass es in meinem Leben mit Jesus hin und wieder Zeiten der Entmutigung geben würde. Aber *das* hier war etwas anderes. So etwas hatte ich noch nie erlebt – und ich merkte bald, dass ich keinen Schimmer hatte, wie ich damit umgehen sollte. Nichts und niemand hatte mich auf das Monster Verzweiflung vorbereitet. Ich wusste noch nicht einmal, wie ich es beschreiben sollte. Wie Hiob wusste ich, dass mein Erlöser lebte – aber warum nur hüllte er sich in dieses schreckliche Schweigen? Ich brauchte so dringend Antworten, aber meine Fragen blieben sozusagen in der Luft hängen:

- Verheißt Gott seinen Kindern wirklich, dass ihnen nichts geschehen kann?
- Geht bei denen, die ihm gehorchen, wirklich am Ende immer alles gut aus?
- Will Gott wirklich von uns, dass wir ihm etwas, ja sogar *alles* opfern?
- Was passiert, wenn unsere besten Absichten und kreativsten Ideen nicht genügen?
- Ist Gott wirklich an schwierigen und gefährlichen Orten am Werk? Und will er, dass wir dort seine Mitarbeiter sind?
- Kann ich nicht Gott lieben und trotzdem mehr oder weniger so weiterleben wie bisher?
- Was bedeutet es wirklich, wenn Gott uns sagt, dass seine Wege nicht unsere Wege sind?
- Lässt Gott wirklich zu, dass Menschen scheitern, die ihn echt lieben? Und wenn das so ist – kann dieser Gott ein solches „heiliges Scheitern" zur Durchführung seiner Absichten gebrauchen?

Ich war in einer tiefen Glaubenskrise. Und dann sah ich sie, die Wahl, vor der ich stand. War ich bereit, diesem Gott zu vertrauen, den ich nicht beherrschen konnte? War ich bereit, mit diesem Gott zu gehen, dessen Wege so anders waren als meine? War ich bereit, mich weiter auf diesen Gott zu verlassen, der das Unmögliche von mir verlangte und mir nur seine Gegenwart versprach?

Dies ist die Geschichte meiner Reise.

Eines möchte ich vorweg betonen: Ich habe nicht auf alle meine Fragen Antworten gefunden. Ich weiß immer noch nicht genau, wohin die Reise geht. Aber ich bin sicher, dass es sich lohnt, die Fragen zu stellen – und dass Gott ein geduldiger, wenn auch zuweilen anspruchsvoller Lehrer ist.

Wie die Geschichte enden wird – ich weiß es nicht. Aber angefangen hat sie, so kam es mir vor, mit einem Flug in die Hölle …

◆◆◆

Nicht, dass ich das vorher gewusst hätte. Das Wort „Hölle" kam in unserem Flugplan nicht vor. Ich wusste eine ganze Menge nicht, als ich an einem hellen Februarmorgen des Jahres 1992 am „Wilson Airport" in Nairobi auf das Rollfeld spazierte und in eine zweimotorige Maschine des Roten Kreuzes stieg. Ich hatte meinen Flug ganze zehn Minuten vorher „gebucht", als ich zu dem Europäer mit dem offiziell aussehenden Rote-Kreuz-Overall trat, der wohl der Pilot sein musste, und ihn fragte: „Wo fliegen Sie hin?"

Er sagte mir, dass er Medikamente nach Somalia brachte. Ich nickte zu dem kleinen Kistenstapel neben dem Flugzeug hin und fragte: „Kann ich Ihnen helfen?"

„Da sag ich nie Nein", erwiderte er. Während wir die Kisten in den Frachtraum hinter der sechssitzigen Passagierkabine luden, stellte ich mich dem Piloten vor und erklärte ihm, warum ich mich für seinen Somaliaflug interessierte. Dann holte ich Luft und fragte: „Könnten Sie mich vielleicht mitnehmen?"

Er nickte achselzuckend und meinte etwas zögernd: „Ich kann Sie gerne da reinfliegen, kein Problem. Ich kann Ihnen nur nicht versprechen, wann wir Sie da wieder rausholen können." Er musste flexibel sein mit seinen Flügen; es hing alles vom Wetter und der aktuellen Lage in Somalia ab. „Vielleicht komme ich schon nächste Woche wieder hin, vielleicht aber auch erst in zwei, drei Wochen oder in einem Monat. Manchmal spielen die Dinge in dem Land halt verrückt, da machen wir keine festen Pläne."

2.

Abstieg in die Hölle

Unser Flug an jenem Tag führte uns weg von den fruchtbaren grünen Hügeln Nairobis über das ausgedörrte braune Gebiet in Nordostkenia und weiter über die unwirtlichen Berge und die trostlose Wüsteneinöde Südäthiopiens. Und dann verließen wir den Himmel und stiegen zur Hölle hinunter. Deren Eingang war die einzige Landepiste eines zerbombten Flugplatzes an der staubigen Peripherie einer Stadt namens Hargeysa.

Hargeysa war die Hauptstadt eines Gebietes, das in der Kolonialzeit Britisch-Somaliland geheißen hatte. Erst vor ein paar Jahren hatte es seine Unabhängigkeit erklärt und versucht, sich von der Demokratischen Republik Somalia zu lösen, was den kampfbereiten somalischen Präsidenten veranlasst hatte, seine Luftwaffe zu schicken, um die zweitgrößte Stadt seines Landes mit Bomben zur Räson zu bringen.

Keine fünf Minuten nach meiner Ankunft wusste ich, dass ich noch nie an einem Ort gewesen war, ja mir keinen Ort hätte vorstellen können, der so trostlos war wie diese Stadt. Die erst vor Kurzem reparierte Landebahn war ein Flickenteppich, bei dem nur die größten Löcher und Einschlagtrichter notdürftig aufgefüllt waren. Jeder Mann, der auf dem Flugplatz arbeitete oder herumlief, trug ein automatisches Gewehr bei sich. In der Nähe eines Lagerschuppens stocherten Frauen und Kinder müde in Abfallhaufen herum, auf der Suche nach Essbarem.

Im Schuppen, der nur drei Wände besaß und dessen Dach die Bomben beschädigt hatten, dösten zwei somalische Wachmänner auf einem ganzen Stapel von Kisten mit Handgranaten, Kalaschnikows, Bazookas, Landminen und diverser anderer Munition und Mordwerkzeugen. Das Waffenlager mochte bald zwanzig Meter breit, fünf Meter tief und drei Meter hoch sein – für mein ungeübtes Auge groß genug, um ein mittleres Entwicklungsland in Grund und Boden zu schießen.

Die Leute vom Roten Kreuz besorgten mir ein „Taxi" in Gestalt eines privaten Pkws mit Fahrer, und dann dankte ich dem Piloten, dass er mich mitgenommen hatte. Er erinnerte mich daran, dass es zwischen einer Woche und einem Monat dauern konnte, bis er zurückflog, und versprach mir, dem Flughafen rechtzeitig Bescheid zu geben.

◆◆◆

Ich traute meinen Augen nicht, als ich vom Flugplatz in die Stadt fuhr. Dies war nicht die geplante Fünf-Kilometer-Spritztour, dies war eine Stadtrundfahrt durchs nackte Elend. Wenn ich je eine Illustration des Ausdrucks „vom Krieg gezeichnet" gesucht hatte – hier bot sich an jeder Straßenecke ein passendes Bild. Die paar Passanten, die ich auf den Straßen erblickte, schienen nicht zu gehen, sondern herumzuirren, wie Roboter oder wie Menschen, die weder Hoffnung noch Ziel hatten. Mein Fahrer erklärte mir, dass 70.000 Menschen diese zerschundene Stadt immer noch ihre Heimat nannten. Und dass es in ganz Hargeysa noch sieben Häuser mit intakten Dächern gab.

Gut, die heiße Phase des Bürgerkrieges war längst vorbei. Nach den Bomben waren die Granatwerfer und Bazookas gekommen und hatten die Stadt in Schutt und Asche gelegt. Danach hatten die Regierungstruppen ihre Aufmerksamkeit wieder den Rebellenclans im Süden des Landes und dem Kampf um Mogadischu und den Rest des Landes zugewandt. Die Rebellen hatten schließlich gewonnen, und der Diktator war ins Exil geflohen. Worauf die Rebellenkoalition alsbald zerbrach und die ehemaligen Verbündeten im Kampf um die Macht einander an die Kehle gingen.

Der Krieg war weitergezogen, aber der Tod und die Zerstörung, die Hargeysa jahrelang heimgesucht hatten, waren geblieben. Während mein Fahrer vorsichtig um gähnende Bombentrichter und die Trümmer eingestürzter Häuser herumfuhr, erzählte er mir, dass die Stadtbewohner immer noch täglich bis zu fünfzig Landminen fanden – viele schlicht dadurch, dass Tiere oder spielende Kinder sie aus Versehen auslösten.

Das war Somalia in den ersten Monaten des Jahres 1992. Jetzt hatte nach dem unglaublich brutalen Bürgerkrieg auch noch eine tödliche, nie da gewesene Dürre eingesetzt. Und es würde noch viele Monate und unzählige weitere Tote brauchen, bevor das ganze Elend dieses kaputten Landes endlich auf dem Bildschirm der Weltöffentlichkeit erscheinen und diese zum Handeln aufrütteln würde.

◆◆◆

Als ich auf dem Flugplatz landete, kannte ich in Hargeysa keine Menschenseele. Ein Bekannter, der vor dem Bürgerkrieg in Somalia gearbeitet hatte, hatte sich für mich mit einem Freund in Verbindung gesetzt. Dieser, ein junger Europäer, leitete seit Jahren zusammen mit einer deutschen Krankenschwester und einer Niederländerin ein Waisenhaus in Hargeysa. Die beiden Frauen waren meine einzigen Kontaktpersonen in der ganzen Stadt. Mein Fahrer – wer hätte das gedacht? – wusste zufällig, wo die beiden wohnten. Er fuhr mich hin und sie luden mich ein, ihr „Haus" für die Dauer meines Aufenthalts zu meinem Hauptquartier zu machen.

Die drei Europäer wohnten sehr bescheiden in den unbeschädigt gebliebenen Räumen der Ruine eines gemieteten Hauses. Es lag ein paar Straßen vom Waisenhaus entfernt. Sie betreuten die etwa 30 Kinder mit der Hilfe einiger somalischer Mitarbeiter. Meine Gastgeber hatten keinen Strom, kein fließendes Wasser und keine richtigen Möbel in ihrer Wohnung. Mithilfe eines kleinen Holzkohleofens bereiteten sie das Abendessen – ein paar Stücke zähes Ziegenfleisch in Brühe mit Kartoffeln und grünem Gemüse. Wir saßen auf dem Boden, sowohl während des Essens – meiner ersten Mahlzeit in Somalia – als auch während des langen Gesprächs, das folgte.

Die drei erzählten mir von ihrer schwierigen Arbeit im Waisenhaus und von den Kindern dort. Ich staunte nur so über ihr Engagement und ihr weites Herz, nicht nur für die Jungen und Mädchen in ihrer Obhut, sondern für all die verzweifelten Menschen in Somalia, ob jung oder alt, die schon so lange so viel leiden mussten.

Meine Gastgeber wollten natürlich wissen, wer ich war, warum ich nach Hargeysa gekommen war und was ich dort vorhatte. Ich erzählte ihnen von meiner Frau Ruth und unseren Söhnen in Nairobi und dann einiges über mich selbst – wie ich auf einer Farm in Kentucky aufgewachsen war, als Zweiter in meiner Familie studieren konnte und nach dem Studium in mehreren kleinen Gemeinden in Amerika als Pastor gearbeitet hatte, bevor ich vor sieben Jahren nach Afrika kam, um dort in zwei verschiedenen Ländern Gemeinden zu gründen.

Auf den Gesichtern meiner Zuhörer stand Interesse, aber auch Besorgnis geschrieben. Ich beeilte mich, ihnen zu versichern, dass ich wusste, dass ich in Somalia nicht so würde arbeiten können wie vorher in Malawi und Südafrika. Neue, strikte Vorschriften hatten es für Europäer und Amerikaner, die auch nur um drei Ecken religiös motiviert waren, äußerst schwierig gemacht, in Somalia zu leben oder auch nur einzureisen; jetzt, so kurz nach dem Bürgerkrieg, war es praktisch unmöglich.

Ich hatte versucht, mich über die Zahl der Christen in Somalia schlauzumachen. Nach den seriösesten Quellen schien es im ganzen Land mit seinen immerhin sieben Millionen Einwohnern gerade genug Christen zu geben, um vielleicht die Bänke einer kleinen Kirche zu füllen, wie ich sie aus Kentucky kannte. Es gab keine einzige Gemeinde und nirgends genügend Gläubige am selben Ort, um auch nur eine kleine Hausgemeinde zu gründen.

Ich erklärte meinen Gastgebern also, dass Ruth und ich für mehrere säkulare Organisationen arbeiten würden, die dem Land die so dringend benötigte humanitäre Hilfe bringen wollten. Als Christen hofften wir natürlich, dass wir den Menschen damit die Liebe Gottes nahebringen konnten, im Gehorsam gegenüber dem Gebot von Jesus, zu seinen „geringsten Brüdern" zu gehen. Wir wollten den Durstigen zu trinken und den Hungrigen zu essen geben, den Nackten Kleidung und den Obdachlosen ein Heim, wir wollten die Kranken pflegen und die besuchen, die ihre Freiheit verloren hatten. Wie der barmherzige Samariter wollten wir die Wunden unserer „Nächsten" verbinden und ihnen helfen, wo wir konnten.

Uns war bewusst, dass nicht daran zu denken war, die äußeren „Strukturen" des Christentums, wie Kirchengebäude, ordinierte Geistliche und Predigerseminare, in ein so feindliches Milieu wie Somalia einzuführen. Schon gewisse Wörter wie „Kirche", „Missionar", „Christen" und viele andere wären hier nur hinderlich.

Wenn meine drei Gastgeber mich an diesem Abend als einen von diesen „naiven Amerikanern" abgehakt hätten – sie hätten recht gehabt. Aber sie hörten mir aufmerksam zu und versicherten mir, dass ich, sobald ich begann, Hargeysa zu erkunden, mehr als genug „Nächste" finden würde, die mehr brauchten, als ich mir je vorstellen konnte.

◆◆◆

Später, als ich auf einer Schlafmatte auf dem nackten Zementfußboden lag und Revue passieren ließ, was ich da in den letzten Stunden alles gesehen und gehört hatte, merkte ich, wie mich die Last des bisher Erlebten schon jetzt schier erdrückte. Und dabei hatte ich bestimmt nicht viel mehr getan, als an der Oberfläche zu kratzen.

Ich begann zu beten. *„Vater im Himmel, warum ausgerechnet ich? Und warum hier?"* Ich erinnerte Gott daran, dass absolut nichts in meiner Kindheit, meiner Ausbildung oder meiner Berufserfahrung mich dafür qualifizierte, in einem Land wie Somalia zu leben oder zu arbeiten. Ich betete weiter – lauter Klagen und Bitten. *„Was um alles in der Welt soll ich deiner Meinung nach hier tun, Herr? Hier gibt's keine Gemeinden und kaum Christen! Keine Pastoren oder Diakone, keine Ältesten, keinen Kindergottesdienst, keine Bibelstunden. Hier ist mir alles fremd, hier gibt es nichts zu tun, was meinen Fähigkeiten entspricht! Ich bin hier auf verlorenem Posten, allein in Feindesland. Bitte, Jesus, hol mich hier raus!"*

Die Monate des Planens und Vorbereitens, die hinter mir lagen, hatte ich vergessen. Wenn es eine Möglichkeit gegeben hätte, den Piloten vom Roten Kreuz zu kontaktieren und ihn dazu zu bringen, mich am nächsten Tag wieder zurückzufliegen, wäre ich ins Flugzeug gestiegen und nie mehr zurückgekommen.

◆◆◆

Der Besuch im Waisenhaus am folgenden Tag hob meine Stimmung etwas, obwohl der Weg dorthin sich als das nächste Abenteuer erwies. Hargeysa war definitiv ein gefährliches Pflaster. Was ein zehnminütiger Spaziergang um acht Straßenecken hätte sein sollen, glich hier einer Expedition durch vermintes Gelände. Ich folgte meinen Gastgebern vorsichtig durch verlassene Gassen; mehrere Male machten wir einen großen Umweg um einen ganzen Block, weil dort Minen lagen, die noch niemand geräumt hatte. Als wir endlich unser Ziel erreichten, hatte ich das Gefühl, zum Ende der Welt gelaufen zu sein.

Das Waisenhaus entpuppte sich als eine Oase der Freude und Hoffnung in dieser großen Wüste der Verzweiflung. Die Kinder in dem kleinen Gebäude gehörten zu den am besten ernährten somalischen Kindern, die ich je sehen würde.

Das Haus selbst war im arabischen Stil erbaut, der für so viele Städte am Horn von Afrika typisch ist: ein einstöckiges Gebäude mit Flachdach, dessen Wände aus sonnengetrockneten Ziegeln innen und außen weiß verputzt waren. Die Sonne schien durch vergitterte glaslose Fenster. Die Außenwände waren von Einschusslöchern übersät. Nachts schliefen die Kinder dicht nebeneinander auf dem Fußboden, auf eigens ausgerollten Schlafmatten. Wie der Rest der Bewohner Hargeysas lebten auch die Menschen im Waisenhaus ohne Strom, außer wenn es gelang, etwas Benzin für den kleinen Generator aufzutreiben, mit dem man eine Handvoll Lampen betreiben konnte. Fließendes Wasser gab es nicht. Die Mitarbeiter mussten jeden Tag hinausgehen, um irgendwo etwas Frischwasser zu kaufen. Die

Toiletten waren simple Löcher im Boden, darunter lagen in die Erde gegrabene Fäkaliengruben.

Nicht ein Mal an diesem Tag (oder auch bei späteren Besuchen) erlebte ich, dass eines der Kinder nach draußen ging. Ihre ganze Welt bestand aus dem Inneren des Waisenhauses und dem winzigen Hof. Es war eine Welt ohne Spielsachen. Es gab nur wenige Bücher, keine modernen Geräte, keine Möbel. Es war eine primitive Welt – aber der Gegensatz zwischen ihr und der Außenwelt hätte nicht größer sein können. Draußen hatte ich die Fratze des Bösen gesehen und was es aus diesem Land gemacht hatte; hier im Waisenhaus entdeckte ich eine Oase des Glücks, wo Kinder lachten und spielten.

◆◆◆

Mein erster „Erkundungsgang" erfolgte später am gleichen Tag. Ich begleitete die Frauen vom Waisenhaus auf ihrem täglichen Gang zum Markt, um zu sehen, was sie den Kindern am Abend zu essen bieten konnten. Wenn das Hilfswerk, das ich vertrat, in Zukunft dieses Waisenhaus mit Lebensmitteln und anderen Hilfsgütern versorgen wollte, machte ich mich wohl besser kundig, was es vor Ort zu kaufen gab.

Die Antwort war: Nicht sehr viel. Das einzige Fleisch auf dem Markt war Ziegen- oder Kamelfleisch. Dabei wusste man allerdings nie so genau, ob das Tier frisch geschlachtet war oder ob ein Bauer versuchte, aus der Not eine Tugend zu machen, indem er den Kadaver eines verendeten Tieres aus seiner Herde in Portionen schnitt. Es mochte verdurstet, irgendeiner Krankheit erlegen oder auch vor einer Weile in ein Minenfeld gewandert sein.

Auf dem ganzen Markt gab es nichts, was man als „Qualitätsfleisch" hätte bezeichnen können. Aber da ich zu Hause auf der Farm zur Genüge geschlachtete Tiere gesehen hatte, machten mir die rohen Fleischhälften und -viertel, die vom Dach der

Metzgerstände herunterhingen, weiter nichts aus. Die Frauen trafen ihre Wahl und zeigten auf etwas, was wie eine ganze Ziege aussah. Ich musste schlucken, als der Verkäufer dem Tierrumpf einen kräftigen Schlag mit der Klinge seiner Machete versetzte, um die Fliegenwolke zu verscheuchen, bevor er eines der dünnen Beine abschnitt.

Das eine Ziegenbein würde kaum für einen Bissen für jedes Waisenhauskind reichen, aber vielleicht konnte man mit dem Fleisch dem kleinen Sack halb verschrumpelter Kartoffeln, den ein anderer Händler feilbot, etwas Würze geben. Dazu noch ein paar Zwiebeln und zwei zu klein geratene Kohlköpfe, und der Einkauf war komplett – zwangsweise, denn mehr hatte der Markt nicht zu bieten.

Später konnte ich noch ein paar andere Stadtviertel erkunden. Was mir am meisten auffiel, war nicht das, was ich sah, sondern was ich nicht sah. So schien es in dieser 70.000-Einwohner-Stadt keine einzige funktionierende Schule zu geben. Auch kein Krankenhaus, das die vielen Kranken und Verhungernden hätte versorgen können.

Was meine Freunde mir auch zeigten, es war immer das gleiche Lied: „Hier stand mal eine Schule." – „Das Gebäude da gegenüber war früher ein Krankenhaus." – „Hier war früher die Polizeistation." – „Da war mal ein Laden." – „Das hier war früher ein Sportplatz."

Ich musste denken: „Gibt es für diese Stadt, wo alles zerstört ist, was eine Stadt braucht, eigentlich noch eine Zukunft?"

3.

Die Fratze des Bösen

Wenn ich heute an diesen ersten Trip nach Somalia zurück-
denke, frage ich mich oft: *Was, um alles in der Welt, hast du dir
damals dabei gedacht?* Noch heute kommt mir das, was ich erlebte, in vieler Hinsicht genauso unwirklich vor wie damals.

Bei meinen Erkundungsgängen in Hargeysa stieß ich auch
auf das Minenräumkommando einer britischen Firma. Die Aufgabe der Männer war, Landminen, die in der Stadt und ihrer
Umgebung herumlagen, aufzuspüren, unschädlich zu machen
und zu entfernen.

Eine ganze Weile schaute ich fasziniert (und aus sicherer
Entfernung!) zu, wie diese Männer einen sogenannten Minenräumer bedienten – eine Art gepanzerten Bulldozer, dessen Ka-
bine so weit hinten angebracht war wie möglich und der vorne
einen langen Arm mit einer sich drehenden Welle hatte, die lange, schwere Stahlketten nach vorne warf, um nicht explodierte
Minen zur Explosion zu bringen, worauf die Trümmer mit der
schweren Schaufel beiseitegeschoben wurden.

Als die Männer eine Pause machten, trat ich zu ihnen, um
mich mit ihnen zu unterhalten. Ihr Minenräumer war vor allem
auf die Beseitigung von Antipersonenminen ausgelegt. So eine
Mine wird gerade so tief in den Boden eingegraben, dass ihre
Oberseite bündig mit der Oberfläche ist oder knapp darunter
liegt. Ihre Umhüllung ist typischerweise aus Plastik, sodass sie
nicht auf Metalldetektoren anspricht. Der Zünder ist ein simp-
ler Druckteller oder Knopf; sobald jemand darauf tritt, wird sie
ausgelöst. Dafür genügen schon ein paar Pfund Belastung. Diese Minen sollen Menschen töten oder mindestens verkrüppeln

und werden eigentlich eingesetzt, um den Vormarsch feindlicher Kräfte zu behindern. Ein riesiges Problem ist, dass sie auch dann noch da sind, wenn der Krieg vorbei ist und die Soldaten nach Hause gegangen sind; noch nach Jahren, ja Jahrzehnten sind sie scharf – tückische Todesfallen, die keinen Unterschied machen zwischen Freund und Feind, Soldat und Kleinkind.

Da es in und um Hargeysa Tausende, wenn nicht Zehntausende von Minen gab und so ein Minenräumpanzer unglaublich teuer ist, heuerte diese Minenräumfirma auch einheimische Kräfte an, die manuell nach Minen suchten. Es war eine lebensgefährliche Arbeit, bei der die Minensucher sich quasi in der Hocke ganz langsam eine Straße oder ein Feld entlangbewegten und fast schon zentimeterweise den Boden absuchten, manchmal mit einem langen, steifen Draht, den sie vorsichtig nach vorne schoben. Die körperliche und seelische Belastung bei dieser Arbeit ist ungeheuer, der Preis für den kleinsten Fehler kann furchtbar sein. Einer der Männer erzählte mir von einem Suchtrupp von Somalier, die stundenlang das Feld eines Bauern durchgekämmt und dabei etliche Minen aufgespürt und markiert hatten. Als sie endlich eine wohlverdiente Pause machten, setzten sich alle vorsichtig dort hin, wo sie waren, so wie sie es gelernt hatten. Doch dann streckte einer von ihnen seine verspannten Beine aus – und löste eine Mine aus, die ihm beide Füße abriss.

Als ich diesem Minenräumer zusah und diesen Männern, die buchstäblich Leib und Leben riskierten, um die nächste der wer-weiß-wie-viel tausend noch im Boden liegenden Minen unschädlich zu machen, kamen sie wieder, die Fragen, die ich mir seit meinem ersten Tag in Somalia gestellt hatte. Was war das für ein Land, wo die Mütter, wenn ihre Kinder zum Spielen nach draußen gingen, nicht wussten, ob sie lebendig zurückkamen oder von einer Mine zerrissen wurden?

◆◆◆

Ich weiß, dass die Bibel keine Detailbeschreibung der Hölle liefert. Dort ist noch nicht einmal zu lesen, wo sie ist. Aber ich erinnere mich an die Aussage von Theologen, dass das Schlimmste an der Hölle die ewige Trennung von Gott ist. Damals, 1992, war ich erst ein paar Tage in Somalia. Aber ich hatte dort bereits genug Böses erlebt, um zu dem Schluss zu kommen, dass dieses Land so total gott-los war, wie ein Land nur sein konnte. Alles, was gut war im Universum, schien unendlich weit weg zu sein. Somalia im Februar 1992 – mein Bedarf an Hölle war gedeckt.

❖❖❖

Als ich im Dunkeln auf der Matte lag, war ich so niedergedrückt von all den Manifestationen des Bösen, die ich gesehen hatte, dass ich Jesus immer wieder sagte: *„Wenn ich je hier rauskomme, komme ich nie mehr zurück!"* Selbst der wohlvertraute Spruch: „Nimm jeden Tag so, wie er kommt" war mir zu viel. Für so viele Somalier war es schon Schwerstarbeit, jede *Stunde* so zu nehmen, wie sie kam.

Selbst als bloßer Besucher war ich derartig überwältigt von all den Eindrücken, dass ich sie unmöglich verarbeiten konnte. Ich versuchte, auf meine Instinkte zu hören und einfach irgendwie weiterzumachen.

❖❖❖

Manchmal gelang es mir auch, meine Instinkte zu ignorieren. Als ich ein paar Tage später wieder durch Hargeysa ging, erblickte ich in einer Gasse auf der anderen Seite etwas vor mir: einen kleinen Jungen, der ungefähr die Größe meines fünfjährigen Sohnes Andrew hatte. Er stand mit dem Rücken zu mir da und sah mich nicht kommen. Offenbar konnte er mich auch nicht *hören*, so vertieft war er in den Gegenstand, den er in den Händen hielt.

Ich war fast auf gleicher Höhe mit ihm, vielleicht noch fünf Meter entfernt, als mein Gehirn endlich realisierte, was meine Augen da sahen. Jetzt, wo ich dem Jungen über die Schulter blicken konnte, erkannte ich, was ihn da so beschäftigte: Er hielt eine tellerförmige Mine an die Brust, während er mit dem Zeigefinger der anderen Hand am Zündknopf hantierte.

Ich weiß nicht mehr, ob mein Herz stehen blieb, aber ich weiß noch, dass jeder Nerv in meinem Körper schrie: *Renn!* Die Zeit schien stillzustehen – anders kann ich es mir nicht erklären, wie mir so viele Gedanken und Bilder gleichzeitig durch den Kopf schießen konnten.

Mein Gehirn rechnete: Ein Sprint von weniger als fünf Sekunden würde mich wahrscheinlich aus der Explosionszone tragen. Aber dann merkte ich: *Wenn du dich jetzt umdrehst und wegrennst, kannst du zu Hause nicht mehr in den Spiegel schauen, falls der Kleine da den Knopf drückt und sich in die Luft jagt.*

Es erforderte alles, was ich hatte – meine ganze Energie, Entschlossenheit und Selbstbeherrschung –, um mich aus meiner Erstarrung zu lösen. So schnell und leise wie möglich sprang ich auf die andere Seite der Gasse. Wenn der Junge mich nur nicht hörte und Angst bekam! Die eine Hälfte meines Gehirns versuchte mir einzureden, dass der Finger des Kleinen zu schwach war, um den Zünder zu betätigen. Die andere entwarf einen Plan, wie ich ihm das Teufelsding wegreißen konnte, bevor der Schock und der Schreck ihn den Knopf so fest drücken ließen, dass die Sprengladung uns beide zerriss.

Ich glaube nicht, dass er meine Schritte wahrnahm. Bevor er auch nur den Kopf drehen konnte, schoss meine Hand an seiner Schulter vorbei und riss ihm die Mine aus den Händen. Im gleichen Augenblick merkte ich, dass die Unterseite des Minentellers, die ich nicht hatte sehen können, leer war. Die Sprengladung war nicht mehr an ihrem Platz. Der Junge hatte die leere Minenhülle mit dem Druckteller in der Hand gehalten; mehr hatte ich nicht sehen können.

Ich weiß bis heute nicht, was dieser somalische Junge dachte, als ihm ein Weißer mit schreckverzerrtem Gesicht das Spielzeug, das er da gefunden hatte, wegriss. Lebt er heute noch? Und wenn ja, erinnert er sich dann noch an diese Szene?

Ich erinnere mich noch gut. Ich sehe sie heute noch, die plötzliche Überraschung und die Angst (vor mir) in den Augen des Jungen. Ich werde dieses Erlebnis nie vergessen, denn es zeigte mir einmal mehr das Gesicht und die Handschrift des Bösen in Somalia.

❖❖❖

Immer wieder, unzählige Male, sah ich das Gesicht dieses Jungen vor mir. Eines Tages organisierte eine der Waisenhausmitarbeiterinnen eine Autofahrt aus der Stadt hinaus. Mein Ziel bei dieser Erkundungstour war, herauszufinden und zu dokumentieren, was die Menschen in den Dörfern brauchten, als Grundlage für mögliche Projekte meiner Hilfsorganisation in der Umgebung von Hargeysa.

Die Trinkwasserversorgung in Afrika funktioniert meist nicht ohne elektrischen Strom. Selbst Dörfer, die noch die alten Brunnen haben, benutzen heute zum Schöpfen des Wassers meist von kleinen tragbaren Generatoren betriebene elektrische Tauchpumpen. Diese „Technologie" ist nicht nur relativ billig und wartungsfrei, sondern auch eine zuverlässige und effiziente Methode, um in Gegenden, wo man mit traditionellen Methoden nicht an das tiefe Grundwasser herankommt, die vorhandenen Wasservorräte zu nutzen, so gut es geht.

Doch diese Technologie ist nicht nur einfach zu bedienen, sondern auch einfach zu stehlen und zu sabotieren. Kaum aus der Stadt heraus, entdeckten wir, dass alle öffentlichen Brunnen unbrauchbar gemacht worden waren. Wenn nicht der Generator gestohlen war, dann die Pumpe; manchmal waren beide weg, womöglich auf dem Schwarzmarkt verkauft. Noch unbegreiflicher war die sinnlose Zerstörungswut, die wir in den paar Dörfern sahen, die noch die alten Handpumpen hatten. Oder gehabt *hatten*, bis Vandalen, bewaffnete Diebe, feindliche Clans oder irgendeine der Parteien des Bürgerkriegs die Pumpen zerstört und die Brunnen mit Steinen oder Sand gefüllt hatten.

Wer die Übeltäter auch gewesen waren und was ihre Motive auch sein mochten – die Ergebnisse waren in fast jedem Dorf die gleichen: ganze Herden verendeter Ziegen auf Weiden, auf denen kein Gras mehr wuchs, und neben den Straßen verwesende Kamelkadaver, die die Luft mit dem Gestank des Todes füllten.

Viele Häuser in diesen Dörfern waren leer und verlassen. Die Bauernfamilien, die dort gewohnt hatten, waren entweder verhungert oder in die Stadt geflüchtet, in der verzweifelt-unsicheren Hoffnung, dass es dort besser wäre. Sie hatten keine Wahl; das Land, das ihnen einst Leben und Auskommen gegeben hatte, war mutwillig unbewohnbar gemacht worden.

Ich war nach Somalia geflogen, um herauszufinden, was die Menschen in und um Hargeysa brauchten. Dort draußen auf dem Land wurde mir rasch klar, dass es nichts gab, was die Menschen hier *nicht* brauchten.

Was gab es zu tun? *Alles!*

Die größte Frage für mich war: Was konnte eine Hilfsorganisation für diese Dörfer und diese Menschen ganz praktisch tun? Wo anfangen in einem Land, wo *jeder* arm und elend war, wo *jeder* zu den „geringsten Brüdern" (Matthäus 25,40) gehörte?

Ich war – ja, was war ich? „Erschüttert" ist ein zu schwaches Wort. Ich mochte ein blutiger Anfänger auf dem Gebiet des Helfens sein, aber ich hatte mich lange genug mit Experten unterhalten und lange genug in Afrika gelebt, um zu wissen, dass eine Hilfsorganisation, bevor sie mit dem Helfen anfangen kann, erst einmal vier Dinge auf die Reihe bringen muss. Sie braucht erstens Sicherheit und zweitens zuverlässige Transportmittel; drittens muss sie wissen, was die Menschen, denen sie da helfen will, überhaupt benötigen, und viertens braucht sie Mitarbeiter, die über das nötige Know-how verfügen.

Als wir zurück in die Stadt fuhren, war mir klar: Von keinem dieser vier Dinge hatte ich auch nur annähernd genug, um mit sinnvollen Hilfsmaßnahmen für die überwältigenden Nöte, die ich heute gesehen hatte, auch nur anzufangen. Jetzt konnte ich sie besser verstehen, die Hoffnungslosigkeit, die ich in den Augen so vieler Somalier sah.

◆◆◆

Die emotionalen Nachwirkungen meines Ausflugs auf die Dörfer machen es vielleicht verständlicher, warum eine Szene mich so heftig berührte, die ich bald danach bei einem erneuten Besuch des Marktes von Hargeysa erlebte. Zuerst schien alles so zu sein wie bei meinen früheren Besuchen. Dieselben Händler boten die gleichen dürftigen Waren an den wenigen gleichen Ständen feil. Ich postierte mich in einer Ecke und schaute den Menschen zu, die kamen und gingen.

Plötzlich ertönte aus der Ferne Motorenlärm. Es klang nach schweren Lkws. Sie kamen langsam näher, und dann sah ich sie, die Kolonne, die durch die Straßen zum Markt hinrollte. Es waren 15 Lkws, jeder schwer bewaffnet. Hinten auf den Ladeflächen standen Männer, die wie Soldaten aussahen. Jeder hatte über die eine Schulter eine AK-47 gehängt und quer über die Brust mehrere volle Patronengürtel. Auf einigen der Wagen waren schwere Maschinengewehre installiert, mindestens einer war mit einem Luftabwehrgeschütz ausgestattet.

Doch noch beeindruckender als die Feuerkraft der Kolonne waren die Gesichter der Männer – herrisch, stahlhart, wie die von kampferprobten römischen Legionären, die die weite Welt gesehen hatten und jetzt stolz nach Rom zurückfuhren.

Meine erste Reaktion war: „Gott sei Dank, ein Konvoi mit Lebensmitteln! Endlich!" Die plötzlich zum Markt strömende aufgeregte Menschenmenge schien meine Vermutung zu bestätigen. Ich drückte mich an eine Hauswand, um den Leuten, die sich auf die Wagen stürzten, Platz zu machen. Die Soldaten drängten sie zurück, um Platz zu haben, und begannen, ihre wertvolle Fracht auszuladen.

Ich schaute wie gebannt zu, selbst voller Vorfreude. Was für Wundersachen würden die Menschen der Stadt heute Abend essen können? Jetzt wurden die ersten Kisten geöffnet, und die Menge schoss wieder nach vorne.

Als ich sah, was in den Kisten war, wurde mir schlecht. Es waren keine Lebensmittelkonserven, keine Mehlsäcke, keine Wasser- oder Fruchtsaftflaschen. Ich hatte lange genug in Afrika gelebt, um das Zeug sofort zu erkennen: In diesen Kisten waren lauter leinenumwickelte Bündel *Khat*, eine Pflanze, die im Hochland von Kenia und Äthiopien angebaut wird und deren Blätter abgerissen und als Rauschmittel gekaut werden. *Khat* gilt als Freizeitdroge; manche sagen, dass sie wie Amphetamin wirkt und genauso stark ist wie die Partydroge Ecstasy.

Ich wollte meinen Augen nicht trauen. In einer Gegend, wo Zehntausende Menschen kein Dach über dem Kopf, nichts zu essen und keine Medikamente hatten, schickte jemand eine fünfzehn Fahrzeuge starke, schwer bewaffnete Lkw-Kolonne auf die Reise, um Drogen zu importieren!

Doch was mich noch mehr entsetzte, war die Reaktion der Menge. Männer, die wer weiß wie lange nicht das Geld gehabt hatten, um Essen für ihre Familie zu kaufen, rannten förmlich zu den Lkws. Die einen trugen Stereo-Lautsprecher und andere elektrische Geräte auf den Schultern, um diese für sie wertlos gewordenen Gegenstände gegen kleine Päckchen Khat einzutauschen. Andere brachten die Goldketten und sonstigen Schmuck ihrer Frauen – Dinge, die traditionell die Lebensversicherung der Frau waren –, um dafür eine Kaudroge zu bekommen, mit der sie eine Nacht lang ihr Elend vergessen konnten. Als ob sie glaubten, dass ihre einzige Hoffnung, der Hölle Somalias zu entkommen, in dieser Droge und ein paar kurzen Stunden Vergessen lag.

Es dauerte nur ein paar Minuten, und alle Kisten waren leer und der Rest der Menge begann sich zu zerstreuen. Ich kann diese Szene seit zwanzig Jahren nicht vergessen. An jenem Nachmittag auf dem Markt von Hargeysa, als ich zuschaute, wie diese verzweifelten Drogensüchtigen schier die Lastwagen stürmten, glitt die Maske wieder für einen Augenblick zur Seite und die Fratze des Bösen starrte mich an. Ich erkannte, dass das Böse offenbar über eine viel bessere Logistik verfügte als das Gute, und hatte meine Zweifel, ob ich daran etwas würde ändern können, wenn ich wieder zurück in Nairobi war.

◆◆◆

Zum Glück funktionierte die private Klatsch- und Nachrichtenbörse in Afrika nach wie vor gut, vor allem unter den dort lebenden Ausländern. Irgendwie kam meinen europäischen Freunden im Waisenhaus zu Ohren, dass am nächsten Tag ein Flugzeug des Roten Kreuzes in Hargeysa landen würde. Sie brauchten es mir nicht zweimal zu sagen …

Ich wollte nicht nur raus aus Somalia, ich wollte vor allem endlich wieder Ruth und unsere Söhne sehen. Damals waren große Teile Afrikas noch unerreicht von Handy, Satellit und Co.;

über drei Wochen lang hatte ich nichts von meinen Lieben gehört und sie nichts von mir.

Hätte ich einen Fallschirm dabeigehabt, wäre ich vielleicht schon vor der Landung in Nairobi aus dem Flugzeug ausgestiegen. Da ich Ruth nicht hatte benachrichtigen können, fuhr ich mit dem Taxi nach Hause, um sie zu überraschen.

◆◆◆

Die drei Wochen in Somalia waren wie ein Besuch auf einem anderen Planeten gewesen. Wieder in meiner eigenen Welt zu sein – durch die Tür meiner eigenen Wohnung zu gehen, im Kreise meiner Familie ein normales Abendessen an einem richtigen Tisch einzunehmen, in meinem eigenen Bett zu schlafen – es war irgendwie unwirklich. Mir war, als ob ich in einem einzigen Tag von der Hölle in den Himmel gereist wäre. Meine Gefühle spielten Pingpong. Endlich wieder bei meiner Familie sein – aber ich bekam plötzlich ein schlechtes Gewissen, wenn ich ein Bad nahm.

Ich hatte Hunderte von Fotos gemacht, wo und wann immer möglich. Als sie entwickelt waren, zeigte ich sie Ruth und den Jungen. Ich versuchte, Ruth einen ausführlichen Bericht über meinen Besuch zu geben, ihr jede Einzelheit zu schildern. Sie fragte mir Löcher in den Bauch. Ich erinnerte mich an immer neue Details und an die nächste Geschichte. Auf diese Weise gelang es mir, das zu verarbeiten, was ich in den traumatischen drei Wochen in Somalia alles erlebt und (hoffentlich) gelernt hatte.

Ich war mir immer noch nicht klar darüber, was eine Hilfsorganisation dort würde ausrichten können. Oder wo wir überhaupt anfangen sollten. Wenn Sie mich nach meiner ehrlichen Meinung gefragt hätten, hätte ich Ihnen geantwortet, dass das ehemalige Britisch-Somaliland der ärmste, hoffnungsloseste, höllischste Ort auf diesem Planeten war.

Ich sollte bald entdecken, dass das nicht stimmte: Mogadischu, die Hauptstadt von Somalia, war noch schlimmer. Und dorthin wollte ich als Nächstes!

4.

Berufsziel: Tierarzt

Nach meinem Ostererlebnis als Elfjähriger ging ich weiter zur Kirche, aber den Großteil meiner Zeit, Energie und Interessen steckte ich in die Arbeit und den Sport. Ich liebte das Leben auf einer Farm – die Pflanzen, die Tiere, das Reiten –, und so begann ich davon zu träumen, Tierarzt zu werden. Die Schule mochte ich nicht besonders, obwohl mir klar war, dass sie wahrscheinlich wichtig für meine Zukunft war.

◆◆◆

Ich war etwas erstaunt, als mein Vater an einem Frühlingstag in meinem letzten Schuljahr nachmittags in die Highschool kam und mich aus dem Unterricht holte. Kaum saß ich in seinem Pick-up, fing er an zu reden. Dass ich ja ab Herbst ein Student sein würde und wie froh er und meine Mutter waren, dass ich ein Stipendium an der „University of Kentucky" bekommen hatte, um dort Tiermedizin zu studieren. (Es fehlte nicht viel, und er hätte gesagt: „Sohn, ich bin stolz auf dich", aber das war nicht seine Art.)

Er wusste, dass ich auch mit Stipendium noch Geld für ein Auto und andere Ausgaben brauchen würde. Und er fuhr fort:

„Ich hab 'nen Job für dich gefunden, wo du gutes Geld verdienen kannst, bevor du aufs College gehst."

Mein Vater war ein einfacher Arbeiter und Nebenerwerbsfarmer, aber er war in seiner Umgebung als jemand bekannt und geachtet, der die Ärmel hochkrempelte. Auch wenn er nicht in der Lage war, mir direkt finanziell unter die Arme zu greifen, konnte er doch seine Freundschaften und sonstigen Beziehungen einsetzen, um mir auf meinem Weg zu helfen. Dafür war ich dankbar.

„Du hast einen Job für mich?", fragte ich.

„Ja", erwiderte er. „Ich hab mit ein paar Freunden geredet, die in der Käsefabrik *Kraft* arbeiten. Sie sagen, sie haben was für dich, wenn du willst."

„Echt?", fragte ich.

Der Lebensmittelkonzern hatte in unserer Nähe eine Produktion für Hüttenkäse, wo viele Leute aus der Umgebung genug Geld verdienten, um ihre Familie zu ernähren. Mein Vater wusste, dass ich gerade einen Ferienjob suchte, um im Sommer vor meinem Studium noch etwas Geld zu verdienen. Und dass ich bis jetzt nichts gefunden hatte. Und wir beide wussten, dass ich so etwas Gutes wie einen Job bei *Kraft* kein zweites Mal finden würde.

„Klingt cool", sagte ich. „Danke."

Aber er wollte nicht, dass ich ihm dankte, bevor ich ihn fertig angehört hatte. „Der Haken ist, Sohn, dass du heute Abend anfangen müsstest. Es ist die Schicht von sieben abends bis halb vier morgens, montags bis freitags, vierzig Stunden die Woche. So lange, bis dein Studium anfängt."

Heute Abend? Ich starrte meinen Vater an, während ich überlegte, was „heute Abend" bedeutete. Neun Wochen Unterricht lagen noch vor mir. Die Baseballsaison an der Uni hatte bereits begonnen, und für das Theaterstück der Abschlussklasse der Highschool war ich fest eingeplant. Ich murmelte: „Da könnte ich außer der Schule nicht mehr viel machen."

„Das seh ich auch so, Sohn." Er konnte meine Gedanken lesen. „Sie haben gesagt, du musst heute Abend kommen. Sie können dir die Stelle nicht freihalten, bis das Schuljahr zu Ende ist."

Er fuhr fort: „Ich will ganz ehrlich sein, Nik. Ich hab keine Zweifel, dass du das schaffen kannst. Du warst immer schon fleißig und hast schnell gelernt. Du wirst das gut machen bei *Kraft*. Aber was mir ein bisschen Sorgen macht, ist die Schule. Kannst du mit dieser Arbeit am Hals deine Noten in den letzten neun Wochen in der Schule halten?"

„Einfach wär's nicht", sagte ich. „Da müsste ich drüber nachdenken." Aber dafür hatte ich nicht mehr viel Zeit, denn mein Vater fuhr gerade auf den Parkplatz der Käsefabrik, und dann sagte er mir: „Wenn du den Job willst, dann geh rein und stell dich in der Personalabteilung vor."

Keine Stunde, nachdem mein Vater mich aus der Schule abgeholt hatte, füllte ich mein Bewerbungsformular aus und wurde eingestellt. Arbeitsbeginn: heute Abend. Es war eine schnelle Entscheidung gewesen. Aber das hieß nicht, dass sie leicht war.

Wie sollte ich meinem Baseballtrainer beibringen, dass sein zweitbester Schlagmann und erste Besetzung der zweiten Base schon wieder aufhörte? Und dem Leiter der Theater-AG, dass ich mich aus dem Stück der Abschlussklasse verabschieden musste? Ich hasste es, Menschen zu enttäuschen, und hoffte nur, dass meine Freunde, Mitschüler und vor allem die anderen Spieler in der Baseballmannschaft mich verstehen würden. Aber mir war klar: Diese Chance bei *Kraft* durfte ich mir nicht entgehen lassen; der Job war genau das, was ich brauchte.

Meine Arbeitsstelle lag etwa drei Kilometer von zu Hause entfernt. Es war kein Zuckerschlecken, aber ich war harte Arbeit gewohnt. Doch die Nachtschicht war brutal. Dass die Arbeit nach dem Abendessen anfing, ging ja noch, aber wenn ich dann morgens um halb vier Feierabend machte, hatte ich gerade noch die Kraft, nach Hause zu gehen und buchstäblich ins Bett zu fallen.

Ein paar Stunden später gelang es mir dann irgendwie, wieder aus dem Bett herauszufallen, um pünktlich mit meiner Rostlaube die fünf Kilometer zur Schule zu fahren. Nicht ein Mal in diesen neun Wochen fehlte ich. Bestimmt merkten meine Lehrer bald, dass ich allen noch so tapferen Versuchen, wach zu bleiben, zum Trotz regelmäßig im Unterricht einschlief. Als ein Lehrer mich fragte, was mit mir los war, erklärte ich ihm, dass mein Vater mir einen Nachtschichtjob besorgt hatte, um mir das Geld zu verdienen, das ich im Herbst für mein Studium brauchte. Offenbar sprach sich das herum; jedenfalls waren meine Lehrer in diesen letzten Monaten meines letzten Schuljahres ganz besonders nachsichtig mit mir.

◆◆◆

Das Leben wurde um einiges leichter, als ich die Schule abgeschlossen hatte und jeden Morgen ausschlafen konnte. Die Wochen vergingen, ich bekam regelmäßig mein Geld und begann, an die Zukunft zu denken. Am Horizont erschien immer größer das College.

Meine Arbeit bei *Kraft* war nicht besonders spannend. Es war die Art monotone Knochenarbeit, die mich in meiner Entscheidung zu studieren bestätigte. Und in der die simple Arbeitsmoral, die meine Eltern mir beigebracht hatten, mir gute Dienste leistete: *Das Leben ist Arbeit. Arbeit ist anstrengend. Arbeit ist so, wie sie nun mal ist. Tu, was von dir erwartet wird, und gib dein Bestes.*

Genau das tat ich in einer ruhigen Sommernacht, als ich in einer Ecke ganz hinten in der Käsefabrik damit beschäftigt war, 500-Pfund-Behälter mit sogenannter Quarkmasse mit den passenden Deckeln zu versehen. Die Behälter sollten anschließend in eine andere Fabrik gefahren werden, wo die Käsemasse weiterverarbeitet, portioniert und für den Verkauf in Supermärkten verpackt werden würde.

Es war so ruhig um mich herum, dass ich vor Schreck zusammenfuhr, als ich plötzlich eine Stimme hörte: „Nik! Hast du das Laufen satt?" Die Worte waren so deutlich und klangen so nah, dass ich herumwirbelte. Wer war das?

Aber da war niemand. Komisch. Ich wandte mich wieder meiner Arbeit zu. Sicher hatte ich mir das gerade nur eingebildet. Aber zehn Minuten später kam dieselbe Stimme: „Nik! Hast du das Laufen satt?" Ich schaute mich erneut um und sah wieder niemanden. Was war hier los?

Ich fing an, mich alle paar Augenblicke umzudrehen. Niemand zu sehen. Dafür hörte ich plötzlich ein drittes Mal die Stimme: „Nik, bist du bereit, anzuhalten und ab jetzt mir zu dienen?" Sicher war das ein Kollege, der sich einen Spaß mit mir erlaubte? Aber nein, tief in meinem Herzen spürte ich: Die Stimme, die da zu mir sprach, gehörte Gott.

Ich wusste damals nicht, dass es möglich ist, den Heiligen Geist zu hinterfragen oder zu ignorieren. Ich war so überrascht, dass ich so, wie ich war, ganz allein in meiner Ecke hinten in der Käsefabrik, das tat, was mir in dieser Situation als die einzig mögliche Reaktion erschien: Ich übergab mein Leben Gott. Und weil mir nie jemand etwas anderes erzählt hatte, hielt ich es für möglich, von Gott in ein- und demselben Augenblick erlöst *und* in seinen Dienst gerufen zu werden. Denn genau das passierte nach meinem Empfinden gerade mit mir. Ich antwortete auf Gottes Stimme und stellte mein Leben unter seine Regie.

Was mir in dieser Nacht passierte, war einerseits völlig unerwartet, ja unheimlich. Da hatte ich die ganze Zeit vorgehabt, Tierarzt zu werden, und der erste konkrete Schritt auf dem Weg zur Erfüllung dieses Traums sollte in weniger als einem Monat beginnen. Meiner begrenzten Erfahrung nach war „Gott dienen" gleichzusetzen mit dem, was ein Pastor tat. Der Gedanke, Pastor einer kleinen Dorfgemeinde in den Hügeln von Kentucky zu werden, riss mich ehrlich gesagt nicht vom Hocker. Aber nun schien es, als verlangte Gott genau das von mir. Wie stellte er sich das vor? Wusste Gott, was er da tat?

Andererseits war dieses Nachterlebnis in der Käsefabrik etwas so überwältigend Reales, dass ich jemandem davon erzählen musste, unbedingt. Gleich am nächsten Tag ging ich zu meinen Eltern und erklärte ihnen, dass Gott zu mir gesprochen hatte, dass ich jetzt erlöst war und nicht nur Christus in mein Herz und Leben aufgenommen hatte, sondern ihm jetzt auch „dienen" wollte.

Die Reaktion meiner Eltern war – ja, wie war sie? Nicht negativ. Eher neutral. Heute ist mir klar, dass meine Geschichte ihnen sehr merkwürdig vorgekommen sein muss. In ihrem Leben gab es nichts, was ihnen hätte helfen können, das, was ich ihnen da erzählte, richtig einzuordnen und zu verstehen, was es für mich bedeutete. Für sie musste es so klingen, als ob ich Knall auf Fall meinen lang gehegten Traum, Tierarzt zu werden, aufgegeben hatte, weil mir der Weihnachtsmann begegnet war. Und ich bin ziemlich sicher, dass auch für sie „Gott dienen" gleichbedeutend mit dem Beruf des Pastors war.

Enttäuscht darüber, dass meine Eltern mich nicht verstehen konnten, ging ich zu einem älteren Pastor, der unsere Familie seit Jahren kannte, um mit ihm zu reden. Er hörte mir interessiert lächelnd zu, als ich ihm von der „Stimme" in der nächtlichen Fabrik erzählte und wie ich Christus angenommen hatte. Als ich fortfuhr und ihm erklärte, dass Gott mich in seinen Dienst gerufen hatte, war die Reaktion des Pastors negativer als die meiner Eltern. Er sah mich fest an und sagte: „Nik, das ist doch nicht dein Ernst, dass du Pastor werden willst! In der Kirche gehst du vor die Hunde! So ein Job kann einen Mann frühzeitig ins Grab bringen."

Ich bekam einen richtigen Schrecken, so heftig klang er. Aber ich konnte mir ganz gut vorstellen, was er meinte. Ich war in einer Kleinstadt aufgewachsen, wo so ziemlich jeder in eine der drei Kirchen ging – und gleichzeitig wusste, was in den anderen beiden vorging. Durch meine Besuche bei meinen Großeltern hatte ich auch diverse Landgemeinden kennengelernt, und als mein Bruder als Schüler in einem Gospel-Quartett mitsang, das über die Dörfer fuhr, noch einmal ein paar andere Gemeinden. All dies hatte mir ein gewisses einseitiges Bild vom Dienst für Gott vermittelt. Deshalb ging ich jetzt naiv davon aus, dass jeder, der Gott dienen wollte, eben gewisse Dinge schlucken musste. Ich würde eben einfach Gottes Willen tun und ihm sagen: „Okay, Gott, ich muss das wohl machen, schließlich bist du Gott, aber es wird mir nicht gerade Spaß machen."

In ein paar Wochen hatte ich ins College fahren wollen, um Veterinärmedizin zu studieren und eine größere, spannendere Welt kennenzulernen. Aber nun hatte ich „Ja" zu Gott gesagt und würde ab jetzt ihm nachfolgen und dienen. Plötzlich fragte ich mich, ob ich mich damit nicht zu einem Sklavendasein der Plackerei und Langeweile verurteilt hatte. Die Reaktion dieses Pastors sorgte dafür, dass die Fragen und Zweifel auf den ersten Schritten meines persönlichen Glaubenslebens nur noch stärker an mir nagten.

Zum Glück erlebte ich eine viel positivere Reaktion, als ich einem Freund, der als Pastor eine kleine Gemeinde in der Nähe leitete, von meiner nächtlichen Bekehrung erzählte. Als ich ihm sagte, dass ich den Eindruck hatte, Gott habe mich in seinen Dienst gerufen, war er so begeistert, dass er mich mit einem Freund von ihm – ebenfalls einem jungen Pastor – bekannt machte. Die beiden beteten mit mir.

Ich wusste nicht recht, wie es weitergehen sollte, aber immerhin war ich sicher, dass Gott mich berufen hatte, und fand, dass ich keine andere Wahl hatte, als ihm zu gehorchen und diesen Ruf anzunehmen. Christus als meinen Erlöser anzunehmen und mein ganzes Leben seinem Willen zu unterstellen, das waren für mich zwei Seiten derselben Medaille. Und ganz gewiss konnte ich mir damals im Traum nicht vorstellen, dass mein schlichter Glaubensgehorsam mich aus einer Kleinstadt in Kentucky zu den Wüsten und Kamelen Somalias führen würde.

Ich gab mein Stipendium an der „University of Kentucky" auf. Die einzige für mich denkbare Alternative war, auf ein kirchliches College zu gehen, um mich dort als Pastor ausbilden zu lassen. Und so schrieb ich mich im Herbst an einem kleinen christlichen College ein, das keine Autostunde von zu Hause entfernt lag. Meine Hauptfächer waren Geschichte und Theologie – beide ziemliches Neuland für mich.

Ich kam mir vor wie ein Nichtschwimmer, den man am tiefen Ende ins Schwimmbecken geworfen hatte. Nur ein paar Wochen nach meiner Begegnung mit Gott in der Käsefabrik war ich Student in einem kirchlichen College und sagte jedem, der es hören wollte, dass ich Pastor werden wollte. Irgendwie hatte ich das Gefühl, dass alle anderen auf dem Campus besser wussten, was das hieß, als ich.

Ich fing an, in meiner neuen Bibel zu lesen, und entdeckte dort eine Menge hochinteressanter Geschichten. Die meisten davon waren mir völlig neu – oder vielleicht hatte ich auch nicht aufgepasst, als ich sie hörte. Ich wusste, dass die Bibel das Fundament von allem war, was die Christen glaubten, aber es schien sehr viel darin zu geben, das ich schlicht nicht begriff – und bei dem, was ich begriff, wusste ich oft nicht, wie ich es konkret auf mein Leben anwenden sollte.

Meine Theologie reichte nicht tiefer als mein Bibelverständnis. Eigentlich wusste ich nur, dass die Bibel Gottes Wort war und dass ich, wenn ich das glaubte, tun musste, was die Bibel sagte.

Es dauerte nicht lange, und ich erreichte bei meiner Bibellektüre das 28. Kapitel des Matthäusevangeliums. Hier gibt

Jesus seinen Jüngern den berühmten Missionsbefehl: „Darum geht zu allen Völkern und macht die Menschen zu meinen Jüngern ...!" (Neue Genfer Übersetzung) Als ich das las, dachte ich: *Wow! Das wäre doch was – mal raus aus Kentucky, jedenfalls für eine Weile!* Je öfter ich diese Stelle las, umso klarer wurde mir, dass der Missionsbefehl für *alle* Menschen gültig war, die Jesus nachfolgten, nicht nur für ein paar Spezialisten. Es war sozusagen sein Vermächtnis für alle Christen.

Geht hinaus in die ganze Welt ... Die Worte waren Gottes eindeutige Dienstanweisung für mich persönlich. *Ich* war gemeint, Gott wollte, dass *ich* hinaus in die Welt ging, ich hatte gar keine andere Wahl. Solange mich Gott nicht höchstpersönlich stoppte, würde ich gehen. Wie das zugehen sollte – keine Ahnung. Aber ich nahm Gott beim Wort.

◆◆◆

In dem College kam ich mir allerdings absolut fehl am Platz vor. Zum Glück nahmen mich mehrere der Dozenten und Mitstudenten unter ihre Fittiche. Gleich in meinem ersten Studienjahr luden ein paar ältere Christen mich ein, mit ihnen zu Gemeinden in den Nachbarstaaten zu fahren, um dort Erweckungsveranstaltungen für Jugendliche abzuhalten. Es war ihnen offenbar ein echtes Anliegen, mich aufzubauen und mir Mut zu machen, nachdem sie gehört hatten, dass ich mich zum Predigen berufen fühlte. Aber schon bald merkte ich, dass sie noch einen anderen Grund dafür hatten, mich mitzunehmen. Jedes Mal, wenn ich in einem Gottesdienst den nächsten Evangelisationsabend ankündigte, war an diesem Abend die Kirche voll; viele Leute kamen offenbar, weil sie den „Bauernjungen" noch einmal hören wollten.

Alles in allem war mein erstes Jahr im College anstrengend, aber fruchtbar. Das Studium machte mir mehr Spaß, als ich erwartet hatte. Als mein zweites Jahr begann, fühlte ich mich auf dem Campus zu Hause, auch wenn mir klar war, dass ich noch viel zu lernen hatte.

◆◆◆

Eines meiner unvergesslichsten Erlebnisse im zweiten Studienjahr war meine erste Begegnung mit einem „richtigen" Missionar. Der Mann hieß Dr. Butcher und besuchte unser College. In einer Abendandacht in der Kapelle berichtete er aus seinem Leben als Missionar in Thailand und machte uns klar, dass die Welt mehr junge Leute brauchte, die Gottes Ruf annahmen, ihm in fernen Ländern zu dienen. Sein Appell überzeugte mich so, dass ich nach dem Gottesdienst noch im Raum blieb und wartete, bis ich eine Gelegenheit hatte, unter vier Augen ein paar Worte mit ihm zu wechseln. Ich fragte ihn ganz direkt: „Habe ich Sie richtig verstanden, dass ich an jeden beliebigen Ort in der Welt gehen, den Menschen von Jesus erzählen und sogar dafür bezahlt werden kann?"

Dr. Butcher musterte mich, lächelte etwas und nickte. „So wie Sie hat das noch keiner ausgedrückt, aber doch, das habe ich gemeint."

„Und wo muss ich mich da melden?", fragte ich. Ich war ganz begeistert, dass es offenbar möglich war, dieses „Geht hinaus in die ganze Welt" konkret zu machen. Von mir aus konnte es gleich losgehen.

Aber ich musste noch viel lernen, bevor es losging. Und in diesem Herbst meines zweiten Studienjahres hatte ich gerade die eine Person kennengelernt, die mir mehr als irgendjemand sonst beim Lernen helfen würde. Sie war der Mensch, ohne den ich wahrscheinlich nie nach Afrika gekommen wäre.

5.

Ein Kinderlächeln,
das mir das Herz brach

Im Jahr 1992 besuchten wir die somalische Hauptstadt Mogadischu. Damals war die Stadt schon seit Langem das Epizentrum eines blutigen, grausamen Bürgerkriegs, an dem über ein Dutzend verschiedene Clans beteiligt waren. Die beiden größten Rebellengruppen trugen in den Straßen der Hauptstadt ihren Kampf um die Herrschaft über die Stadt und letztlich das ganze Land aus. Der Konflikt hatte die Landwirtschaft in ganz Somalia ruiniert und das ohnehin primitive und unzureichende Verkehrsnetz sowie die öffentlichen Versorgungssysteme und die Kommunikationsinfrastruktur zerstört. Von der nationalen Ebene bis hinunter zu den Dörfern gab es nirgends mehr eine funktionierende Obrigkeit und ohne funktionierende Banken, Firmen und Industrie auch nichts mehr, was man „Wirtschaft" hätte nennen können. Es gab noch nicht einmal mehr eine allgemein anerkannte Währung. Es war der totale gesellschaftliche Zusammenbruch.

Bis Ende 1991 hatten praktisch alle Europäer, Amerikaner und internationalen Organisationen, darunter solche, die lange Jahre am Horn von Afrika aktiv gewesen waren, die Reißleine gezogen und das Land verlassen. Dazu kam eine menschliche Flutwelle von bis zu einer Million Flüchtlingen, die sich über die Grenzen nach Kenia, Äthiopien, Dschibuti und über den Golf von Aden bis zum Jemen ergoss. (Nur die Allerglücklichsten trieben genug Mittel auf, um nach Westeuropa oder Nordamerika zu entkommen.) Mit den Flüchtlingen kamen erschütternde Geschichten über schier unvorstellbare Grausamkeiten und Leiden.

Als ich von meinem ersten Ausflug nach Somaliland nach

Nairobi zurückgekehrt war, versuchten Ruth und ich, auch andere Gebiete Somalias zu erreichen, um zu sehen, was die Menschen dort brauchten. Wir benutzten dabei die gleiche Strategie, die sich für mich schon in Hargeysa bewährt hatte: Wir schlenderten durch das Zentrum von Nairobi und hielten Ausschau nach Menschen, die wie somalische Flüchtlinge aussahen. Dann folgten wir ihnen in Cafés oder auf Märkte und versuchten, mit ihnen ins Gespräch zu kommen. War erst einmal eine Beziehung hergestellt, erzählten sie uns nach und nach ihre Geschichte. Wir versuchten dann, ihnen Mut zuzusprechen und zu helfen und erwähnten auch, dass wir so gerne ihren in Somalia verbliebenen Landsleuten helfen würden. Manche dieser neuen Freunde fassten so viel Zutrauen zu uns, dass sie uns Namen und Schicksale ihrer Verwandten in Somalia anvertrauten, damit wir ihnen helfen konnten, wenn wir in ihre Heimat kamen.

Einige dieser Somalier machten uns sogar mit Mitarbeitern westlicher Hilfsorganisationen sowie einer Handvoll westlicher Christen bekannt, die Somalia hatten verlassen müssen. Diese Christen arbeiteten jetzt unter den zahlreichen somalischen Immigranten, die in Nairobi ein neues Leben begannen, oder unter den Hunderttausenden von Somaliern, die in den Flüchtlingslagern entlang der Grenze zwischen Kenia und Somalia und in den Wüstenregionen Südäthiopiens hausten.

Unsere zuverlässigsten Quellen machten uns klar, dass die schlimmsten Kämpfe zur Zeit um Mogadischu tobten. Es war jedoch lebensgefährlich, dorthin zu gehen, solange der Bürgerkrieg nicht vorbei oder wenigstens in eine andere Region gewandert war. Das war indes höchst unwahrscheinlich, wenn es zu keiner Intervention von außen kam. Die internationale Gemeinschaft hatte sich bislang wenig um das Leiden in Somalia gekümmert.

Dann, endlich, rief der Generalsekretär der Vereinten Nationen die verfeindeten Clans zu einem Waffenstillstand auf. Die

Aussicht auf ein Eingreifen der UNO gab uns Hoffnung. Vielleicht würde es jetzt endlich besser werden. Als die Vereinten Nationen bekannt gaben, dass sie einen Waffenstillstand vermittelt hatten, witterten Ruth und ich Morgenluft: Jetzt könnten wir endlich ins Land fahren und sehen, was Mogadischu brauchte. Mehrere Mitarbeiter westlicher Organisationen, die aus dem Land geflüchtet waren, gaben an, dass ihre Hilfswerke die Arbeit in Somalia wieder aufnehmen wollten, fanden aber, dass es vorerst für eine Rückkehr noch zu gefährlich war.

Niemand wusste, wie viele Menschen in Mogadischu während der jahrelangen Kämpfe ums Leben gekommen oder aus der Stadt geflüchtet waren. Klar war hingegen, dass die verheerende Dürre ganze Ströme von Menschen aus anderen Gebieten in die Hauptstadt getrieben hatte. Wie in Hargeysa, so hatten die Menschen auch in Mogadischu nichts und brauchten alles – nur, dass es noch schlimmer war als in Hargeysa. Trotz des „Waffenstillstands" gingen die Kämpfe in der Stadt zum Teil weiter. Fast jeden Tag und jede Nacht wurde irgendwo geschossen – oft weit weg, aber manchmal auch gefährlich nahe.

Ich fragte einmal einen der Kämpfer, warum er kämpfte. Er blinzelte mich durch den Rauch seiner Zigarette an und erwiderte: „Heute ist Donnerstag. Freitag nehmen wir uns frei, um in der Moschee zu beten. Aber heute ist Donnerstag, da wird gekämpft."

Ein, zwei Tage nach meiner Ankunft in Mogadischu erschienen mehrere Somalier, deren Namen man mir gegeben hatte (zusammen mit dem Rat, sie nicht zu offen zu suchen), am Tor des UNO-Hauptquartiers, wo ich untergebracht war, um mich zu sprechen. Ich weiß heute noch nicht, woher sie wussten, dass ich da war, aber ich hatte lange genug in Afrika gelebt, um hier die erstaunliche Macht des Heiligen Geistes und der Gerüchte- und Nachrichtenküche am Werk zu sehen.

Ich richtete ihnen die Grüße ihrer Kollegen aus und erklärte ihnen, wie verschiedene andere Hilfsorganisationen mich engagiert hatten, um auszukundschaften, was die Menschen in der Stadt am dringendsten brauchten. In den folgenden Tagen erwiesen meine neuen somalischen Freunde sich als unbezahlbare Wissensquellen und Ratgeber. Sie bestätigten nicht nur, was ich über die ungeheure Not in ihrem Land gehört hatte (90 % Arbeitslosigkeit, 85 % der Menschen vom Verhungern bedroht oder stark unterernährt, allein in den letzten sechs Monaten über 300.000 Hungertote, zu denen täglich an die 3.000 dazukamen), sondern luden mich auch zu einem persönlichen „Stadtrundgang" ein.

Dabei ließen sie nichts aus. Sie zeigten mir die durch Mauern und Tore geschützten ehemals reichsten Viertel der Stadt und die trostlos zusammengewürfelten Lager (das Wort „Slum" hätte zu komfortabel geklungen), in denen Flüchtlinge aus dem Umland sich eingerichtet hatten. Sie hockten in traditionellen Rundhütten, die aus halb zerrissenen Decken bestanden, in Verschlägen aus Pappe, in allem, was auch nur das kleinste bisschen Privatsphäre oder Schutz vor der tropischen Sonne gewährte. Wie in Hargeysa sah ich auch hier viele Stellen, wo früher einmal so normale, alltägliche Dinge wie Schulen, Geschäfte und Krankenhäuser existiert hatten. Was es in Mogadischu noch an Leben gab, war so weit von der Normalität entfernt, dass es an Wahnsinn grenzte.

Und sie waren überall sichtbar, die Zeichen dieses Wahnsinns. Zum Beispiel in den Müttern mit den ausgemergelten Körpern, die mit knochigen Fingern und abgebrochenen Stöcken die trockene Erde ankratzten. Was machten sie da? Dann begriff ich: Sie waren dabei, aus diesem harten, grausamen Boden Gräber auszuheben, die tief genug waren, um die Leiche eines Kindes hineinzulegen und mit ein paar Steinen zu bedecken.

◆◆◆

Eine ständig wandernde Front (die „Grüne Linie") zerteilte die Stadt in die Territorien, die von den Anhängern der beiden mächtigsten Warlords des Landes kontrolliert wurden. Obwohl sie aus dem gleichen Clan stammten, bekämpften sie sich erbittert. Mogadischu 1992 – die Stadt erinnerte mich an eine Welt, die im Alten Testament stehen geblieben war und von Jesus und seiner Botschaft nie gehört hatte. Es war eine Welt, in der Baal, Goliat und Nebukadnezar sich zu Hause gefühlt hätten. An so eine Welt muss Jesus gedacht haben, als er seine pharisäischen Kritiker warnte: „Ein Staat, in dem verschiedene Herrscher um die Macht kämpfen, steht vor dem Untergang. Eine Stadt oder eine Familie, in der man ständig in Zank und Streit lebt, hat keinen Bestand" (Matthäus 12,25).

Im gleichen Gespräch benutzte Jesus einen Vergleich, der auch eine Prophezeiung über Somalia hätte sein können: „Wenn ein Dämon ausgetrieben wird, irrt er in öden Gegenden umher auf der Suche nach einem neuen Opfer. Findet er keins, entschließt er sich: ‚Ich will dorthin zurückkehren, woher ich gekommen bin.' Wenn er zurückkommt und seine frühere Wohnung sauber und geschmückt, aber leer vorfindet, dann sucht er sich sieben andere Geister, die noch schlimmer sind als er selbst. Zusammen ergreifen sie Besitz von dem Menschen, der nun schlimmer dran ist als vorher. Genauso wird es auch diesem gottlosen Volk ergehen" (Matthäus 12,43-45). Treffender konnte man Mogadischu nicht beschreiben …

Eine der Szenen, die sich mir am tiefsten in die Seele gebrannt haben, erlebte ich, als meine somalischen Freunde mich zum Anwesen eines der Warlords brachten. Er hatte es zu seiner persönlichen Residenz und seinem Hauptquartier gemacht, nachdem er, wie es hieß, die gesamte dort wohnende Familie niedergemetzelt hatte. Hinter den schwer bewachten Mauern erzeugten der Warlord und seine Günstlinge ihren eigenen Strom, hatten Satellitenfernsehen und speisten königlich, während draußen mehrere Hundert halb verhungerte Kinder kauerten und darauf warteten, dass die Herrschaften drinnen wieder einmal (was oft, aber nicht täglich vorkam) die Reste eines Tieres über die Mauern warfen, das für den Tisch des Warlords geschlachtet worden war. Worauf die Kinder wie die Heuschrecken über das Gerippe herfielen und Stücke von der blutigen Haut abrissen, um sie zu kauen und den Geschmack von Fleisch im Mund zu haben.

Es war furchtbar – so furchtbar, dass ich gezwungen war, das Wort „böse" und die Sündhaftigkeit des Menschen ganz neu zu überdenken. Ich schrie zu Gott: „Herr, wo bist du? Weißt du überhaupt, wie es hier unten ist?"

Was war das für ein Gott, der das hier zuließ?

◆◆◆

Sicher nach Nairobi zurückgekehrt, stattete ich Ruth umfassend Bericht ab. Ich informierte auch die anderen Hilfswerke und kontaktierte die Leute, die mich unterstützten. Ich schrieb E-Mails und Briefe, gab Interviews und schrieb Artikel, in denen ich dazu aufrief, sofort etwas zu tun angesichts der wachsenden Krise in Somalia, wo die Menschen täglich zu Tausenden starben. Es musste etwas geschehen, und das *sofort!*

Niemand widersprach mir. Aber alle, mit denen ich Kontakt aufnahm, fanden, dass man nicht viel tun konnte, solange es so ein Abenteuer war, überhaupt ins Land zu kommen. Allerdings hatten sie nichts dagegen, dass ich so oft wie möglich zurück nach Somalia ging, um zu tun, was ich konnte. Dabei hoffte ich herauszufinden, wo man am besten helfen konnte, sobald die Lage sich etwas beruhigt hatte.

Eine meiner nächsten Reisen führte mich in die Stadt Afgooye, die etwa 30 Kilometer westlich landeinwärts von Mogadischu liegt. Dieser dritte Besuch bestätigte, was ich bereits

vermutet hatte: Das ganze Land war ein absoluter Notfall-
patient. Es war besonders *ein* Erlebnis, das mir das auf unvergessliche Weise vor Augen führte.

Ich hatte von einem Krankenhaus gehört, das die Russen vor
Jahrzehnten in Afgooye gebaut hatten. Offensichtlich war der
Bürgerkrieg vor mir dorthin vorgedrungen. Ein Teil des Daches
fehlte, mehrere Außenmauern waren bei den Kämpfen beschädigt worden. Drinnen fand ich eine somalische Ärztin mittleren
Alters vor, die mir in ausgezeichnetem Englisch erzählte, dass
sie in der Sowjetunion ausgebildet worden war und seit Jahren
in Afgooye arbeitete. Zurzeit versuchte sie, Dutzende junger
Patienten am Leben zu erhalten, darunter viele Kinder, die bei
den kürzlichen Kämpfen in dem Viertel schwer verletzt oder
verbrannt worden waren. Sie tat dies in einem Krankenhaus,
in dem es keinen Strom, kein fließendes Wasser und keinerlei
sonstiges medizinisches Fachpersonal gab.

Den ersten Tag meines Besuchs in der Klinik verbrachte ich
als „medizinischer Assistent" dieser Ärztin; das heißt, ich hielt
ihre Patienten fest, während sie (ohne Betäubung natürlich) ge-
brochene Knochen schiente und Wunden vernähte. Während
sie arbeitete, erzählte ich ihr, dass ich gekommen war, um zu
sehen, was das Krankenhaus brauchte und wie Hilfsorganisationen hier helfen konnten.

„Kommen Sie mit", sagte sie. „Ich zeige Ihnen, wie wir eingerichtet sind."

Das halbe Dutzend „Krankenhausbetten" in dem ersten
Raum, den wir betraten, bestand aus den nackten Gestellen und
Sprungrahmen. Auf einem dieser Betten saß auf einem Stück
Stoff, das einen kleinen Teil des Sprungrahmens bedeckte, ein
winziges, halb verhungertes Mädchen, reglos wie eine Statue. Es
starrte stumm vor sich hin und schien nicht zu merken, dass wir
hereingekommen waren. Als ich sagte, dass das Kind zu klein
und schwach aussah, um auch nur aus eigener Kraft da zu sit-

zen, erwiderte die Ärztin: „Dieses kleine Mädchen ist drei Jahre alt und wiegt neun Kilo."

Ich war entsetzt. Aber meine Liebe zu Kindern war noch stärker als mein Entsetzen, und ohne recht zu wissen, warum, ging ich quer durch den Raum zu dem Bett. Währenddessen fing die Ärztin an herunterzurasseln, was ihr Krankenhaus alles brauchte. Das kleine Mädchen starrte weiter leer vor sich hin, als ob es nicht die Kraft aufbrachte, auch nur die Augen zu heben, um mich anzusehen. Ich streckte, die Stimme der Ärztin im Ohr, meine eine Hand aus und fuhr geistesabwesend mit dem Rücken des Zeigefingers die Wange des Kindes hinauf und hinunter.

In der nächsten Sekunde fuhr ich überrascht zurück, als ein plötzliches, fast seliges Lächeln das winzige Gesicht erleuchtete. Es war eine Reaktion, die an diesem Ort und in diesem Augenblick so gänzlich überraschend und unerwartet kam, dass ich innerlich zum Himmel rief: *Gott, wo kommt dieses Lächeln her?* Dann drehte ich mich mit einem Ruck zu der Ärztin um, die traurig lächelnd den Kopf schüttelte. Sie dachte sicher, dass das unmenschliche Elend in ihrer Klinik mich so rührte.

Aber ich war nicht vom Elend überwältigt, sondern von einem Kinderlächeln.

Wir verließen das Zimmer, um weiterzugehen, und ich versprach der Ärztin, dass ich versuchen würde, bei meinem nächsten Besuch in Somalia Medikamente und anderes Material mitzubringen. Wie konnte ich an so einer Not vorübergehen?

Als wir Stunden später wieder am ersten Krankenzimmer vorbeikamen, das wir besucht hatten, schaute ich kurz hinein. Nanu, „mein" Mädchen war nicht mehr da. Ich fragte, wo es war. Die Ärztin fragte eine freiwillige Helferin und übersetzte mir mit leiser Stimme ihre Antwort: „Das kleine Mädchen ist gestorben."

Ich war froh, dass ich nicht dabei gewesen war, als sie die winzige Leiche hinaustrugen. Lieber behielt ich das Lächeln im Gedächtnis.

◆◆◆

In den folgenden Wochen erzählte ich viele Male die Geschichte dieses kleinen Mädchens. Die Reaktion war immer wieder die gleiche. Die verschiedenen Organisationen sahen die Not, bestanden aber auf einer Verbesserung der Sicherheitslage, bevor sie anfingen, in Somalia zu arbeiten. Besonders frustrierend fand ich es, wenn christliche Werke so argumentierten. Es gab einige säkulare Organisationen (wie die, für die ich arbeitete), die sowohl unter den somalischen Flüchtlingen im Ausland als auch im Land selbst die Stellung hielten. Selbst westliche Bauunternehmen waren da, denn in Somalia konnte man Geld verdienen. Aber wo blieben die Christen? *Wie kommt es,* fragte ich mich, *dass so viele Menschen bereit sind, aus finanziellen oder humanitären Motiven ihr Leben zu riskieren, während viele christliche Organisationen unbedingt erst warten wollen, bis die Luft rein ist, bevor sie dem Auftrag von Jesus gehorchen, in alle Welt zu gehen?*

◆◆◆

Nun, es zeigte sich bald, dass jede christliche Organisation, die es wagte, in Somalia zu arbeiten, sowie jeder Somalier, der für sie tätig wurde, den Zorn der Islamisten riskierten. Ruth und ich gründeten darauf unsere eigene internationale Nichtregierungsorganisation, um Zugang ins Land zu bekommen und Hungerhilfs-, Gesundheits- und Entwicklungsprojekte zu beginnen. Wir wollten einem vom Krieg zerrissenen Land so gut helfen, wie wir irgend konnten, und so im Namen von Jesus den Hungernden zu essen und den Nackten Kleidung geben (Matthäus 25,35-36).

Viele Christen lobten unseren Mut, hatten aber Zweifel an unserer Weisheit. „Das ist zu gefährlich!", sagten viele, die uns liebten. Als wir sie darauf hinwiesen, dass Jesus seinen Jüngern doch befohlen hatte, „in die ganze Welt" zu gehen (und nicht nur an die „sicheren Orte"), gaben sie uns widerstrebend grünes Licht, die Möglichkeiten auszuloten. Manche warnten uns: „Wenn durch euch Menschen bei der Sache zu Tode kommen, wird ihr Blut an euren Händen kleben!"

Doch allen Problemen zum Trotz schlossen sich viele Gleichgesinnte unserer frisch gegründeten Hilfsorganisation an, um denen zu helfen, die Hilfe brauchten. Wir bekamen genügend Startkapital, um mehrere mobile Kliniken aufzubauen, die nötigen Mitarbeiter einzustellen und Nahrungsmittel und Hilfsgüter zu verteilen.

Eine der ersten Aufgaben bestand darin, einen somalischen Mitarbeiterstab aufzubauen – Personen vor Ort, die einen guten Ruf und solide Referenzen hatten. Wir fanden einige, die in der Vergangenheit schon für westliche Organisationen gearbeitet hatten. Zwei oder drei unserer ersten Mitarbeiter waren somalische Christen, die große Mehrheit waren Muslime. Damals gab es unter den sieben Millionen Einwohnern dieses Landes nicht viel mehr als hundert Personen, die unseres Wissens Christen waren. Ein Somalier, der sich als Nachfolger Jesu zu erkennen gab, musste mit heftiger Verfolgung bis hin zum Tod rechnen.

Wir erkannten rasch, dass ein Einheimischer, der für uns arbeitete, sich automatisch verdächtig machte. Dem Weltbild der Somalier nach galt jede westliche Organisation, die im Lande arbeitete, automatisch als „christliche Organisation" und jeder ihrer Angestellten war verdächtig, selbst Christ zu sein. Doch egal, welcher Religion sie angehörten – ich brauchte erstklassige somalische Mitarbeiter, die über Erfahrung und gute Kontakte verfügten.

Dem Rat somalischer wie ausländischer Freunde folgend, stellten wir Mitarbeiter aus allen fünf oder sechs großen Clans in Somalia ein. Damit war garantiert, dass wir an jedem Ort im Land, an dem wir arbeiteten, Kontaktpersonen hatten, die uns bei unseren Planungen und Entscheidungen mit Rat und Tat, mit Tipps und Tricks zur Seite stehen konnten.

◆◆◆

Offiziell waren wir eine professionelle Hilfsorganisation, aber wir wollten natürlich bei unserer Tätigkeit auch den bestmöglichen ethischen Standards folgen und so indirekt auf Jesus Christus hinweisen. Wenn wir zum Beispiel Räumlichkeiten anmieteten, war es uns wichtig, dass wir auch mit dem rechtmäßigen Eigentümer zu tun hatten. Einmal, als ich mir wieder ein Haus ansah, flüsterte mir mein somalischer Mitarbeiter beim Hineingehen zu: „Das Haus ist nichts für Sie, Dr. Nik. Das ist ein konfisziertes Privathaus. Aber sagen Sie nichts; die Leute hier sind echt abartig. Seien Sie höflich, sehen Sie sich alles an und tun Sie interessiert. Wenn wir zu schnell wieder gehen, werden die wütend." Hausbesichtigungen, bei denen der „Eigentümer" mit einem automatischen Gewehr herumfuchtelte – eine ganz neue Dimension des Immobiliengeschäfts.

Ähnliche Probleme gab es beim Erwerb von Fahrzeugen. Wem gehörte das Auto überhaupt? Bewaffnete Überfälle und Entführungen waren an der Tagesordnung, amtliche Kfz-Melderegister gab es nicht. „Wer's hat, dem gehört's" – der alte Satz schien in Somalia die Eigentumsregel Nr. 1 zu sein.

Es war also kein leichtes Unterfangen, in Mogadischu eine ethisch saubere, vom Geist Christi geprägte Organisation ins Leben zu rufen, aber bald waren wir einsatzfähig. Gleich am Anfang flogen wir mehrere Krankenschwestern ins Land, mit genügend Medikamenten und Vorräten, um einige mobile Kliniken aufzubauen: Sie boten manchen Dörfern die erste medizinische Versorgung seit vielen Jahren. Die Not der Menschen war ungeheuer groß und unsere Mittel so bescheiden – wir brauchten mehr Hilfe. Wir wussten auch, dass es Hunderttausende unterernährter und verhungernder Menschen gab, die nicht auf die von den Vereinten Nationen versprochene Hilfe warten konnten. Wir taten, was wir konnten, so schnell es eben ging.

◆◆◆

Nicht lange nach der Aushandlung des Waffenstillstandes beschlossen die Vereinten Nationen, eine kleine, ein paar Dutzend Soldaten starke internationale Friedenstruppe nach Somalia zu entsenden, die die Situation beobachten sollte. Es waren nicht genug, um auch nur die Grüne Linie in Mogadischu wirksam zu überwachen, geschweige denn im übrigen Land für Sicherheit und Ordnung zu sorgen.

Wir schöpften Hoffnung, als ein paar Wochen später mehrere Mitgliedstaaten der UNO beschlossen, ihr Engagement in Somalia aufzustocken. Als Erstes kündigte die UNO eine groß angelegte Luftbrücke mit Lebensmitteln, Medikamenten und anderen Hilfsgütern an. Es folgte ein Beschluss zur Entsendung einer mehrere Hundert Personen starken internationalen militärischen Sicherheitstruppe, die die Hilfslieferungen begleiten und das Zivilpersonal der Vereinten Nationen sowie andere Hilfsorganisationen, die sich an dem internationalen Hilfseinsatz beteiligten, schützen sollte.

Im August 1992, als der Hilfseinsatz der Vereinten Nationen anrollte, waren wir schon mehrere Monate in Somalia gewesen, um mit über einem Dutzend Organisationen zusammenzuarbeiten und eigene Hilfs- und Entwicklungsprojekte zu starten. Da wir Zentren in Mogadischu und mehreren anderen Städten hatten und unsere eigenen Hilfsprogramme bereits liefen, erkannten die UN-Beamten uns als Partnerorganisation an. Hatte unser Hilfsbudget bisher im fünfstelligen Dollar-Bereich gelegen, sollten wir jetzt auf einmal mithelfen, internationale Hilfsgüter im Werte von mehreren Millionen Dollar an die Menschen in Somalia zu verteilen.

Die verfeindeten Clans erklärten sich bereit, den Vereinten Nationen sicheren Zugang zum Flughafen von Mogadischu und zu den Häfen am Indischen Ozean zu gewähren. Doch schon bald zeigte sich, dass das Abkommen eine Farce war. Fast vom ersten Tag an wurden die Hilfsgüter gestohlen, und die meisten kamen nie bei den Menschen an, für die sie gedacht waren. Insgesamt verschwanden über 80 Prozent der Hilfsgüter auf Nimmerwiedersehen.

Wie konnten Menschen so niederträchtig sein? Als ich meiner Frustration Luft machte, antwortete einer meiner einheimischen Mitarbeiter mit einem somalischen Sprichwort, das er von Kind auf gehört hatte und das eine Menge erklärte: *Ich und Somalia gegen die Welt; ich und mein Clan gegen Somalia; ich und meine Familie gegen meinen Clan; ich und mein Bruder gegen meine Familie; ich gegen meinen Bruder.*

Dieses furchtbare Lebensmotto öffnete einen Blick in das Herz, das hinter dem Gesicht des Bösen lag. Es ließ etwas ahnen von der Weltanschauung, die der Schlüssel zu diesem ganzen Wahnsinn war.

6.

Gottes Geschenk: Ruth

Den wichtigsten Lehrer, den ich je hatte – den Menschen, der meine Sicht von Gott und der Welt am meisten geprägt hat –, lernte ich am Anfang meines zweiten Studienjahres kennen. Es war während einer Einführungsveranstaltung für die Erstsemester, und ich versuchte, neue Mitglieder für die Christian Student Union (christliche Studentenvereinigung) zu werben. Ich schaute erwartungsvoll in die Runde, als eine attraktive junge Frau aufstand und zu mir kam. Ich hieß *Ruth* (so stand es auf ihrem Namensschild) in unserem College willkommen und lud sie ein, Mitglied in der Student Union zu werden.

Sie schaute mich kurz an, lächelte knapp und erwiderte: „Mein Vater ist Pastor, da werde ich bestimmt an vielen christlichen Aktivitäten hier teilnehmen." Sprach's, drehte sich um und ging wieder.

Mich hatte es voll erwischt. Ich schaute ihr hinterher und murmelte meinen Freunden zu: „Die werd ich mal heiraten."

Damals war ich noch ein Neuling, was Beziehungen zum anderen Geschlecht anging. Aber ich hatte gehört, dass Gegensätze sich anziehen, und wenn das wahr war, dann wurde der Bund zwischen Ruth und mir im Himmel geschlossen. Von der ersten Stunde an merkte ich, dass Ruth all das war, was ich nicht war. Wahrscheinlich eroberte sie mich nicht zuletzt deshalb im Sturm.

- Ruth war eine Pastorentochter; ich entstammte so ziemlich dem reinen Heidentum.
- Ruth war an verschiedenen Orten aufgewachsen; ich hatte meine ganze Jugend in derselben Kleinstadt verbracht.
- Ruth hatte Dutzende anderer US-Staaten besucht; ich hatte

vor meinem 18. Geburtstag Kentucky nur ein einziges Mal verlassen.

- Ruth schien sich in jeder Situation spontan zurechtzufinden; ich kam mir oft wie im falschen Film vor.
- Ruth kam mir absolut kultiviert und welterfahren vor; ich war, na ja, der Junge vom Land.
- Ruths Englisch war perfekt; es war eine Freude, ihr zuzuhören. Wenn ich meinen Mund öffnete, bekam jeder Englischlehrer in Hörweite Bauchschmerzen.
- Ruth war zu gut, um wahr zu sein; ich war zu viele andere Dinge, um gut zu sein.
- Ruth hatte Jesus gekannt, geliebt und ihm gehorcht, solange sie denken konnte. Sie hatte praktisch ihr ganzes Leben lang täglich die Bibel gelesen und mit anderen Menschen über den Glauben gesprochen. Wenn die Türen ihrer Kirche geöffnet wurden, war sie da und machte mit. Ich dagegen hatte bis zu jener nächtlichen Begegnung mit Gott in der Käsefabrik – ein paar Wochen, bevor ich aufs College ging – keine echte persönliche Glaubensbeziehung zu ihm gehabt.
- Ruth hatte schon viele Missionare kennengelernt. Sie hatten in ihrer Gemeinde gesprochen und waren bei ihren Eltern zu Hause gewesen. Ich begegnete meinem ersten Missionar erst einige Wochen nach meiner Begegnung mit Ruth.
- Ruth war in ihrer Heimatgemeinde nach vorne zum Altar gegangen, um Gottes Ruf in die Mission anzunehmen, als sie noch in der Grundschule war. Im sechsten Schuljahr schrieb sie einen Aufsatz über Afrika; sie wusste damals schon: Gott wollte, dass sie dorthin ging. Ich hörte zum ersten Mal vom Missionsbefehl, als ich auf dem College das Matthäusevangelium las, und war mir noch nicht klar, was um alles in der Welt er für mich bedeutete.
- Ruth kam mir in jeder Hinsicht perfekt vor. Ich war es definitiv nicht.

Absolute Gegensätze? Sicher. Füreinander bestimmt? Da war ich weniger sicher.

Ich war vom ersten Tag an verrückt nach Ruth, aber ich wusste nicht, wie ich eine Liebesbeziehung zu ihr aufbauen sollte, die vor Gott Bestand haben würde. Ich merkte bald, dass ich sie tief liebte, aber das bedeutete nicht, dass ich wusste, wie ich sie zu behandeln hatte. Ich wusste, dass sie die Art Frau war, mit der ich den Rest meines Lebens verbringen wollte, aber mir war nicht klar, was für eine Ehe ich mit ihr führen wollte.

Mein Vater, der sonst keinem seiner sechs Söhne Ratschläge in Herzenssachen gab, sagte mir, als er Ruth das erste Mal gesehen hatte: „Wenn du dir die durch die Lappen gehen lässt, brauchst du nicht mehr nach Hause zu kommen."

Hätte ich nur auf ihn gehört! Aber meine Beziehung zu Ruth war schwierig, und schuld daran war ich. Ein Problem war, dass ich in meinem Leben noch nie eine funktionierende Ehe kennengelernt hatte; mir fehlte einfach ein Vorbild, an dem ich mich hätte orientieren können. Drei Jahre lang war es zwischen Ruth und mir ein ständiges Auf und Ab. Ruth war geduldig und nachsichtig; ich war ein verwirrter und verwirrender Chaot.

Als mein Examen kam, war unser Verhältnis immer noch nicht geklärt. Ich wollte nach dem Examen am College jobben und dann im Herbst ans Predigerseminar gehen. Ruth hatte interessantere Sommerpläne – ein Missionseinsatz in Sambia.

Ich saß gerade auf dem Rasentraktor und mähte den Rasen auf dem Campus, als ich sie sah. Es war der Tag, an dem sie nach Hause fahren wollte, um ihre Koffer für Sambia zu packen. Ich winkte ihr zu. Sie sah mich und kam zu mir, um mir auf Wiedersehen zu sagen.

Ob Sie es glauben oder nicht: Ich stieg noch nicht einmal vom Traktor herunter, um mich mit ihr zu unterhalten. Ich wusste, dass sie vor einem Abenteuer stand, von dem sie ihr ganzes Leben schon geträumt hatte, und dass ich nicht mehr am College, sondern im Seminar sein würde, wenn sie zurückkam. Aber alles, was ich durch den Lärm des Mähers herausbrachte, war: „Ich wünsch dir einen schönen Sommer."

Sie wünschte mir das Gleiche, winkte mir halbherzig zu und ging. Und ich hatte tief drinnen das Gefühl, dass ich doch keine Zukunft mit Ruth haben würde. Seit drei Jahren war ich in sie verliebt und wusste immer noch nicht, wie man das machte – eine gesunde Beziehung haben. Und jetzt flog sie ans andere Ende der Welt, um sich ihren Lebenstraum zu erfüllen. Die ganzen drei Jahre hatte ich mich nie ernsthaft gefragt, was in ihr überhaupt vorging. Oder in mir.

Als ich da auf dem Mäher saß und Ruth hinterherschaute, begriff zumindest ein Teil von mir, was ich da gerade gemacht hatte. Ich hatte das nicht gewollt, und wenn Sie mich gefragt hätten, hätte ich Ihnen wahrheitsgetreu gesagt, dass es das Letzte war, was ich je hatte tun wollen. Aber ich hatte es getan; ich hatte Ruths Herz gebrochen.

◆◆◆

Vielleicht wird das Herz weicher – und klüger –, wenn die geliebte Person eine Weile nicht da ist. Vielleicht hatte ich in jenem Sommer einen emotionalen Wachstumsschub, der mich endlich innerlich reifer werden ließ. Vielleicht gaben mir die vier langweiligen Sommerjobwochen auf dem Campus die nötige Zeit, um über all das nachzudenken, was in den letzten vier Jahren in meinem Leben geschehen war. Wie auch immer – als dieser einsame Sommer zu Ende ging, wusste ich, dass ich mit der Art, wie ich Ruth behandelt hatte, einen furchtbaren Fehler gemacht hatte, und das nicht nur an jenem letzten Tag, wo ich ihr noch nicht einmal richtig auf Wiedersehen gesagt hatte. Nach drei Jahren Beziehungs-Achterbahn hatte ich plötzlich

Angst, dass es zwischen uns vorbei war. Ich musste mich mit Ruth versöhnen! Aber wie?

Ich beschloss, damit anzufangen, dass ich meinen Stolz herunterschluckte und mich entschuldigte. Kurz nachdem Ruth aus Afrika zurückgekehrt war, nahm ich meinen Mut zusammen und rief sie an. Die Kühle in ihrer Stimme bestätigte meine Befürchtungen. Ich sah zu, dass ich die Begrüßung und das „Na, wie war dein Sommer so?" hinter mich brachte, und begann, mich untertänigst zu entschuldigen für die herzlose Art, wie ich ihr auf Wiedersehen gesagt hatte, für die ganze Art, wie ich unsere Beziehung sträflich vernachlässigt hatte, und noch für vieles andere.

Ruth sagte nichts, sie ließ mich einfach reden. Aber dieses Schweigen sprach Bände. Das Gespräch endete damit, dass sie kühl sagte: „Also, vielen Dank, dass du angerufen hast, Nik. Tschüs." Und sie legte auf.

Ich war am Boden zerstört. Ich würde alles tun, um sie zurückzubekommen! Aber wie sollte ich das bloß anstellen?

Nun, eine Woche später rief ich sie wieder an. „Du, in der kleinen Gemeinde, in der ich dieses Jahr arbeite, haben wir demnächst eine Missionswoche. Könntest du vielleicht kommen und etwas über deinen Sommereinsatz in Sambia erzählen – was für Menschen du getroffen hast, was die Leute da brauchen, was du an Gottes Wirken erlebt hast und so weiter? Die Kollekte ist für die Studierenden, die diesen Einsatz nächstes Jahr machen."

Wie konnte jemand, der sich zum Missionar berufen fühlte, so eine Chance ausschlagen, über seinen allerersten Einsatz im fernen Afrika zu sprechen? Ruth konnte es nicht, auch wenn sie nicht begeistert klang. Ich nannte ihr den Termin und sagte ihr, dass ich sie an dem Sonntagmorgen abholen würde. Sie erwiderte, dass das nicht nötig war und sie gerne selbst hinfahren konnte. Worauf ich ihr versicherte, dass es mir echt nichts ausmachte, sie abzuholen, und dass es auf den Nebenstraßen ohne richtige Wegweiser nicht einfach war, den Weg zu der Kirche zu finden.

◆◆◆

Ruth war nicht halb so aufgekratzt wie ich, als sie am „Missionssonntag" in mein Auto stieg. Sie beantwortete meine Fragen über ihren Sambia-Besuch so einsilbig wie möglich und war auch nicht sehr gesprächig, was ihre Seminare im kommenden Herbst anging. Die meiste Zeit redete ich, und sie hörte höflich zu. Zwischen uns war eine Barriere, die ich noch nie gespürt hatte.

Ich wusste, dass Ruth bei „meiner" Gemeinde gut ankommen würde, und ich wurde nicht enttäuscht. Aber nach dem Gottesdienst war sie weiter zurückhaltend. Erst auf der Rückfahrt in die Stadt löste sich die Spannung etwas, und als ich sie vor ihrem Wohnheim absetzte, hatte ich den Eindruck, dass ich noch Chancen hatte. Wir fingen wieder an, miteinander zu gehen.

Diesmal war es irgendwie anders. Vor allem ich hatte mich verändert. Ich war jetzt bereit, ganze Sache zu machen. Viele von Ruths Freunden rieten ihr, mir keine zweite Chance zu geben, aber irgendwie schien sie mir zu glauben, dass es mir ernst war. Als ich ihr später in diesem Jahr meinen Heiratsantrag machte, sagte sie Ja.

Dann eröffneten wir ihren Eltern, dass wir heiraten wollten. Ruths Vater stellte mir keine Fragen. Stattdessen sah er Ruth an und fragte: „Und was ist mit deinem Ruf in die Mission und nach Afrika?" Sie antwortete ihm lächelnd: „Nik will auch schon seit Langem als Missionar ins Ausland. Wir werden das zusammen machen."

Das war alles, was ihr Vater hören wollte. Er sah uns beide

an. „Wenn ihr Gott gehorsam seid, dann habt ihr unseren Segen!"

Wir wurden im folgenden Sommer in Ruths Heimatgemeinde getraut. Ich war voller Vorfreude. Ruth behauptet, dass sie das auch war, aber als sie den Mittelgang der Kirche entlang zum Altar ging, schluchzte sie so, dass ihr Vater mehrere Minuten warten musste, bis sie sich beruhigt hatte, bevor er die Trauung beginnen konnte. Es war dann aber ein wunderbarer Gottesdienst und ein schöner Abend, und ich erinnere mich heute noch gerne daran.

Als wir nach der Trauung zu meiner Mutter traten, weinte sie. Sie umarmte uns und sagte: „Egal, was passiert, vergesst nicht, dass ich euch liebe."

Sie ging, und Ruth sah mich verdattert an und fragte: „Wie hat sie das gerade gemeint?"

„Keine Ahnung", sagte ich. Dann hatte ich eine Erleuchtung. „Ich glaube, sie will meinen Vater verlassen."

Hätte ich Ruth gesagt: „In den Flitterwochen fahren wir zum Mars", sie wäre nicht verwunderter gewesen. Was ich da eben so locker dahingesagt hatte, ergab für sie einfach keinen Sinn.

Ihr Vater, der Pastor war, hatte uns gerade getraut. Die Welt, in der ich aufgewachsen war, hatte sie nie kennengelernt. Wir erfuhren später: Als die übrigen Hochzeitsgäste vor der Kirche standen, um zuzuschauen, wie die Frischvermählten davonfuhren, verdrückte sich meine Mutter und fuhr fort – aber nicht nach Hause, wo man sie nie mehr sah.

An dem Tag, als meine Ehe begann, endete die meiner Eltern. Ich schätze, das Schockierendste daran für meine Braut war wohl die Tatsache, dass ich die Nachricht so gleichmütig aufnahm. Vielleicht liegt hier auch die Erklärung dafür, dass ich mich so schwertat in der Schule der Beziehungen – wie auch in der des Glaubens.

7.

„Nehmt mein Kind!"

Zwei Jahrzehnte später waren Ruth und ich mit der ungeheuren Not in Somalia konfrontiert. Wir verteilten internationale Hilfsgüter und überlegten uns, wo wir noch helfen konnten, während unser kleines Team wuchs. Einer der wichtigsten Leute in unserem Team war ein junger Mann namens J.B. Er und ich beschlossen, eine Erkundungsfahrt in den Süden Somalias zu unternehmen, ein Gebiet, das seit vielen Jahren keine Besucher von außerhalb mehr gesehen hatte.

Wir fuhren auf die nächste kleine Stadt zu. Sie sah aus wie eine Geisterstadt: verlassen aussehende Häuser, dunkle Fenster, Staub, den der Wind durch leere Straßen pustete. Doch kaum tauchten wir auf, als die Menschen in Scharen aus Häusern und Läden strömten. Im Nu füllten Hunderte ausgemergelte Stadtbewohner die Straße.

Plötzlich Schreie hinter mir. Ich schaute über meine Schulter. Die Männer, die ich zu unserem persönlichen Schutz angeheuert hatte, fluchten auf Somali und schwangen ihre Gewehrkolben, um die Menschen, die neben unserem Wagen herliefen, daran zu hindern, über die Seitenwände zu greifen und unsere Essensvorräte an sich zu nehmen.

Mein erster Gedanke war, meine Männer zurechtzuweisen; wir wollten diesen Menschen doch helfen! Aber meine Irritation verwandelte sich rasch in blankes Entsetzen, als ich sah, dass viele dieser Halbverhungerten uns nicht unsere Vorräte wegnehmen, sondern uns das Wertvollste, was sie hatten, *geben* wollten.

Ich konnte inzwischen genug Somali, um die Mutter zu

verstehen, die wie verrückt neben uns herlief und weinte und bettelte: „Nehmt mein Kind! Die anderen sind alle tot! Bitte rettet mein Kind!" Sie versuchte, ihr Baby durch mein offenes Beifahrerfenster zu schieben. Ich war wie gelähmt. Mein Fahrer langte zu dem Fenster und kurbelte es rasch hoch, damit nicht noch mehr Mütter versuchten, mir ihre verhungernden Kinder auf den Schoß zu werfen.

Der Fahrer drückte das Gaspedal. Es gelang uns wegzukommen, ohne jemanden zu überfahren. Erst mehrere Kilometer hinter dem Ort hielten wir an und machten eine kurze Lagebesprechung. Es war nicht selbstverständlich, dass wir noch am Leben waren; diese Menschen hätten uns umbringen können, um an unsere Lebensmittel und Benzin zu kommen. Aber diese verzweifelten Mütter! Was hätte *ich* denn an ihrer Stelle gemacht? Wäre ich imstande, meinen Sohn wegzugeben, wenn das die einzige Möglichkeit war, sein Leben zu retten? Die Frage verfolgte mich.

◆◆◆

Als wir das nächste Dorf erreichten, waren wir besser vorbereitet. Ab jetzt fuhren wir erst nach Sonnenuntergang in bewohnte Ortschaften hinein. Im Schutz der Dunkelheit suchten wir uns ein verlassenes Gebäude, wo wir ungesehen kampieren konnten. Früh am Morgen liefen dann einige von uns in den Ort, zu einem Markt oder sonst einem zentralen Platz, während die Fahrer und einige der Wächter bei unseren Fahrzeugen blieben. In sicherer Entfernung von der Versuchung oder Ablenkung, die unsere Fahrzeuge mit ihrer verlockenden Fracht für die Einheimischen dargestellt hätten, konnten wir uns mit ihnen darüber unterhalten, was sie in der letzten Zeit erlebt hatten und was sie am meisten brauchten. Später gingen wir zu unserem Versteck zurück, meist ohne dass uns mehr als ein paar Kinder folgten. Bevor diese den Erwachsenen von unseren Wagen berichten konnten, waren wir längst über alle Berge.

Je weiter wir fuhren, umso deprimierter wurden wir. Manche Dörfer waren menschenleer; die Bewohner hatten offensichtlich ihre Häuser verlassen und waren um ihr Leben geflohen. Ein Dorf fanden J.B. und ich schlicht dadurch, dass wir den zum Teil stark verwesten Leichen folgten, die neben der Straße lagen. Ich glaube, wir sammelten einige Loyalitätspunkte bei unseren muslimischen Mitarbeitern, als wir anhielten und unsere Achtung vor den Toten bezeugten, indem wir flache Gräber für sie aushoben und eine sehr schlichte, aber für ihren Glauben wichtige „angemessene" Bestattung vornahmen. Bei den ersten Leichen, die wir sahen, ging das noch, aber je näher wir zu dem Dorf kamen, umso mehr Leichen wurden es, und wir hatten einfach nicht die Zeit und die Kraft, alle zu beerdigen.

Ich sehe J.B. noch vor mir, wie er in dem sandigen Boden kniet, mit einem Bajonett ein flaches Loch aushebt, die Überreste eines in Lumpen gekleideten verhungerten Mannes hineinlegt, Sand und Steine darüberschichtet und dann seine Mütze abnimmt, um ein Gebet zu sprechen. Und wie unsere muslimischen Leibwächter zuschauen, wie dieser Weiße aus Amerika *ihre* Toten mit aller gebührenden Achtung bestattet und für sie betet. Es ist ein starkes Bild – und ohne Zweifel war es auch ein starkes Zeugnis unseres Glaubens.

◆◆◆

Als wir schließlich bei den leeren, eigenartig stillen Hütten ankamen, begriffen wir, was hier passiert war. Die Leichen, die wir entlang der Straße gefunden hatten, waren offensichtlich die der Männer – Ehemänner, Väter und Brüder – dieses verhungernden Dorfes, die sich noch stark genug gefühlt hatten (oder einfach verzweifelt genug gewesen waren), um loszuziehen und

Hilfe für ihre sterbenden Familien und Nachbarn zu holen. Die meisten waren nicht weit gekommen.

Ihre Lieben, die in dem Dorf geblieben waren, hatten wahrscheinlich nicht viel länger gelebt. Das satte Grün um das Dorf herum ließ es auf den ersten Blick wie ein tropisches Paradies aussehen. Vögel sangen, Blumen blühten. Die totenstillen, typisch afrikanischen strohgedeckten Hütten aus Flechtwerk und Lehm erzählten eine andere Geschichte. An ihnen war seit Monaten, wenn nicht Jahren nichts mehr ausgebessert worden.

Was wir drinnen sahen, war noch erschütternder. Aus dem ehemaligen Zuhause ganzer Familien waren offene Gräber geworden. In einer Hütte fanden wir die Leichen zweier Mädchen, die ungefähr in dem Alter meiner Söhne waren. Das eine lag in einem Bett, in der einen Hand eine Bürste, die noch im Haar steckte. Seine kleine Schwester war auf dem Lehmboden zusammengesunken, neben der verschrumpelten Leiche einer alten Frau, die noch den Löffel in der Hand hielt, mit dem sie in einem Suppentopf etwas, das wie Gras aussah, umgerührt hatte. Die Szene war fast wie ein Gemälde, ein unwirkliches Bild des Todes, das die Darsteller bei ihren ganz alltäglichen Verrichtungen zeigte, an dem Ort, wo sie gemeinsam auf den Tod gewartet hatten.

Wir betrachteten wortlos die Szene. Was hätte man auch sagen sollen? Als wir zurück zu den Autos gingen, seufzte einer unserer Somalier tief und sagte: „Wissen Sie, Dr. Nik, früher nannte man Somalia ein *Dritte-Welt-Land*. Heute sind wir ein *Keine-Welt-Land*." Die Qual in seiner Stimme zerriss mir das Herz.

Unsere Expedition ging weiter, von Dorf zu Dorf. Viele Dörfer waren verlassen oder nur noch von Toten bewohnt. Die meisten Lebenden, die wir fanden, dämmerten nur noch dahin; ihre leeren Augen zeigten uns, dass sie keine Hoffnung mehr hatten.

Ein Dorf war voll von trauernden Eltern, deren Kinder sämtlich krank geworden und gestorben waren. Wir hatten nichts, womit wir ihren Schmerz hätten lindern können. Ein paar Tage später entdeckten wir ein anderes Dorf, wo alle Erwachsenen verhungert waren, nachdem sie ihr letztes Essen ihren Kindern gegeben hatten. Wir fuhren die Waisen aus diesem Dorf zu dem vorherigen Dorf und hofften, dass die so geschaffenen „neuen" Familien ein Stückchen Trost bringen würden.

◆◆◆

Zwei Wochen nach Beginn unserer Fahrt hofften wir, noch mehr Dörfer erreichen zu können, doch die Einheimischen warnten uns, dass die vor uns liegenden Straßen vermint worden seien, um das Vorrücken feindlicher Clans zu behindern. Die einzige sichere Möglichkeit, weiter nach Süden oder Westen zu gelangen, bestand nach ihrer Auskunft darin, anstelle der Straßen die Flussbetten zu benutzen. Doch da gerade Regenzeit war, wäre auch dies ein gefährliches Unterfangen gewesen.

Wir beschlossen, unsere Erkundungstour durch den Süden des Landes abzubrechen. Den Großteil unserer Vorräte ließen wir in einer Leprakolonie zurück und fuhren weiter zur Küstenstadt Kismaayo. Dort gab es eine befreundete Hilfsorganisation, die uns helfen konnte, nach Mogadischu zu gelangen. Von dort aus kehrten wir nach Nairobi zurück. Hier trugen wir die erschütternden Ergebnisse unserer Erkundungstour Vertretern der internationalen Hilfskoalition vor.

Als ich auf einer Landkarte zeigte, wo wir überall gewesen waren, welche Dörfer verlassen waren, wo wir Überlebende gefunden hatten und wo diese Überlebenden dem Hungertod am nächsten waren, war die internationale Koalition dankbar für die Information. Man klärte uns auf, dass wir die ersten Ausländer waren, die seit Beginn des Bürgerkriegs vor vier Jahren, 1988, diese Gegend Somalias besucht hatten.

Leider war das Ergebnis dieses Gesprächs, dass man angesichts der gefährlichen Situation und der Entfernung von Mogadischu keine Möglichkeit sah, in der Gegend, die wir erkundet hatten, Verteilzentren für internationale Hilfsorganisationen einzurichten. Stattdessen wurde beschlossen, die Region provisorisch aus der Luft mit Hilfsgütern zu versorgen: Flugzeuge würden langsam über bewohnte Gebiete fliegen und aus niedriger Höhe am Rande der hilfsbedürftigsten Dörfer über dem freien Feld Säcke mit Lebensmitteln und medizinischen Grundversorgungsartikeln abwerfen.

Ich war frustriert, dass wir nicht mehr tun konnten, aber gut, *etwas* hatte unser Einsatz also doch bewirkt. Ich schöpfte Hoffnung – bis ich hörte, wie einer der ersten Versorgungseinsätze mit dem Flugzeug verlaufen war. Offenbar hatten einige Mitarbeiter von Hilfsorganisationen es gut gemeint und den Bewohnern eines Dorfes vorher angekündigt, an welchem Tag und zu welcher Uhrzeit das Flugzeug kommen würde. Nachdem ich die Menschentrauben um unsere Fahrzeuge erlebt hatte, konnte ich mir die Aufregung auf dem Boden beim Anflug der Maschine gut vorstellen. Was ich mir trotz allem nicht hatte vorstellen können, war die Tragödie, die folgte. Die Dorfbewohner, die auf das Feld strömten, versuchten in ihrer Aufregung, die riesigen Säcke mit Weizen, Reis und Mais, die aus der Ladeluke des Flugzeugs fielen, als es gute 30 Meter über ihnen hinwegflog, buchstäblich mit den Armen aufzufangen, mit dem Ergebnis, dass die Hilfsgüter, die ihr Leben retten sollten, Dutzende Menschen verletzten und mehrere töteten.

Und wieder einmal schrie ich innerlich auf: *Was kann man nur machen an einem Ort wie Somalia? Ein einziger Fehler genügt, um die besten Absichten in einer Katastrophe enden zu lassen! Was machen wir hier eigentlich?*

◆ ◆ ◆

Manchmal ist das Problem aber nicht die Naivität wohlmeinender Menschen, sondern das nackte Böse, das noch so gut gemeinte Dinge in ihr grausames Gegenteil verkehrt. Eines Morgens brachte unser Team einen Lastwagen voller Nahrungsmittel und Medikamente in ein kleines, heruntergekommenes, vom Krieg gezeichnetes Dorf. Wir sahen die Vorfreude in den Gesichtern der hungernden Kinder, als wir ihren Müttern ihre Ration übergaben. Aus den dankbaren Augen vieler Eltern strahlte eine neu zum Leben erwachende Hoffnung, dass sie ihre Kinder vielleicht doch durchbringen könnten. Froh, ein gutes Werk getan zu haben, kehrten wir nach Hause zurück.

Den Rest der Geschichte erfuhren wir später. Einige Tage nach unserem Besuch stürmte ein benachbarter Clan das Dorf, dem wir geholfen hatten. Die Angreifer schleuderten den armen Bewohnern wüste Beschimpfungen und Vorwürfe entgegen, hatten sie doch die „Unverschämtheit" besessen, unsere Hilfe anzunehmen, bevor die, „die sie mehr verdienten", etwas bekommen hatten. Dann rissen sie alles an sich, was von den Vorräten noch übrig war. Schließlich gingen sie wieder, allerdings nicht, ohne zuvor die Frauen und Mädchen des Dorfes vergewaltigt und die hilflosen, gedemütigten Männer gefoltert zu haben.

Als ich davon hörte, wurde mir schlecht. Aber noch elender wurde mir, als ich hörte, dass die Bewohner dieses Dorfes, denen wir hatten helfen wollen, jetzt die Nachbardörfer warnten: „Nehmt nichts von diesen Ausländern an, ihr riskiert euer Leben!"

Der Zorn packte mich angesichts dieser Macht des Bösen, die unsere besten Absichten zu einer teuflischen Waffe machte und dann noch uns die Schuld zuschob. Ich erkannte: Wer in einem Land wie Somalia sowohl denen, die Hilfe brachten, als auch denen, die diese Hilfe annahmen, derartig tiefe Wunden zufügen konnte, war wahrlich ein gefährlicher Feind.

◆◆◆

Jede Reise nach oder von Somalia war ein Schockerlebnis für mich. Es war wie ein Flug zu einem fremden Planeten, nur dass die Reise lediglich wenige Stunden dauerte.

Somalia – das war, als ob man die dunkelsten Kapitel des Alten Testaments aufschlug. Somalia war ein Albtraum der Gewalt und des Wahnsinns, eine Hölle des Bösen, eine Welt ohne genügend Nahrung, um zu überleben, eine Welt, in der die Kinder nicht zur Schule gehen konnten und ihre Eltern kaum damit rechneten, dass sie das Erwachsenenalter erreichen würden.

Und dann, vielleicht noch am gleichen Abend, ging ich in Nairobi in einer ganz anderen Welt ins Bett, die mir geradezu wie der Himmel vorkam – eine Welt, in der meine Frau und meine drei Söhne meine Rückkehr mit einem leckeren Abendessen und einem besonderen Nachtisch feierten. In dieser anderen, heilen Welt gingen meine Jungen zur Schule, war ich bei ihren Basketballspielen der Schiedsrichter, gab es Ärzte und Krankenhäuser, Strom, Licht und fließendes Wasser, Lebensmittelläden, Tankstellen und noch so vieles mehr. Ich konnte es einfach nicht fassen, dass ich in zwei Welten lebte, die nicht nur auf demselben Planeten lagen, sondern auf demselben Kontinent, ja in zwei benachbarten Ländern.

Ich weiß nicht, ob es eine gesunde Methode war, mit diesem Doppelleben umzugehen, aber ich lernte schließlich, in dem Augenblick, wo mein Flugzeug in Somalia abhob, einen inneren Knopf zu drücken und mir zu sagen: *Jetzt geht's nach Hause zu Ruth und den Jungen!*, worauf ich mich langsam entspannte. Und wenn die Reise in die andere Richtung ging, drückte ich den umgekehrten Knopf: *Jetzt geht's wieder in die andere Welt!*, worauf ich innerlich auf Alarmstufe Rot schaltete, denn jetzt ging es wieder nur noch ums Arbeiten, Leben und Überleben in Somalia.

Dieser Übergang klappte nicht immer auf Anhieb; so leicht

74

ließen sich meine beiden Welten nicht auseinanderhalten. Ich merkte das jedes Mal, wenn ich auf ganz alltägliche Situationen in der Familie zwei völlig gegensätzliche Reaktionen empfand. Da hörte ich zum Beispiel, wie unsere Söhne sich stritten, und spürte, wie ich wütend wurde und Lust hatte, ihnen eine Strafpredigt darüber zu halten, wie dankbar sie sein sollten, dass sie in Kenia lebten und nicht in Somalia, wo die meisten Kinder in ihrem Alter schon tot waren oder kurz davor standen. Aber manchmal nur Sekunden später schaute ich sie an und war auf einmal so überwältigt von Dankbarkeit und Rührung, dass mir die Tränen kamen und ich sie nur noch an mich drücken und küssen wollte.

◆◆◆

Inzwischen hatte ich Dutzende von Reisen nach Somalia gemacht, manche nur ein paar Tage, andere mehrere Wochen lang. Wir versuchten, unsere Jungen nicht mit Einzelheiten über unsere Arbeit zu belasten, obwohl sie über die allgemeine Situation in Somalia natürlich im Bilde waren. Doch nach meiner Erkundungsfahrt durch Südsomalia, die mir einmal mehr gezeigt hatte, wie gefährlich unsere Arbeit war, schien es mir an der Zeit, den Familienrat einzuberufen, um meinen Lieben etwas zu sagen, das mir sehr am Herzen lag. Ruth und ich setzten uns also mit unseren Söhnen zusammen: Shane (13 Jahre), Timothy (11) und Andrew (6). Ich sah die drei an und sagte: „Jungs, als wir noch in Amerika wohnten und ihr noch nicht da wart, mussten eure Mama und ich eine sehr wichtige Frage beantworten: *Waren wir bereit, unser Leben für Jesus zu leben?* Ihr wisst, dass eure Mama diese Frage schon als kleines Mädchen mit Ja beantwortet hat, und ich habe euch auch erzählt, wie ich erst mit 18 Jahren beschloss, Jesus zu folgen und für ihn zu leben. Bevor eure Mama und ich heirateten, vergewisserten wir uns, dass wir beide das gleiche Ziel hatten, und nahmen uns vor, gemeinsam für Jesus zu leben – als Paar und als Familie.

Später, als wir daran dachten, für Jesus ins Ausland zu gehen, mussten wir uns eine andere wichtige Frage stellen: Waren wir auch bereit, mit Jesus zu *gehen* und für ihn in einem fernen Land zu leben? Wir haben auch darauf mit Ja geantwortet und kamen so nach Afrika.

Heute sind wir hier in Kenia, damit wir vielen Tausenden von Menschen in Somalia – Kindern, Eltern, ganzen Familien – mit Lebensmitteln und Medikamenten helfen können. Wir machen das, um diesen Menschen, die noch nie von Jesus und seiner Liebe für sie gehört haben, Gottes Liebe zu zeigen. Aber weil diese Somalier in einem Land leben, wo es gerade so schwierig, gefährlich und schlimm ist, müssen eure Mama und ich jetzt noch eine dritte, sehr schwere Frage beantworten: Sind wir auch bereit, für Jesus zu *sterben?*"

Wir wollten unseren Jungen keine Angst einjagen. Wir machten ihnen klar, dass wir nicht damit rechneten, bald sterben zu müssen, und sie wussten, dass so etwas das Letzte war, was wir wollten. Wir versprachen ihnen, alles Nötige zu tun, um uns zu schützen. Aber wir wollten, dass sie genau verstanden, wie riskant es war, in Somalia zu arbeiten. Und sie sollten wissen, wie wichtig es für Ruth und mich war, das zu tun, was wir für den Auftrag von Jesus für unsere Familie hielten. Es ging uns nicht darum, dass unsere Söhne dem Tod ihres Vaters zustimmen sollten, sondern dass sie Jesus Herr sein ließen. Wir wollten, dass sie Jesus in allen Aspekten unseres Lebens vertrauten.

Wir waren entschlossen, Gott zu gehorchen, aber es war gut, dass wir damals nicht wussten, was dieser Gehorsam in den vor uns liegenden Monaten und Jahren bedeuten würde. Hätte ich gewusst, was kommen würde – ich weiß nicht, ob ich genügend Gottvertrauen gehabt hätte, weiterzumachen.

8.

„M" wie Malaria

Meine Erlebnisse am Horn von Afrika ließen mich schnell erkennen, dass nichts in Schule und Studium mich auf Somalia vorbereitet hatte. Also schrieb ich einen Brief an den Menschen, der mir am meisten für das Leben in anderen Kulturen mitgegeben hatte:

„Lieber Papa,
seit wir in Afrika sind, habe ich herausgefunden, dass mich in meiner schulischen und beruflichen Ausbildung nur wenig darauf vorbereitet hat, unter Afrikanern zu leben und zu arbeiten und sie zu lieben. Aber die Dinge, die Ihr, Du und Mama, mir beigebracht habt – dass man Verantwortung übernehmen und die Menschen anständig behandeln muss, dass man seine Arbeit gut tun muss, dass auch körperliche Arbeit einen Wert hat, dass man sein Leben mit ganz normalen, gewöhnlichen Menschen teilen muss –, das sind Dinge, die ich hier jeden Tag einsetze. Auch dass ich als Junge den natürlichen Kreislauf des Lebens kennengelernt habe, vom Pflanzen und Säen und der Geburt der Tiere über das Wachsen auf den Feldern und die Pflege des Viehs bis hin zur Ernte oder dem Schlachten, damit wir zu essen hatten – auch das hilft mir hier in meinem Leben unter den Menschen, die in diesem Teil der Welt ihre Felder bebauen oder für ihre Kamel- und Ziegenherden sorgen.

So vieles von dem, was ich als Kind und junger Mann getan und gelernt habe, habe ich damals für selbstverständlich genommen. Aber jetzt ist mir klar geworden, dass Gott mich Dein Sohn sein ließ, um mich auf ein Leben unter den Menschen der Welt hier vorzubereiten. Was ich bei Dir auf der Farm und auf dem Bau gelernt habe, kommt mir in Afrika zugute. Du hast mir eine Erziehung geschenkt, die nur wenige bekommen, und mir gegeben, was das College und das Seminar mir nie hätten beibringen können. Ich möchte einfach, dass Du weißt, wie sehr ich unser Familienerbe schätze. Danke, Papa.

Dein Nik"

◆◆◆

Ruth und ich hatten eigentlich vorgehabt, gleich nach Abschluss meiner Pastorenausbildung nach Afrika zu gehen. Aber als meine Eltern sich scheiden ließen, wohnten meine beiden jüngeren Brüder und meine kleine Schwester noch zu Hause und bekamen die ganze Schlammschlacht aus nächster Nähe mit, und es war wohl besser, wenn wir noch eine Weile in der Nähe wohnten, um sie seelisch zu unterstützen.

Wir blieben also, und ich wurde Pastor einer Kleinstadtgemeinde. Hier brachte Ruth Shane, unseren Ältesten, zur Welt. Dann zogen wir in eine andere Kleinstadt in Kentucky um, wo ich meine nächste Gemeinde übernahm. Hier wurde Timothy geboren.

Der Pastorenberuf gefiel mir, aber wirklich zufrieden war ich nie. Ich fand, dass ich das Zeug zum Pastor hatte, aber ich konnte mir nicht vorstellen, dass ich nach Gottes Willen für den Rest meines Lebens Gemeinden in Kentucky betreuen sollte.

Irgendwann Anfang der 1980er-Jahre luden wir einen Gastredner aus Übersee in unsere Gemeinde ein. Als er nach der Predigt die Menschen aufrief, „nach vorne zu kommen", waren Ruth und ich gerade in ganz verschiedenen Ecken des Raumes. Ohne uns abgesprochen zu haben, gingen wir beide nach vorne, um vor dem Altar zu beten und unser Versprechen zu erneuern, Gott als Missionare zu dienen. Wir hatten beide gleichzeitig

Gottes Stimme gespürt und beschlossen auf der Stelle, bei unserer Kirche einen Antrag auf Einsatz in Übersee zu stellen.

Ich weiß nicht, wie viele Formulare der Apostel Paulus vor seiner ersten Missionsreise ausfüllen musste, aber fast zweitausend Jahre später hatten wohl die meisten Denominationen und Organisationen eine solide christliche Bürokratie aufgebaut. Es dauerte Monate, bis wir endlich alle Hürden übersprungen hatten und einen Termin bei der Aussendungskommission bekamen, die für sämtliche Entsendungen zu Diensten in Übersee zuständig war.

Von Ruth war die Kommission von der ersten Minute an ganz eingenommen. Sie berichtete, wie sie schon als Drittklässlerin Gottes Ruf in die Mission erhalten hatte, wie ein Aufsatz in der sechsten Klasse ihr gezeigt hatte, dass Gott sie in Afrika gebrauchen wollte, und wie ihr Sommereinsatz in Sambia ihr ein realistisches Bild vom Leben in der Dritten Welt verschafft und auch die letzten Zweifel beseitigt hatte.

Als Nächstes wollte die Kommission wissen, wann *ich* meine Berufung erhalten hatte. Ich schaute in die Runde und sagte: „Als ich Matthäus 28 las."

Fragend gerunzelte Stirnen. Hatte der Kandidat die Frage nicht verstanden? Man erklärte mir geduldig, dass es einer speziellen Berufung bedurfte, damit jemand als Missionar hinaus in die Welt gehen konnte. Ich wollte nicht unhöflich oder witzig sein, aber ich antwortete: „*Sie* verstehen *mich* nicht. Ich habe Matthäus 28 gelesen, wo Jesus seinen Jüngern befiehlt: ‚Geht!' Und das will ich jetzt machen."

Es folgte eine dreißigminütige Belehrung über den Unterschied zwischen dem Ruf in die Erlösung und dem Ruf in den Dienst. Was dann als Drittes nötig war, war ein spezieller Ruf, das Evangelium hinaus in die Welt zu tragen, und als Viertes vielleicht noch der Ruf, an einen bestimmten Ort zu gehen. Der Vortrag endete mit dem Satz: „Nun, wie denken Sie darüber?"

Ich war jung und naiv genug, um zu denken, dass sie meine ehrliche Meinung hören wollten, also sagte ich sie ihnen: „Also, ich hab den Eindruck, dass Sie mit diesen Spezialberufungen den Leuten eine Hintertür dafür öffnen, das, was Jesus uns allen vor zweitausend Jahren eindeutig befohlen hat, zu verweigern."

Das war nicht gerade diplomatisch von mir. Allgemeines Schweigen. Ich schaute zu Ruth hin und sah, dass sie leise vor sich hin weinte. Und ich dachte: „Mein Gott, jetzt kann Ruth womöglich nie nach Afrika, weil ich nicht gewusst habe, wie man sich hier richtig benimmt."

Nun, die Kommission sprach sich dann doch dafür aus, uns nach Afrika zu schicken. Ich freute mich, aber die Unterscheidung zwischen den verschiedenen Arten von Berufung wollte mir immer noch nicht in den Kopf.

Ehrlich gesagt verstehe ich sie heute noch nicht. Wenn ich jetzt in Gemeinden spreche, fordere ich die Menschen oft auf, Matthäus 28 zu lesen. Wenn ich dieses Kapitel lese, fällt mir jedes Mal auf, dass Jesus hier keine Einschränkungen macht; es sollen nicht die einen gehen und die anderen nicht. Es mag sein, dass Gott uns genauere Anweisungen geben muss, wohin wir persönlich gehen sollen, aber *dass* wir gehen sollen, steht außer Frage, und hier gibt es nichts zu deuteln. Aber als ich das 1983 unserer Aussendungskommission zu erklären versuchte, hätte uns das um ein Haar unsere Aussendung nach Afrika gekostet.

◆◆◆

Am 11. August 1983 erhielten wir den offiziellen Auftrag, nach Malawi zu gehen. Es folgten mehrere Monate Vorbereitungszeit, und dann, am Neujahrstag 1984, sollten wir nach Malawi fliegen. Wir kamen mit einem ganzen Berg von Gepäck am Flughafen an. Die Dinge, die wir die nächsten vier Jahre in unserem Haushalt brauchen würden, hatten wir bereits in Kisten vorausgeschickt, aber die würden erst in einem Jahr ankommen, und alles, was wir bis dahin an Kleidung, Vorräten und persönlichen Gegenständen brauchten, mussten wir im Flugzeug mitnehmen.

Der Mann an der Flugabfertigung beäugte unseren Gepäck-berg. „Wo wollen Sie denn hin?" Wir sagten ihm, dass wir für vier Jahre nach Malawi gingen und was wir dort vorhatten. Er zeigte auf den fünfjährigen Shane und den dreijährigen Tim und fragte: „Gehen die Jungen auch mit?"

„Ja, natürlich!"

Er schaute über unsere Schultern, wo Ruths und meine Familie standen, um uns auf Wiedersehen zu sagen, und seine Augen füllten sich mit Tränen. Er begann, unser Gepäck auf das Band zu laden. Dann fragte er die Jungen, ob sie mitfahren wollen, und setzte sie kurzerhand auf unsere letzten Koffer. Dann ging er neben ihnen her das ganze Gepäckband entlang, bis wir ihn nicht mehr sahen. Unsere Jungen durften bis zum Flugfeld des „Louisville International Airport" auf dem Gepäckband mitfahren (ja, das war lange vor den Anschlägen vom 11. September …), damit sie sehen konnten, wo ihre ganzen Sachen in die Maschine geladen wurden. Ein paar Minuten später brachte er die Jungen zum Einchecken zu uns zurück. Sie würden ihren ersten Flug nie vergessen.

Es war ein bittersüßes Abschiednehmen. Ruths Verwandt-schaft war natürlich ganz aufgeregt. Ich schätze, von meinen Verwandten verstanden viele immer noch nicht, warum um alles in der Welt wir nach Afrika mussten. Ich selbst war genauso aufgeregt wie meine beiden Söhne angesichts dessen, was vor uns lag. Ich war noch nie im Ausland gewesen, hatte noch nie einen Reisepass besessen und wusste rein gar nichts über inter-nationale Flugreisen und Jetlag.

Am Flughafen in Malawi bereiteten uns an die 30 Personen (malawische Pastoren und amerikanische Missionare) einen be-geisterten Empfang. Sie hielten Spruchbänder hoch, auf denen stand: „Willkommen, liebe Ripkens!" Es war wie eine Heimkehr, noch bevor wir ahnten, dass Afrika uns die nächsten 27 Jahre zur zweiten Heimat werden würde.

Nach mehreren Wochen Intensivunterricht in der Landessprache Chichewa lud unser Sprachlehrer uns zu einer Rundfahrt durch das Land ein. Wir durften uns aussuchen, wo wir wohnen und arbeiten wollten. Obwohl unsere Entscheidung bedeutete, dass wir eine zweite Stammessprache lernen mussten, entschieden wir uns für den Stamm der Tumbuka in den Bergen bei Mzuzu, der Regionalhauptstadt von Nordmalawi. Dort halfen wir bei der Gründung neuer Gemeinden und arbeiteten mit Tumbuka-Gemeinden zusammen. Wir gründeten bzw. betreuten auch zahlreiche Chewa-Gemeinden.

Malawi – das war Liebe auf den ersten Blick. Die Menschen hießen uns herzlich willkommen und konnten gar nicht genug über Jesus lernen. Sie gehörten zu den freundlichsten, großzügigsten, aufmerksamsten und gastfreundlichsten Menschen, die uns je begegnet sind. Wenn ich im Busch übernachten musste, trugen die Dorfleute manchmal ein zerlegtes Bett nebst Matratze meilenweit durch unwegsames Gelände, damit ich auch gut schlafen konnte.

Wir hätten nichts dagegen gehabt, den Rest unseres Lebens in Malawi unter diesen Menschen zu verbringen. Unsere ganze kleine Familie liebte Land und Leute. Doch es sollte anders kommen.

◆◆◆

In unserem zweiten Jahr in Afrika wurden wir alle krank. Ruth bekam heftige Kopfschmerzattacken, Shane klagte über Bauchschmerzen und Tim über Halsweh. Dies wiederholte sich immer wieder. Die Ärzte stellten schließlich fest, dass es sich um Malaria handelte. Wir hatten alle Malaria.

Als die üblichen Therapien nicht anschlugen, wurde uns schmerzlich klar, dass wir nicht in Malawi bleiben konnten. Eines Morgens wachte ich mit heftigem Schüttelfrost auf. Ich bat Ruth, wieder zu mir ins Bett zu kommen, um mich zu wärmen. Kaum lag sie neben mir, rief sie aus: „Schatz, deine Haut verbrennt mich schier!" Sie stand wieder auf, sauste zum Krankenhaus und kam mit unserem Arzt und Freund zurück, der die Malariadiagnose gestellt hatte.

Der Arzt untersuchte mich und dann fragte er: „Nik, möchtest du gerne Jesus sehen?"

Machte er Witze? Bestimmt hatten ein paar von meinen Freunden ihn angestiftet! Was für eine Frage! „Na klar möchte ich gerne Jesus sehen", erwiderte ich.

Er sah mich an und sagte: „Wenn du nicht bald dieses Land verlässt, mein Freund, wirst du ihn vielleicht schon bald sehen."

9.

Warum hast du nicht
den Mund gehalten?

Wir waren keine zwei Jahre in Malawi gewesen. Wir hatten alle Malaria und wurden von Woche zu Woche kränker. Nach viel Gebet und Beratung erklärte unsere Missionsleitung uns schweren Herzens, dass wir nicht in Malawi bleiben konnten. Was wollten wir lieber: zurück nach Amerika oder eine Arbeit in Südafrika beginnen, wo es keine Malaria gab? Angesichts unserer Berufung war unsere Antwort klar.

Als wir das Land verließen, sagte unser Vorgesetzter uns zum

Abschied: „Gott dienen ist nicht eine Sache des Ortes, sondern eine Sache des Gehorsams."

Viele Verwandte und Freunde baten uns, doch in die USA zurückzukommen, um uns dort behandeln zu lassen. Aber wir wussten, dass die afrikanischen Ärzte sich mit Tropenkrankheiten besser auskannten, und wir wollten Gottes Ruf gehorsam bleiben, wo er uns auch hinführte.

Der Umzug von Malawi nach Südafrika war nicht einfach. Es war wie eine Reise in eine andere Welt. In Malawi wurden praktisch ständig neue Gemeinden gegründet. Malawi war wie eine moderne Ausgabe der Apostelgeschichte. Hier wehte der Geist Gottes, und wir hatten seine Gehilfen sein dürfen. Der geistliche Hunger der Menschen in Malawi war ein Phänomen.

Südafrika war ganz anders. Schon vor über 250 Jahren hatten die Europäer die gute Nachricht von Jesus hierhergebracht, und praktisch an jeder Straßenecke stand eine Kirche. Das Christentum war hier so etabliert (wenn es auch nicht immer besonders eifrig praktiziert wurde), dass kein großes Interesse an der Gründung neuer Gemeinden bestand.

Die herzliche Aufnahme, die wir in Malawi erlebt hatten, war wie ein Fenster zum Herzen seiner Menschen gewesen, die für uns zu den freundlichsten, gütigsten und liebevollsten Geschöpfen auf diesem Planeten gehörten. In Südafrika kamen wir auf dem Höhepunkt der Apartheid an, als im ganzen Land eine oft unausgesprochene, aber stets präsente und spürbare Atmosphäre der Spannung, des Argwohns, der Angst und Wut herrschte. Der vom Rassismus genährte Hass glich einem Krebsgeschwulst, das die Seele der Nation zerstörte. Ich hatte gedacht, dass ich mich mit der Psychologie der rassischen Vorurteile und religiösen Heuchelei gut auskannte, aber der Rassismus, den wir in Südafrika vorfanden, war gleichsam ein Turborassismus.

Wir arbeiteten vor allem unter den Xhosa. Das bedeutete, dass wir die dritte afrikanische Sprache in drei Jahren lernen mussten. Da die meisten Xhosa im (schwarzen) Homeland Transkei wohnen mussten, zogen auch wir dorthin.

Als wir eine Weile dort wohnten, hatte ich ein Gespräch mit einem Regierungsbeamten. Ich erzählte ihm, wo unsere Wohnung lag. Es schien ihn etwas zu überraschen, dass wir freiwillig bei den Schwarzen lebten, unter denen wir arbeiteten. Aus Neugierde, vielleicht auch gepaart mit etwas Streitlust, fragte ich ihn: „Wenn ich als Weißer mit meiner Familie in dem schwarzen Homeland wohnen darf, in dem wir arbeiten, könnte dann nicht auch ein schwarzer Pastor die Transkei verlassen und in die Republik Südafrika ziehen?"

Ich weiß nicht, ob der Beamte jemals so eine Frage gehört hatte. Er zögerte kurz, dann zwang er sich zu lächeln und versicherte mir etwas unterkühlt, dass ich selbstverständlich mit meiner Familie wohnen konnte, wo ich wollte, aber dass der schwarze Pastor nicht diese Möglichkeit hatte.

Diese „Aufklärung" konnte natürlich nicht alle Missverständnisse beseitigen, die mit den diversen offiziellen und unausgesprochenen Regeln der Apartheid zusammenhingen. Wenn meine Jungen in der Transkei mit ihren Fahrrädern durch die Straßen fuhren, wurden sie manchmal von schwarzen Kindern, die sie für weiße Südafrikaner hielten, mit Steinen beworfen, und ich selbst wurde immer wieder von schwarzen Homelandpolizisten angehalten und ausgefragt. Für sie war ein Weißer, der in dieser Gegend mit dem Auto fuhr, automatisch verdächtig. Es kam auch vor, dass ich, wenn ich gerade nicht in der Transkei war, von weißen Polizisten angehalten und zum Polizeirevier mitgenommen wurde, wo man mich fragte, wie ich meine Familie „bei solchen Leuten" wohnen lassen konnte. Meine Erklärung, dass ich „diese Leute" liebte, weil alle Menschen Gottes Liebe und Gnade brauchten, schien sie nicht zufriedenzustellen.

◆◆◆

Wir blieben fast sechs Jahre in Südafrika, in denen wir eine fruchtbare Arbeit erlebten, viele gute Freunde unter Schwarzen wie Weißen gewannen und die Geburt eines dritten Sohnes feierten, den wir Andrew nannten.

Dann fingen Ruth und ich an, wieder die Apostelgeschichte zu lesen. Wir studierten das Wirken der ersten Christen, und im gemeinsamen Austausch wurde uns klar, dass der Missionsbefehl von Jesus in Matthäus 28 bedeutete: Wir mussten dem Beispiel der Apostel folgen und dorthin gehen, wo das Evangelium noch nicht hingekommen war und wo die Menschen wenig oder gar keinen Zugang zu Christus hatten. Sicher gab es in Südafrika noch viel zu tun, aber wir fühlten uns beide nicht dazu berufen, in einem Land zu arbeiten, wo Jesus bereits seit Jahrhunderten gepredigt wurde.

Anfang Mai 1991 sagten wir unseren Vorgesetzten, dass wir den Ruf verspürten, in eine Gegend zu gehen, wo es noch keine Kirche gab. Sie hörten uns aufmerksam an und informierten uns, dass man sich gerade überlegte, eine neue Arbeit im Sudan oder in Somalia zu beginnen. Ruth und ich fingen an, uns über die beiden Länder kundig zu machen und zu beten.

◆◆◆

Noch im gleichen Monat hatte ich auf einer Konferenz in Kenia ein Gespräch mit einem unserer Missionsleiter. Er vermittelte mir einen Besuch in einem Flüchtlingslager der Vereinten Nationen an der kenianischen Küste, wo Tausende von Somaliern saßen, die ihr Heimatland verlassen hatten.

Man informierte mich, dass zurzeit niemand in unserer Organisation unter Muslimen arbeitete; es gab also keine Kollegen, die mir mit ihrem Rat hätten helfen können. Das einzig Konkrete, das ich hörte, kam von einem alten Missionar in Kenia: „Sieh dich vor, Nik, diese Somalier sind 99,9 Prozent muslimisch, und kleine Christen wie dich verspeisen sie zum Mittag!"

Nun, ich flog ins kenianische Mombasa an der Küste, wo ich in ein Taxi stieg, das mich Richtung Norden zum ersten Flüchtlingslager fuhr. Ich zeigte meine Papiere, die mir erlaubten, „für eine humanitäre Organisation" das Lager zu betreten, „um künftige Projekte für somalische Flüchtlinge zu sondieren".

Ich befand mich nur ein paar Kilometer südlich der Grenze zu Somalia, direkt vor dem Tor eines Lagers, in dem 10.000 Somalier hausten. In dem Augenblick wusste ich selbst nicht genau, was ich erreichen wollte. Noch nie zuvor war ich einem Somalier begegnet. Ich war auch noch keinem Muslim begegnet, geschweige denn, dass ich mit einem gesprochen hätte. Außerdem kannte ich die somalische Sprache und Kultur nicht. Und ich war ganz alleine gekommen, weil ich noch nicht einmal daran gedacht hatte, jemanden mitzunehmen, der mehr Erfahrung hatte als ich.

Sollte ich nicht besser gleich umkehren? Stattdessen holte ich tief Luft und ging rasch durch das Tor. Kaum war ich drinnen, war ich von Somaliern umzingelt, die es gar nicht erwarten konnten, mir ihre Geschichte zu erzählen. Nanu, viele von ihnen konnten ja Englisch! Dann dämmerte es mir: Die Menschen, die in diesem elenden Flüchtlingslager lebten, mussten wohl zur Crème der somalischen Gesellschaft gehört haben. Sicher hatten nur die gebildetsten und wohlhabendsten Menschen in Somalia überhaupt die nötigen Mittel gehabt, um vor den Schrecken in ihrer Heimat so weit zu fliehen.

Bald lernte ich einen netten jungen Studenten namens Ali Bashir kennen. Er stellte mich seinen Freunden vor, die nur allzu bereit waren, ihr Englisch an einem Besucher aus Amerika auszuprobieren. Ich stellte ihnen viele Fragen und hörte mir ihre Geschichten an. Hier schien jeder eine Geschichte zu erzählen zu haben.

Ich erfuhr, dass in diesem Lager in der Tat überwiegend gebildete Somalier waren – Lehrer, Geschäftsleute, frühere Regierungsbeamte. Die meisten von ihnen waren nach meinem Eindruck fähige, motivierte Menschen. Viele hatten praktisch ihr ganzes Vermögen geopfert, um der Gewalt in ihrem Land zu entfliehen. Sie hatten alles, was sie kannten, hinter sich gelassen, in der Hoffnung, zusammen mit ihren Familien irgendwo ein besseres Leben zu finden. Es musste äußerst demütigend für sie sein, jetzt in einem eingezäunten Gelände in Zelten zu hausen und öffentliche Latrinen ohne fließendes Wasser zu benutzen. Sie hatten wenig Besitz, kein Geld und keine Ahnung, wann und wohin es mit ihnen weitergehen würde. Ihre Zukunft hatten sie genauso wenig in der Hand wie zu Hause in Somalia vor ihrer Flucht.

Ich erinnerte mich an die ominöse Warnung des alten Missionars. Nein, ich erwähnte wohl besser nicht, dass ich Christ war. Schon gar nicht, nachdem ich erfahren hatte, was passiert war, als eine optimistische christliche Organisation 10.000 Bibeln in diesem Lager verteilt hatte. Die Menschen hatten die meisten der Bibeln auf den Boden gelegt, um improvisierte Gehsteige durch den Schlamm zu bauen; den Rest hatten sie als Klopapier verwendet. Dieser schockierende Umgang mit dem heiligen Buch der Christen war nur ein Beispiel für den fanatischen Glauben dieser Menschen an die Überlegenheit des Islams und ihre völlige Ablehnung des Christentums, und ich hatte keine Lust, mich als Einzelner mit Zehntausend anzulegen.

Aber ein Experiment wollte ich doch machen. Was würde passieren, wenn ich meinen neuen Freund Abu Bashir fragte: „Kennst du meinen Freund Jesus Christus?"

Was dann kam, warf mich schier um. Abu Bashir sprang auf und begann, heftig auf einen anderen jungen Mann in der Nähe einzureden. Bald waren ein halbes Dutzend andere Männer da, die sich gegenseitig anschrien. Was hatte ich da angestellt? Würde es gleich einen Aufstand geben? Hier stand ich mit dem Rücken gegen einen stacheldrahtverstärkten Drahtzaun und konnte mich nicht drehen und wenden, während um mich herum ein Dutzend, dann 20, dann 30 junge Männer heftig diskutierten und gestikulierten, dass ihre Spucke durch die Gegend flog.

Ich wusste damals noch nicht, dass das für Somalier ein ganz normales Verhalten war; diese Menschen können sehr emotional sein. Immer wieder hörte ich die Worte „Jesus Christ" und „Jesus". Ich musste denken: *Warum hast du nicht deinen Mund gehalten?*

Schließlich drehte Abu Bashir sich wieder zu mir und erklärte: „Wir kennen deinen Freund Jesus nicht! Aber Mahmoud meint, dass er vielleicht von ihm gehört hat und dass er vielleicht in dem anderen Lager am Ende der Straße lebt. Geh durch das Tor nach draußen und dann links bis zum nächsten Lager und frag die Leute dort, ob sie Jesus Christus kennen."

Ich war so fix und fertig von dieser Szene, dass ich beschloss, seinem Rat zu folgen und mich aus dem Staub zu machen. Aber ich ging nicht zu dem anderen Lager, ich fuhr zurück nach Mombasa und flog von dort nach Hause, um nie mehr in dieses Flüchtlingslager zurückzukehren.

So endete mein erster, wenig ermutigender Versuch, mit somalischen Muslimen über Jesus zu reden.

❖❖❖

Wieder in Südafrika, erzählte ich Ruth: „In meinem ganzen Leben habe ich noch keine derartig verlorenen Menschen gesehen. Das ist so ein Elend – ich wüsste gar nicht, wo man bei ihnen anfangen sollte." Aber wir hatten beide nach wie vor den Eindruck, Gott wollte, dass wir unter Somaliern arbeiteten. Wir sprachen darüber mit unseren Missionsleitern. Sie klärten uns auf, dass aus unserem Werk noch nie jemand in Somalia gearbeitet hatte, und fragten sich, ob es in der jetzigen Lage klug war, jemanden dorthin zu schicken. Aber die Not in Somalia war ungeheuer, und sie gaben uns schließlich grünes Licht, die Sache anzupacken.

Zwei Monate später zogen wir nach Kenia um, wo wir unsere Operationsbasis aufbauen wollten. Wieder einmal mussten wir eine Sprache lernen und nahmen Unterricht in Swahili, Kenias Landessprache. Ich protestierte: War es nicht klüger, gleich Somali zu lernen? Was sollten wir mit Suaheli? Aber die Missionsleitung blieb eisern. Trotz meiner Herkunft schienen mir afrikanische Sprachen zu liegen, und mit einem Prüfer, der anderthalb Augen zudrückte, bestanden Ruth und ich nach ganzen vierzehn Wochen unsere Suaheli-Prüfung; es war in sieben Jahren die vierte Sprache, die wir lernten. Erst jetzt durften wir mit Somali anfangen.

Während unserer Planungsphase machten wir einen kurzen Besuch in den USA, um den Rat unserer Mentoren einzuholen. Wir waren überrascht und erfreut, als wir mit einem der Top-Missionsleute sprechen konnten, einem Experten in interkultureller Kommunikation. Er war einer der führenden und weltweit angesehensten Missionswissenschaftler. Als wir in sein Büro traten, begrüßte er uns mit den Worten: „Sie sind also das Paar, das den Nerv hat, das Evangelium von Jesus nach Somalia bringen zu wollen?"

Ich versicherte ihm, dass wir uns von Gott dazu berufen fühlten, nicht ohne vorsichtshalber hinzuzufügen, wir wüssten natürlich, dass die Somalier nicht gerade offen für das Evangelium waren.

Worauf der schmächtige Professor, der aussah, als ob er die Milde in Person war, buchstäblich vom Stuhl hochsprang, dass die Papiere auf seinem Schreibtisch in alle Richtungen flogen. Einen Augenblick hatte ich Angst, dass er sich auf mich stürzen würde. „Wie können Sie es wagen", rief er, „zu sagen, dass die Somalier nicht offen für das Evangelium sind, wenn so viele von ihnen noch nie eine Chance hatten, es zu hören und darauf zu antworten?"

Halb zurechtgestutzt, halb ermutigt kehrten Ruth und ich nach Kenia zurück, um unsere Vorbereitungen fortzusetzen. Kurz danach, im Februar 1992, unternahm ich meine erste Erkundungsreise nach Hargeysa, von der ich zu Anfang erzählt habe. Ich erkannte rasch, dass keine Ausbildung oder noch so viele Erfahrungen in der Welt uns je auf das hätten vorbereiten können, was jetzt kommen würde.

10.

Das sind keine Moskitos, das sind Kugeln

Im August 1992 stellten die USA zehn Militärfrachtmaschinen zur Verfügung, um Hilfsgüter der Vereinten Nationen nach Somalia zu fliegen. In den nächsten fünf Monaten brachten diese Flugzeuge im Rahmen der Operation „Provide Relief" fast eine halbe Million Tonnen Nahrungsmittel und Medikamente ins Land. Doch die Lage in Somalia änderte sich während des Jahres nicht spürbar. Nach wie vor regierten Gewalt und Anarchie, die Zahl der Hungertoten überschritt die 500.000-Marke, weitere 1,5 Millionen Menschen waren zu Flüchtlingen geworden. Ein Großteil der Hilfsgüter, die jetzt ins Land kamen, wurde gestohlen, und was nicht gestohlen worden war, stapelte sich zum Teil in den Flugzeughangars. Die UNO verfügte einfach nicht über die logistischen Mittel, die Hilfe zu den Menschen zu bringen, die sie so dringend brauchten.

Die internationalen Medien berichteten über die groß angelegte Hilfsoperation und über die Schwierigkeiten, die Hilfe zu
den Menschen zu bringen. Nachdem sie jahrelang den Bürgerkrieg und den Hunger in Somalia ignoriert hatte, entdeckte die
Weltöffentlichkeit plötzlich die dramatische Lage des Landes.
Die schockierenden Bilder führten zu einem allgemeinen Auf-
schrei verbunden mit der Erkenntnis, dass man diesem Elend
unmöglich noch länger tatenlos zusehen konnte.

Präsident George W. Bush bot an, die „United Task Force",
eine von den Vereinten Nationen zum Schutz der Hilfsaktionen
autorisierte multinationale, 32.000 Soldaten starke Truppe, mit
amerikanischen Soldaten zu unterstützen. Die UNO nahm das
Angebot am 5. Dezember 1992 an; noch am gleichen Tag beor-
derte der Präsident 25.000 amerikanische Soldaten nach Somalia, um den kurz zuvor in „Operation Restore Hope" („Operation Hoffnung wiedergeben") umbenannten Hilfseinsatz
anzuführen.

Vier Tage danach stand ich auf dem Flachdach unseres gemieteten Hauses in Mogadischu und schaute zu, wie am nahen
Strand die erste Welle der US-Marines ans Ufer watete. Zahlreiche Kamerateams und Reporter hielten das Ereignis für die
Nachwelt fest.

Allen Befürchtungen wegen der labilen Situation zum Trotz
konnte die starke Militärpräsenz manche der Sicherheitsproble-
me, die die Hilfsbemühungen monatelang behindert hatten,
sofort lösen. Die gelagerten Vorräte wurden jetzt bewacht, was
die Diebstähle zurückgehen ließ. Und die Milizen der Clans
mieden die direkte Konfrontation mit den US-Marines und
den anderen Soldaten der internationalen Truppe, die jetzt den
Transport und die Verteilung der Hilfsgüter sicherten.

Die Vereinten Nationen teilten Mogadischu in verschiedene
Zonen auf. Wir selbst betrieben weiter unsere mobilen Kliniken
außerhalb der Hauptstadt, aber wir intensivierten auch unsere

Bemühungen, in und um Mogadischu fünf „Feeding Center" einzurichten – Lebensmittelverteilstellen für die hungernde Bevölkerung. In jedem dieser Zentren verteilte unser Team täglich Lebensmittel für 10.000 Menschen, was bedeutete, dass wir ab dem Jahr 1993 täglich 50.000 Menschen vor dem Verhungern bewahren konnten. Dazu kam medizinische Hilfe und allgemeine Hilfeleistungen, um das Überleben der Menschen zu sichern.

Die meisten der Menschen, denen wir halfen, waren Flüchtlinge, die die Dürre aus ihren Dörfern in die Stadt getrieben hatte. Sie hatten keine Arbeit und waren in jeder Hinsicht mittellos. Sie schliefen in verlassenen Häusern und notdürftigen Zelten und Hütten.

Als wir mit unserer Arbeit in den Verteilstellen begannen, wunderten wir uns anfangs, dass die Menschen uns oft als Erstes fragten, ob wir weißen Musselinstoff für sie hätten – bis man uns aufklärte, dass bei einem ordentlichen islamischen Begräbnis der Leichnam in ein weißes Tuch eingehüllt werden muss. Jetzt begriffen wir: Die Menschen brauchten diese Tücher, um ihre Kinder und sonstigen Verwandten zu begraben, die in der Nacht gestorben waren. War diese Pflicht erledigt, konnten sie an sich selbst denken. Und so lernten wir schnell, dass wir, wo wir auch hingingen, nicht nur Lebensmittel und Wasser dabeihaben mussten, sondern immer auch ballenweise weißen Stoff.

◆◆◆

Ich lernte damals eine weitere Lektion, die noch wichtiger war und die mir half, frei zu werden von dem Virus der „arroganten Liebe". Die Menschen, denen ich helfen wollte, lebten in einem solchen Elend, dass meine natürliche Reaktion war, nur das zu sehen, was sie nicht hatten. Wie ich dachte, zeigte sich in den Fragen, die ich stellte, wenn ich einem Hilfsbedürftigen gegenüberstand. Das klang dann etwa so: „Brauchst du zu essen? Wir haben diese Lebensmittel für dich. Ist dein Baby krank? Wir haben Medikamente. Brauchen deine Kinder Kleidung? Wir haben welche. Müsst ihr unter freiem Himmel kampieren? Wir haben Decken und Plastikplanen, mit denen ihr euch vor dem Wetter schützen könnt. Braucht ihr Begräbnistücher? Die haben wir auch."

Wir entdeckten bald, dass diese Fragen nicht die wichtigsten waren. Als wir endlich den Menschen eine Chance gaben zu reden, sagten sie uns, was sie wirklich am meisten brauchten. Eines Tages bat ich eine halb verkrümmte alte Frau: „Sag mir, was du am dringendsten brauchst. Was kann ich als Erstes für dich tun?" Sie sah uralt aus, war aber vielleicht Mitte 40, wenn ich die Geschichte, die sie mir erzählte, recht verstand.

„Ich bin in einem Dorf viele Tagereisen zu Fuß von hier aufgewachsen", begann sie. „Mein Vater war ein Nomade, der Kamele und Schafe züchtete …" Und sie erzählte mir einiges über ihre Kindheit. „Dann heiratete ich einen Kamelhirten, der das Gleiche machte. Er war ein guter Mann; wir hatten ein gutes Leben und vier Kinder …" Sie erzählte weiter, über ihre Ehe und Familie. „Dann kam der Krieg, und die Miliz marschierte durch unser Dorf. Sie stahlen oder schlachteten die meisten von unseren Tieren. Als mein Mann sie daran hindern wollte, auch unser letztes Kamel zu nehmen, schlugen sie ihn, und dann hielten sie ihm ein Gewehr an den Kopf …" Die Tränen begannen ihr über die Wangen zu laufen. „Als mein Mann tot war, arbeitete ich hart, um für meine Kinder zu sorgen, aber dann kam die Dürre. Als meine Nachbarn in die Stadt zogen, gaben einige von ihnen mir das, was sie nicht tragen konnten. Ich versuchte, über die Runden zu kommen … aber es war nicht genug da. Mein Ältester wurde krank und starb. … Als wir fast nichts mehr zu essen hatten, zog ich mit meinen Kindern los, zu Fuß. Ich hoffte, dass das Leben hier in der Stadt besser wäre. Aber es ist nicht besser, es ist noch schlimmer. Überall Männer mit Gewehren. Sie haben mich vergewaltigt und geschlagen und mir meine älteren Töchter weggenommen. Ich habe nur noch die Kleine hier und weiß nicht, wie ich für sie sorgen soll, denn für eine alleinstehende Frau gibt es keine Arbeit. Ich kenne niemanden in dieser Stadt, aber ich weiß nicht, wo ich sonst hinsoll."

So viele Menschen mit ähnlichen Geschichten brauchten dringend mehr als die Hilfe, die wir ihnen anboten. Was sie brauchten, war irgendjemand (und wenn es ein Fremder war, der noch dabei war, ihre Sprache zu lernen), der sich eine Weile zu ihnen setzte oder auch stehen blieb und sich ihre Geschichte anhörte. Eigentlich hätte ich das wissen müssen. Ich staunte nur so über die Macht, die darin liegt, dass jemand einfach für einen da ist. Ich hatte mir überheblich eingebildet, dass ich genau wusste, was diese Menschen brauchten, aber die Punkte „Gespräch" oder „von Mensch zu Mensch" hatte ich auf meiner schönen Liste glatt vergessen. Wieder einmal erhielt ich eine Lektion in Sachen Demut.

Leider konnte ich mir nicht alle Geschichten anhören; dazu reichte schlicht die Zeit nicht. Aber die Beispiele, die ich hörte, zeigten mir, dass diese Somalier viel mehr brauchten als Lebensmittel und Decken. Es reichte nicht, ihnen Nahrung und Schutz vor den Elementen anzubieten – das tun wir auch für unsere Haustiere.

Apropos Tiere: Was die Regierungen im Westen uns für die Hungernden in Somalia schickten, war eigentlich Viehfutter. Jeden Tag standen diese Menschen stundenlang in der Sonne an, um von uns etwa 5 Pfund von dem ungewaschenen groben Weizen oder den harten Maiskörnern zu erhalten, mit denen wir zu Hause in Kentucky unser Vieh fütterten.

Diese schier endlosen Schlangen an den Ausgabestellen bestanden aus lauter einzelnen Menschen. Sie hatten unter unmenschlichen Lebensbedingungen gelebt, schreckliches Leid und unfassbare Gräueltaten erlitten und so viel verloren – nicht wenige wussten kaum noch, dass sie Menschen waren. Manchmal hörten wir uns ihre Geschichte an; manchmal genügte schon das Wissen, dass sie eine Geschichte hatten. Damit zeigten wir ihnen: Sie waren uns wichtig. Durch einfaches Zuhören konnten wir ihnen ein Stück ihrer Menschenwürde zurückgeben. Oft schien das für diese Menschen wichtiger zu sein und mehr zu bewirken als die nächste Dosis eines lebensrettenden Medikaments oder die nächste Tagesration Lebensmittel.

An manchen Tagen hatte ich nicht Angst um die Menschlichkeit der Somalier, sondern um meine eigene und die meiner Helfer. Wir fanden kaum die Kraft, morgens aus dem Bett aufzustehen, weil wir genau wussten, dass wir vor dem Ende dieses Tages helfen würden, die nächsten zwanzig Kinder zu begraben, oder wenn wir daran dachten, dass es ja noch viel mehr Hungernde in diesem Land gab als die 50.000, denen wir heute zu essen geben würden. Wenn jeder Mensch eine Seele ist, für die Christus starb, wie war es da möglich, all diesen Schmerz, diesen Tod, diese Unmenschlichkeit zu ertragen?

Wir konnten es uns unmöglich leisten, jedes Mal, wenn wir einer weinenden Mutter halfen ihr Baby zu begraben, selbst loszuweinen. Wir durften nicht zulassen, dass es uns jedes Mal das Herz brach, wenn wir in die verzweifelten Augen eines Kindes im Alter meiner Jungen sahen. Aber wir weigerten uns, abzustumpfen gegen das Elend um uns herum. Wir bemühten uns, unsere Gefühle zu stählen, ohne dass unser Herz dabei hart wurde – und das war nicht einfach.

◆◆◆

Der tägliche Kampf mit diesen Dingen machte unsere Hilfseinsätze nicht nur körperlich, sondern auch emotional zu Schwerstarbeit. Die meisten Tage arbeiteten wir ohne Ruhepausen durch. Die tropische Hitze war furchtbar. Immerhin hielt uns das pausenlose Arbeiten davon ab, zu sehr über die Not dieser Somalier nachzudenken.

Doch wenn dann die Nacht kam, fehlte plötzlich der Schutzschild der Arbeitsroutine. Ich selbst flüchtete mich oft mit meinem Schlafsack auf das Flachdach des Hauses, in dem wir wohnten. Dort oben, unter dem Sternenhimmel, brachte die Brise vom Indischen Ozean endlich Erleichterung von der drückenden Hitze und hielt die Moskitos in Schach. Diese Brise und der Blick auf das im Mondlicht schlafende Mogadischu waren ein Kontrastprogramm zu dem Rattern der Gewehre und den Blitzen der explodierenden Granaten, die in jeder Nacht den Himmel über der Stadt zerrissen.

Der Mensch ist ein anpassungsfähiges Wesen. Irgendwie gelang es mir, trotz der Schießereien und Explosionen zu schlafen. Aber unterbewusst war ich ständig in Alarmbereitschaft. Meine Ohren registrierten die kleinste verdächtige Veränderung in der Geräuschkulisse. Ich merkte es damals nicht, aber es war mir unmöglich, mich wirklich zu entspannen.

◆◆◆

Wir wussten, dass wir in diesem Land nichts unternehmen konnten, ohne Risiken einzugehen, aber im Laufe der Zeit wurde es schwieriger zu entscheiden, welche Risiken akzeptabel waren und welche nicht. In den letzten Monaten hatten wir unser Team aufgestockt. Neue Mitarbeiter waren zu uns gestoßen, um unseren somalischen Stab zu verstärken und die wachsende Arbeit koordinieren zu helfen. Zuerst waren dies Europäer und Amerikaner, die schon in anderen afrikanischen Ländern gearbeitet hatten und die wir nach Somalia holen konnten. Wir nahmen an, dass Menschen wie sie, die schon etwas Erfahrung mit schwierigen Arbeitsbedingungen hatten, auf die Lage in Somalia am besten vorbereitet waren.

Eines Tages hieß ich in unserer Zentrale in Mogadischu eines unserer ersten Mitarbeiterehepaare aus Amerika willkommen. Ich führte Nathan und Leah durchs Haus, und dann gingen wir aufs Dach, um das Panorama von Mogadischu zu betrachten. Während ich Nathan die Wassertanks und die Antennen zeigte, trat Leah an den Rand des Daches, um einen besseren Blick auf das Gelände unten zu haben. Plötzlich rief sie aus: „Mensch, hört euch das mal an! Ihr habt ja echt Moskitos hier!"

Was meinte sie da? Dann begriff ich, und mein Herz wollte stehen bleiben: Jetzt, mitten am Tag, schwärmten keine Moskitos. Instinktiv rannte ich zu Leah hin. Jetzt hörte ich es auch. So ruhig wie möglich sagte ich: „Leah, das sind keine Moskitos, das sind Gewehrkugeln." Bevor ich fortfahren konnte, hatte Leah sich schon auf den Boden geworfen und robbte zurück zur Tür. Das war Leahs Einstand in Somalia; sie musste sich im Nu umstellen und machte das mit Bravour.

Wacker versuchten wir, nicht zu vergessen, was ein normales Leben war. Wir wussten: Hier hatten wir es mit einer Situation zu tun, die sich zu Hause niemand vorstellen konnte. Wir waren sicher, dass wir genau dort waren, wo Gott uns haben wollte, aber fast täglich fragten wir uns, warum er dieses Elend und Leiden zuließ. Die menschliche Erklärung des Elends war klar: Wir hatten es mit Sünde, mit grausamer Gier, mit völliger Verderbtheit zu tun. Was wir weniger deutlich sahen, war die Liebe und die Macht Gottes. *War Gott in Somalia? Wenn ja, wo? Was machte er? Wie schlimm musste es noch werden, bevor er endlich ein Machtwort sprach und eingriff?*

Wir trafen eine bewusste Entscheidung, in einer Hölle des Wahnsinns Salz und Licht zu sein. Und wir beteten darum, dass mitten in der Nacht dieses Wahnsinns irgendwo das Licht scheinen möge.

11.

Elvis unter der sengenden Sonne

Die internationalen Truppen verbesserten die Sicherheitslage, sodass wir mehr Hilfsgüter von den größeren Städten in die Dörfer bringen konnten, wo die Menschen sie so dringend brauchten. Doch die Gegenwart der Streitkräfte hatte auch ihren Preis. Tatsache war, dass das zunehmende Engagement der Vereinten Nationen unsere Arbeit immer schwieriger machte.

Das zunehmende Bewusstsein der Welt für das humanitäre Drama in Somalia ließ die Hilfsaktionen brummen, sodass die Somalier Hoffnung schöpften. Doch der Zustrom der Hilfe führte auch zu tiefen ökonomischen Veränderungen. Fast über Nacht schossen die Kosten für die Hilfsaktionen in die Höhe. Anfangs hatten wir unser Haus in Mogadischu für 500 Dollar im Monat gemietet; plötzlich waren es 5.000 Dollar, Tendenz steigend. Hatten wir früher Fahrzeuge für 150 Dollar im Monat mieten können, waren es jetzt 1.500 Dollar. Während unsere Mittel als Organisation mehr oder weniger gleich blieben, stiegen unsere Kosten um bis zu 1.000 Prozent.

Doch mehr noch: Die plötzliche sichtbare Präsenz amerikanischer Truppen bei den Hilfsaktionen führte bei vielen Somaliern zu einer wachsenden Feindseligkeit – für uns etwas ganz Neues. Als die Soldaten kamen, sahen viele Somalier dies offenbar als „Kreuzzug", und als sie blieben, wurden aus ihnen die „Besatzer". Plötzlich war jeder, der aus dem Westen kam, automatisch verdächtig. Früher hatten die Menschen unseren Einsatz mit einer Mischung aus Dankbarkeit und Neugier quittiert; jetzt herrschten oft Skepsis und Groll. Früher konnte ich quasi als alter Bekannter gefahrlos durch die Stadt spazieren, ob alleine oder mit somalischen Kollegen; jetzt war ich auch einer von „diesen Besatzern". Meine amerikanischen Kollegen und ich mussten feststellen, dass wir ohne bewaffnete Begleiter nirgends mehr hingehen konnten; es war, als trügen wir Zielscheiben auf dem Rücken. Und bei unseren humanitären Einsätzen ging ohne das Militär bald nichts mehr.

Ich war frustriert. Die Menschen, die uns so am Herzen lagen und die wir durch unsere Zentren vor dem Verhungern bewahren wollten, konnten von einer Sekunde auf die nächste aggressiv werden. Die Situation wurde so angespannt, dass die Militärführung uns anwies, immer Punkt sechs Uhr morgens an unseren Verteilstellen einzutreffen und sofort wieder zu gehen, falls die uns zugeteilten Soldaten noch nicht da waren. Und selbst die Anwesenheit der Soldaten garantierte nicht immer, dass die Lage friedlich blieb; in einem einzigen Augenblick konnte sie sich völlig verändern.

Die Sicherheitskräfte benutzten gewöhnlich Stacheldraht, um des Ansturms der Tausenden Herr zu werden, die sich täglich vor unseren Verteilstellen drängten. Auch unsere eigenen Leute halfen bei der Aufrechterhaltung der Ordnung, vor allem einer unserer amerikanischen Kollegen. Er war ein Kleiderschrank von einem Mann und die Sanftmut in Person. Wir nannten ihn Bubba. Allein seine Körpergröße reichte aus, um die meisten Möchtegern-Unruhestifter einzuschüchtern, aber ich glaube, die größte Wirkung entfaltete die so offen freundliche, liebevolle Art, mit der er auf die Menschen zuging.

Ein Tag hatte begonnen wie so viele andere auch. Vor Tagesanbruch trafen wir an einem unserer Zentren ein. Eine schwer bewaffnete Abteilung amerikanischer Soldaten erwartete uns, ebenso fünf Tonnen Getreide, die mit einer eigenen Militäreskorte eingetroffen waren, und eine bereits lange Schlange hungriger Somalier. Es war ein typischer Tag an der Verteilstelle – so dachten wir.

Die Hitze wurde immer größer und unser Weizenvorrat schmolz. Es war noch nicht Mittag, und das Thermometer zeigte bereits 38 Grad. Noch warteten Hunderte, dass unsere Mitarbeiter ihnen jeweils ihre 2 kg Getreide abwogen, die Tagesration für bis zu vier Personen. Wir bemerkten keine große Veränderung in der Stimmung der Wartenden. Aus der Rückschau ist mir klar, dass die Hitze unerträglich war und die Leute unruhig wurden. Und manchmal reicht eine Kleinigkeit, um aus einer Menschenschlange einen wütenden Mob zu machen.

An diesem Tag war der Auslöser eine ältere Frau mit tiefen Runzeln. Ich weiß immer noch nicht, was sie auf einmal so aggressiv werden ließ. Vielleicht war es das stundenlange Warten in der sengenden Sonne, vielleicht hatte sie auch ein paar halb verhungerte Enkelkinder, zu denen sie dringend zurückmusste. Wie auch immer – als sie ihre Weizenration bekommen hatte, drehte sie sich nicht um, um nach Hause zu gehen, sondern trat, alle Regeln des Zentrums brechend, vor Bubba hin, sah zu ihm hoch und begann wüst zu schimpfen. Der stets sanfte Bubba lächelte sie an. Aber je mehr er lächelte, desto wütender wurde sie.

Ich bemerkte die Szene, als unsere somalischen Wachen sich plötzlich nervös in die Richtung drehten. Alles, was ich sehen konnte, war Bubba, dessen Kopf und Schultern aus einer rasch größer werdenden Menschenmenge hervorragten und der gelassen zu jemandem hinunterzulächeln schien. Doch seine Gelassenheit machte die Wut der Frau nur noch größer. Ich hörte ihre keifende Stimme schon lange, bevor ich endlich sah, woher sie kam. Zum Glück verstand Bubba keines ihrer unflätigen Worte.

Aber ich verstand sie. Die Frau beschwerte sich bitter über das „Viehfutter", das hier an Menschen verteilt wurde. Wahrscheinlich hatte sie sogar recht. Dieses Getreide kam aus Überschuss-Lagerbeständen von Mitgliedstaaten der UNO, die diese nicht vermarkten konnten und für die sie keine andere Verwendung hatten.

Das fortgesetzte Lächeln des amerikanischen Riesen zeigte der Frau, dass er sie nicht verstand. Worauf zu ihrer Wut der nackte Frust kam und sie sich bückte, ihre Plastiktüte auf dem Boden absetzte, zwei Handvoll von dem mit Dreck und Spelzen durchmischten Weizen herausholte, sich so groß machte, wie es ging, und das Zeug so heftig, wie sie konnte, Bubba ins Gesicht warf.

Totenstille. Bis auf ein lautes Stakkato metallischer Klicks, das anzeigte, dass eine ganze Abteilung amerikanischer Soldaten instinktiv ihre Waffen entsicherte und durchlud, um für alles, was jetzt kommen mochte, bereit zu sein.

Die Zeit schien stillzustehen. Alles wartete. Wie würde Bubba reagieren? Ein somalischer Mann hätte eine Frau, die ihn so in aller Öffentlichkeit beleidigte, womöglich geschlagen und das nur recht und billig gefunden.

Ich wusste, dass Bubba auf eigene Kosten um die halbe Welt gereist war, um den leidenden Menschen hier zu helfen; er hatte sich dafür drei Monate Urlaub genommen. Und das sollte jetzt der Dank sein? Er war völlig verschwitzt und erschöpft – und jetzt hatte ihn diese Frau auch noch vor all diesen Menschen handgreiflich beleidigt. Er hatte allen Grund, auszurasten. Aber das tat er nicht. Er wischte sich mit der einen Hand den Weizen aus den Augen, und dann lächelte er die Frau wieder breit an. Und dann – begann er zu singen. Aber nicht irgendein Lied, sondern ein ganz besonderes.

Die Frau verstand den Text natürlich nicht. Aber sie und der Rest der Menge hörten in schweigendem Staunen zu, wie Bubba den Elvis-Presley-Hit „You ain't nothing but a hound dog" aus den 1950er-Jahren schmetterte:

> „Du bist nur ein Jagdhund.
> der die ganze Zeit heult.
> Du bist nur ein Jagdhund,
> der die ganze Zeit heult.

Du hast nie ein Kaninchen gefangen
und du bist nicht mein Freund. "

Noch bevor er die nächste Strophe anfing, hatte die alte Frau sich umgedreht und marschierte, sich einen Weg durch die jetzt lächelnde Menge bahnend, wütend davon. Bubba sah ihr hinterher und schickte ihr, mit doppelter Lautstärke, die letzte Strophe mit auf den Weg:

„Sie sagten, du hättest Klasse.
Das war glatt gelogen.
Sie sagten, du hättest Klasse.
Das war glatt gelogen.
Du hast nie ein Kaninchen gefangen
und du bist nicht mein Freund. "

Die allgemeine Entspannung war spürbar. Mehrere unserer somalischen Wachen traten zu Bubba, klopften ihm erleichtert-dankbar auf den Rücken und sagten: „Wir wussten gar nicht, dass Sie singen können!"

Er grinste sie an. „Doch, ich bin ein berühmter Sänger. Zu Hause in Amerika nennen sie mich Elvis!" (In die USA zurückgekehrt, besorgte Bubba sich eine „Best of Elvis"-CD, klebte ein Bild von sich selbst auf die Hülle und schickte sie als Geschenk an unsere somalischen Kollegen in Mogadischu. Und so findet man heute noch Somalier, die steif und fest glauben, dass der echte Elvis Mitarbeiter einer Hilfsorganisation war, der Anfang der 1990er-Jahre singend durch Mogadischu zog.)

Als ich endlich die Muße hatte, darüber nachzudenken, was da passiert war, während Bubba sang, kam ich zu dem Schluss, dass es eine der beeindruckendsten Demonstrationen der Liebe Jesu war, die ich je erlebt hatte. Dieses Beispiel an Demut,

Sanftheit, Freundlichkeit und von Gott inspirierter Mensch-lichkeit hatte in einem Augenblick eine Situation entschärft, die binnen Sekunden Tod und Verderben hätte bringen kön-nen. Und wie hatte Bubba das geschafft? Indem er ganz einfach die scheinbar verrückte Anweisung von Jesus befolgte: „Liebt eure Feinde." Auf Hass und Feindseligkeit hatte er mit einem schlichten Lächeln geantwortet und mit einem Lied, das in kei-nem christlichen Gesangbuch steht, das Gott aber benutzte, um aus einer Krise ein Christuszeugnis zu machen. In diesem Au-genblick lernte ich etwas äußerst Wertvolles über interkulturelle Beziehungen. Was ich zuerst für Naivität gehalten hatte, ent-puppte sich als die angewandte Liebe Jesu.

◆◆◆

20 Jahre lang war dies die Szene, die vor mein inneres Auge trat, wenn ich an Bubba zurückdachte. Ich glaube, sein Humor und das „Ende gut, alles gut" haben mich damals so fasziniert. Doch als ich dieses Buch schrieb, kam mir eine andere Szene wieder ins Gedächtnis. Hatte ich sie die ganze Zeit verdrängt? Es war ein anderer Tag vor demselben Zentrum. Mehrere Tausend hungernde Somalier standen Schlange unter der sengenden tro-pischen Sonne, und eine andere Abteilung amerikanischer Sol-daten sorgte für die Sicherheit.

Plötzlich erschien ganz hinten in der Warteschlange ein vielleicht zwölf Jahre alter somalischer Junge und begann, an den anderen vorbei nach vorne zu gehen. Als er zum Kopf der Schlange kam, sah ich, dass er an der Seite ein Gewehr trug.

Einer der Soldaten sah es fast gleichzeitig mit mir. Er schrie: „Lass das Gewehr fallen!"

Der Junge ignorierte den Befehl und ging weiter. Drei oder vier Mal wiederholte der Soldat seine Worte. Ich hörte, wie mehrere seiner Kameraden ihre Gewehre in Anschlag brachten.

Der Junge ging unbeirrt weiter, ein Finger am Abzug von etwas, das wie eine alte Kalaschnikow aussah. Er hielt die Waffe ganz fest, der Lauf zeigte noch auf den Boden.

Alle standen wie erstarrt. Jetzt hatte der Junge uns fast erreicht. Er hob das Gewehr. Mehrere Soldaten schrien: „Runter damit!" Als der Junge nicht reagierte, schoss ihn einer der Soldaten in die Brust. Er war sofort tot.

Der Junge sackte direkt vor Bubba auf den Boden. Die Soldaten schauten routinemäßig sichernd in die Runde, auf der Suche nach weiteren Bewaffneten. Keiner in der Schlange machte Anstalten, zu dem Jungen zu gehen. Die ganze Konfrontation hatte keine 30 Sekunden gedauert.

Bubba schaute zu dem Leichnam des Zwölfjährigen vor ihm hinunter und fing an zu weinen.

Im Nu war er von einer Traube somalischer Männer umringt. Sie interessierten sich nicht für den Jungen, sondern fingen an, Bubba wegen seiner Tränen zurechtzuweisen: „Hör auf zu weinen!" – „Dieser Junge war ein Narr! Wenn er diese Soldaten töten wollte, hätte er aus sicherer Entfernung schießen sollen!" – „Der Junge ist selbst schuld! Wie kann man nur so dumm sein?" – „Er hat's verdient, dass er tot ist." – „Mach dich und uns nicht lächerlich, indem du wie eine Frau heulst! Ein Mann weint nicht wegen so was!"

Und sie forderten Bubba auf, weiterzumachen mit dem Getreideausteilen. Sie machten klar, dass sie keine Lust hatten, weiter zu warten und ihre Zeit zu vergeuden mit diesem dummen toten Jungen.

Zwei Jahrzehnte lang hatte ich dieses furchtbare Geschehen aus meinem Gedächtnis ausgesperrt und mich lieber an die Szene erinnert, wo Bubba der alten Somalierin mit einem Elvis-Presley-Song den Wind aus den Segeln nahm, und das genannt: „eine der beeindruckendsten Demonstrationen der Liebe Jesu, die ich je erlebt hatte." Doch wenn ich es recht überlege, war hier ein zweites Beispiel seiner Liebe, nur dass ich es viele Jahre lang nicht recht begriffen hatte. Heute muss ich, wenn ich mich an diese andere Szene in Mogadischu erinnere, an Jesus denken, wie er über Jerusalem weinte. Heute weiß ich, dass über den Tod dieses Jungen zwei Personen weinten: Bubba und Jesus.

◆◆◆

Die rasche Ausweitung unserer Hilfsaktionen in jenen ersten Monaten der „Operation Restore Hope" wäre nicht möglich gewesen ohne den stetigen Strom exzellenter Hilfskräfte, die unseren festen Mitarbeiterstab ergänzten. Ich selbst reiste hin und her zwischen Somalia, Nordostkenia, Dschibuti, Somaliland und Äthiopien, um die Arbeit unter den Somaliern zu koordinieren, während Ruth in Kenia war und fleißig neue Freiwillige anwarb und für ihre Einreise sorgte, drei Jungen erzog und nebenher lernte, von zu Hause aus eine internationale, rapide wachsende Hilfsorganisation zu managen. Zwischendurch beruhigte sie die amerikanischen Familien, die uns ihre Verwandten für die humanitäre Arbeit in einem Bürgerkriegsgebiet „ausgeliehen" hatten. Und während der ganzen Zeit fragte sie sich, wo ihr Mann gerade war, ob er in Sicherheit war und wann er das nächste Mal nach Nairobi nach Hause kommen würde.

Ich hatte insgesamt fünf Lebensmittelzentren zu leiten, dazu die Versorgung von Dörfern mit Lebensmitteln und Medikamenten, Frischwasserbrunnen, Saatgut und landwirtschaftlichen Werkzeugen, schließlich die Reisen durch verschiedene Gebiete Somalias. Wir waren stolz auf das, was unsere Organisation alles getan hatte, aber es gab noch so viel mehr zu tun und so viel Leiden, das wir nicht lindern konnten.

◆◆◆

Im Frühjahr 1993 flogen Ruth und ich zu einer Konferenz in die USA. Wir trafen uns mit einigen der Menschen, die für uns beteten, berichteten Freunden unserer Organisation über unsere Arbeit und holten ihren Rat ein.

Während dieses USA-Aufenthalts flogen wir auch kurz nach Kentucky, um unsere Verwandten und Freunde zu besuchen. Mein Vater lud mich zum Mittagessen in ein kleines Restaurant in der Stadt ein, in dem ich seit Jahren nicht mehr gewesen war. Als ich hinter ihm durch die Tür ging, erhoben sich einige seiner Rentnerfreunde im Lokal umständlich von ihren Plätzen und begannen zu klatschen. Mehrere von ihnen klopften mir auf die Schulter und schüttelten mir die Hand. Als mein Vater und ich zu einem leeren Tisch gingen, hörte ich, wie sie sagten: „Gut gemacht!" und „Super!"

Wir setzten uns. Ich sah meinen Vater an und fragte betreten: „Du, sag mal, was sollte das gerade? Was haben die?"

Drücken wir es so aus: Mein Vater war kein Mann vieler Worte. In all den Jahren, die wir in Afrika gewesen waren, hatte ich einen einzigen Brief von ihm bekommen. Als ich diesen Brief aus unserem Postfach zog und seine Handschrift sah, war mein erster Gedanke, dass etwas Schlimmes passiert sein musste. Ich ging vom Postamt nach Hause, ohne den Brief zu öffnen. Es war wohl besser, wenn Ruth dabei war, während ich ihn öffnete; ich würde ihre Kraft und Hilfe brauchen, um seinen Inhalt zu verdauen.

Als ich zur Tür hereinkam, sah Ruth sofort, dass etwas mit mir nicht stimmte. Ich zeigte ihr den Brief und sagte ihr, dass ich ihn vorsichtshalber noch nicht geöffnet hatte. Zusammen rissen wir den Umschlag auf. Drinnen war ein Blatt Papier, auf dem stand: „Lieber Junge, ich dachte, ich schreibe Dir mal. – Vater." Das war alles.

Dies war derselbe Mann, der mir, so weit ich mich erinnern konnte, nur ein einziges Mal in meinem Leben mit Worten gesagt hatte, dass er mich liebte. Einmal hatten wir ihn aus irgendeinem Grund von Afrika aus angerufen. Nach einem sehr kurzen Gespräch hatte ich ihm zum Abschluss gesagt: „Ich liebe dich, Papa." Worauf er erwiderte: „Ich dich auch, Junge." Ich war so schockiert, dass ich schnell auflegte, bevor er es sich anders überlegen konnte.

Und jetzt saß ich ihm also gegenüber, an einem Tisch in dem Restaurant. Ich fragte ihn noch einmal: „Was ist los mit diesen Leuten? Warum haben die das gemacht, als wir reingekommen sind?"

Er lächelte mich an; der Stolz in seinen Augen war nicht zu übersehen. Dann sagte er: „Ich schätze mal, Nik, weil ich ihnen erzählt hab, was du gemacht hast."

„Was soll ich denn gemacht haben, Papa?", fragte ich langsam. Ich war nicht sicher, ob ich seine Antwort hören wollte.

„Na … Ich hab allen hier erzählt, dass du diese ganzen Soldaten aus aller Welt hergeholt hast, um Somalia zu retten."

„Papa!", rief ich aus. Dann senkte ich die Stimme zu einem Flüstern. „Das stimmt doch gar nicht!"

Er sah mich an und sagte: „Bist du nicht als Erster in dieses Land gegangen?" *Gut, ich war einer der Ersten gewesen.* „Bist du nicht dort geblieben, als alle anderen die Fliege gemacht haben?" *Gut, ich bin dageblieben und habe versucht zu helfen, als ich sah, wie schlimm die Lage war; das stimmte.* „Hast du nicht diese Artikel geschrieben und den Menschen gesagt, wie schlimm es in Somalia war – dass die Leute dort am Verhungern waren und dass diese Kriminellen dafür sorgten, dass die Hilfslieferungen die Bedürftigen nicht erreichten?" *Nun ja, ich hatte ein paar Versuche in dieser Richtung unternommen …*

Für meinen Vater war der Fall klar. „Also, Junge: Du hast den Amerikanern und Menschen in anderen Ländern gezeigt, was da in Somalia lief, und sie haben reagiert und dem Land geholfen – erst mit humanitärer Hilfe und dann mit Soldaten."

Ich merkte, dass es keinen Zweck hatte, ihn davon abzubringen. In seinen Augen war vor allem ich es, der erst Präsident Bush, dann Präsident Clinton und noch diverse andere Staatschefs (mit keinem von ihnen hatte ich je ein Wort gewechselt) dazu gebracht hatte, in einer massiven, multinationalen Hilfsaktion 32.000 Soldaten nach Somalia zu schicken. So jedenfalls hatte es mein Vater sich selbst und einigen seiner Freunde eingeredet. Daher glaubten sie, auf mich stolz sein zu müssen.

Nun ja, ich konnte meinem Vater wohl keine Vorwürfe machen; er wollte nicht, dass sein Sohn der nächste Prophet wurde, der nirgendwo weniger galt als in seiner Heimat (vgl. Matthäus 13,57). Aber es war schon verrückt: Mein Vater und seine Freunde in den Dörfern von Kentucky waren stolz darauf, dass ich so viel getan hatte, um „Somalia zu retten" – aber Tatsache war, dass ich vor Ort am Horn von Afrika öfter, als mir lieb war, so überwältigt war von der schieren Not um mich herum, dass ich mich fragte, ob meine Bemühungen und die all der wunderbaren Menschen, die für unsere Organisation arbeiteten, überhaupt *irgendetwas* ausrichteten oder je etwas ausrichten würden.

12.

Tränen für Somalia

Die Freunde meines Vaters in Kentucky waren nicht die Einzigen, die die Entwicklung der Lage in Ostafrika mit Interesse und Sorge verfolgten. Die Medienberichterstattung über „Operation Restore Hope" rückte das jahrelange Elend und die Schrecken, die Somalias Geschichte ausmachten, ins Blickfeld der US-amerikanischen Öffentlichkeit und rührte die Herzen der Menschen an. Die Großzügigkeit unserer treuen Freunde und Spender in den Vereinigten Staaten und in aller Welt ließen unsere Arbeit so rasch expandieren, dass wir manchmal den Eindruck hatten, sie wuchs uns über den Kopf.

Was wir als besseres Familienunternehmen gegründet hatten, war zu einer professionellen internationalen Organisation mit 150 somalischen und 35 westlichen hauptamtlichen Mitarbeitern in vier verschiedenen Ländern geworden. In den ersten Jahren leitete Ruth diesen ganzen Apparat von einem kleinen Büro in unserem Haus in Nairobi aus.

Der Großteil der Hilfsgüter, die wir verteilten, kam von den Vereinten Nationen, aber wir waren dankbar für den stetigen Strom von Spenden unserer christlichen Freunde; wir brauchten dieses Geld dringend, um mehr Mitarbeiter einzustellen und unsere rapide wachsenden Kosten zu decken. Doch die vielleicht allerwichtigste Unterstützung kam von den Tausenden von Menschen, die uns nicht nur mit ihrem Geld halfen, sondern auch mit ihren Gebeten für die Somalier und ihre vielfältige Not.

Unsere rapide wachsenden monatlichen Ausgaben bedeuteten, dass ich bei jeder Reise ins Land bis zu 100.000 Dollar in bar (in 100-Dollar-Noten) bei mir haben musste. Ich teilte das Geld immer in drei oder vier Bündel auf, die ich an verschiedenen Stellen in meinem Gepäck und an meinem Leib versteckte, in der Hoffnung, dass etwaige Räuber so begeistert von dem ersten Bündel wären, dass sie mich nicht mehr nach dem Rest durchsuchen würden. Gott sei Dank wurde ich nie überfallen.

Als meine Vorgesetzten hörten, wie ich unser Geld nach Somalia brachte, waren sie entsetzt und informierten mich, dass das ab sofort nicht mehr ging. Ich fragte sie, ob sie eine bessere Lösung hätten. Es gab in Mogadischu kein funktionierendes Bankwesen und auch keine gesetzlich anerkannte oder umtauschbare somalische Währung. Es gab nur eine Alternative, sagte ich: „Entweder ich mache weiter mit meiner Geldtransfer-Methode oder wir beenden unsere Arbeit und ziehen unser Team aus dem Land ab."

Darauf wussten sie keine Antwort, und so machte ich weiter wie bisher, ohne ihre Billigung, aber mit ihrer vollen Kenntnis und ihrem stillschweigenden Segen. In den ganzen sechs Jahren, die unsere Organisation in Somalia tätig war, fanden wir kein anderes praktikables System für unsere finanziellen Transaktionen.

◆◆◆

Einer der Hauptgründe, warum unsere Organisation so viel bewirken und so lange in Somalia bleiben konnte, waren unsere loyalen somalischen Mitarbeiter. Fast alle waren Muslime. Wir boten dort Arbeitsstellen, wo es sonst fast keine gab, und halfen vielen ihrer Landsleute. Weil sie das sahen, waren die Somalier, die für uns arbeiteten (wie auch die meisten, denen wir halfen) bereit, darüber hinwegzusehen, dass wir aus dem Westen kamen und damit „Ungläubige" waren.

Unser somalisches Team war handverlesen. Die wenigen Christen, die wir beschäftigten oder mit denen wir zu tun hatten, waren gute Leute, und unter unseren Muslimen waren einige der aufopferungsvollsten Menschen, die mir je begegnet sind. Da die Arbeitslosenquote bei 90 Prozent lag, konnten wir hoch qualifizierte Personen aus den verschiedensten Branchen einstellen – ehemalige Professoren, Krankenschwestern, Landwirtschafts- und Ernährungsexperten, Tierärzte, Wasserwirtschaftsfachleute, Geschäftsleute, Lehrer und Buchhalter. Unsere knapp bemessenen Gehälter waren für die damaligen somalischen Verhältnisse fürstlich. Wir versuchten allgemein, mit unseren Mitteln so viele Familien zu erreichen wie irgend möglich.

Mein somalischer „Stabschef" und rechte Hand, Omar Aziz,

wurde mir ein lieber und treuer Freund. Er war einer der cleversten und gleichzeitig barmherzigsten Menschen, die ich je kennengelernt habe. Eines Tages weinte er, als er in mein Büro kam. Ich wusste nicht, was los war oder wie man sich in Somalia in so einem Fall verhielt. So tat ich das Naheliegende und wartete.

Schon bald wischte er sich die Tränen ab und sagte mir, warum er so aufgewühlt war. Er war in dem Viertel, wo er wohnte, unterwegs gewesen, als er eine halb verhungerte Frau unter einem kleinen Baum sitzen sah, die ihr Baby stillte. Er grüßte sie im Vorbeigehen. Sie erwiderte sein Lächeln, während das Kind weiter trank. Als Omar seine Besorgung erledigt hatte und keine Stunde später zurück zu dem Baum kam, fand er die gleiche friedliche Szene vor: dieselbe Frau mit demselben Baby an der Brust. Aber diesmal wimmerte das Kind. Omar schaute hin. Hier stimmte etwas nicht. Das Baby weinte und zappelte in den Armen seiner Mutter, aber die war merkwürdig reglos. Für einen Augenblick glaubte Omar, dass sie schlief, doch als er näher trat, sah er, wie es wirklich war. In der Zeit, seit er das letzte Mal diese Straße entlanggegangen war, war diese junge Mutter gestorben! Er beugte sich sachte hinunter, hob das Kind aus ihren Armen und versuchte, es zu beruhigen.

Die Frau hatte keine Papiere dabei. Omar ging von Haus zu Haus, auf der Suche nach jemandem, der die Frau vielleicht kannte. Es gelang ihm, genügend Leute zusammenzubringen, um sie anständig zu begraben, aber niemand schien sie gut genug zu kennen, um das Kind zu nehmen.

Die Tränen strömten Omar erneut über das Gesicht, als er sagte: „Ich weiß nicht, was ich mit dem Kind machen soll!" Dann rief er verzweifelt aus: „Mein armes Land! Was soll aus uns allen werden?"

(Die Geschichte mit dem Kind nahm eine unerwartet glückliche Wendung, als Omar Aziz eine andere stillende Mutter fand, deren Kind gerade gestorben war. Sie nahm die Waise nur zu gern in ihre Obhut.)

Ich wusste, dass Omar viele noch schockierendere Situationen erlebt hatte als die mit diesem Kind. Aber wo Menschen tagtäglich mit menschlichem Leid und unmenschlicher Gewalt konfrontiert werden, ist die emotionale Reaktion unvorhersehbar. Mal bleibt man erstaunlich ruhig und distanziert, aber dann kommt ohne jede Vorwarnung plötzlich ein Augenblick, in dem gleichsam der Damm bricht. Der Auslöser für diese emotionale Flutwelle muss nichts Dramatisches sein; es kann der Anblick des nächsten mutterlosen Babys sein. Gleichzeitig waren die Dinge, die unser Herz am stärksten positiv berührten, oft ganz kleine, alltägliche Akte der Freundlichkeit oder Barmherzigkeit.

◆◆◆

Wenn der Druck und die Depression unerträglich wurden, wusste ich, dass es Zeit war, wieder zurück zu meiner Familie nach Nairobi zu fliegen. Eine unserer Mitarbeiterregeln war, dass Ehepaare nie länger als einen Monat voneinander getrennt sein sollten, und sie galt auch für Ruth und mich; ich wusste, dass Ruth mein Anker war.

Und ich brauchte einen Anker, mehr als je zuvor, um mich vor einer großen Gefahr zu schützen, die wahrscheinlich zur professionellen Katastrophenhilfe dazugehört. Immer wieder musste ich Entscheidungen treffen, in welche Dörfer wir gingen und wo wir wegen unserer personellen und finanziellen Grenzen nicht hinkonnten. Viele meiner Alltagsentscheidungen waren buchstäblich Entscheidungen über Leben und Tod. Es waren gewichtige, schreckliche Entscheidungen, und die Verantwortung war überwältigend groß. Unsere Projekte betrafen Tausende von Menschen, und die Versuchung, die richtige Perspektive zu verlieren und uns als die Herren über Leben und Tod zu sehen, war allgegenwärtig. Aber wir taten unser Bestes, uns selbst und einander daran zu erinnern, dass allein unser Gott und Schöpfer die Macht über Leben und Tod hat und dass wir uns diese Macht nie anmaßen durften.

Trotzdem: Wenn wir Nahrungsmittel und Wasser für 10 Dörfer hatten, aber es in der Region 20 Dörfer gab, die beides bitter nötig brauchten, mussten wir Entscheidungen treffen. Ich lernte rasch, dass ich meine Entscheidungen nicht von meinem persönlichen Gebetsleben und meiner Beziehung zu Gott trennen konnte. Nur so konnte ich es vermeiden, mir eine Autorität anzumaßen, die mir nicht zustand.

Wie stark mich die unverhofften Gelegenheiten und die überwältigende Not in Somalia auch in Beschlag nahmen, es war die tiefe Beziehung zu Ruth und unseren Söhnen, die mir half, auf dem Teppich zu bleiben. Jedes Mal, wenn ich in Nairobi landete, war das Willkommen, das sie mir bereiteten, eine Erinnerung daran, dass auch meine Rolle als Mann und Vater unverzichtbar für meine Arbeit war.

◆◆◆

Ruth war in jeder Hinsicht eine gleichwertige Partnerin in unserer Arbeit. Wenn ich in Somalia war, ging ich ganz in unseren Hilfsaktionen auf, während Ruth zu Hause in Nairobi das Multitasking perfektionierte. Sie war unseren drei Jungen Mutter und Vater zugleich, besorgte den ganzen Haushalt und leitete die Zentrale unserer Organisation.

Anfangs, als wir in einem somalischen Viertel von Nairobi wohnten, fuhr Ruth viermal die Woche mit dem Auto 16 Kilometer hin und wieder zurück, um Trinkwasser für vier 75-Liter-Plastikbehälter zu erstehen, die sie dann zurück zu unserem Haus transportierte. Zum Befüllen konnte sie die Behälter im Auto lassen und einen Schlauch verwenden, aber sie war natürlich nicht stark genug, die vollen Behälter aus dem Auto zu heben, wenn sie nach Hause kam. Also pumpte sie das Wasser in kleinere Behälter um, die sie tragen konnte. Die Versorgung mit Trinkwasser war nur eine der vielen logistischen Herausforderungen in ihrem Alltag.

Unser Haus war mehr als ein Haushalt. Mit der Zeit wurde es zur Operationszentrale einer internationalen Organisation, die in vier Ländern aktiv war. Ruth hielt den Laden am Laufen, indem sie die Mentorin und Mutmacherin für all die war, die in unserer Organisation als Geschäftsführer, Vorstandsvorsitzender, Finanzvorstand, Personalchef, Leiter der Öffentlichkeitsarbeit, IT-Manager, Chefsekretärin, Reisebürokaufmann und Wartungstechniker arbeiteten. (Anfangs machte sie alle diese Jobs selbst.)

Die wichtigste Rolle, die sie für mich spielte, war die einer weisen und treuen Ratgeberin. Sie war meine persönliche Seelsorgerin, die mir geistliche Unterstützung, Ermutigung, ein offenes Ohr und noch viel mehr von dem bot, was manche Organisationen heute unter dem Begriff „Personalbetreuung" zusammenfassen.

Die kenianische Gemeinde, in die wir als Familie in Nairobi gingen, war ein weiterer geistlicher Hafen, in dem ich sicher ankern und das emotionale und geistliche Gepäck ausladen konnte, das ich mitbrachte. Die gleiche Funktion hatte ein kleiner Kreis von vier Brüdern in Christus, die sich regelmäßig zur Aussprache mit mir trafen, wenn ich aus Nairobi zurückkam.

In diesen „Heimaturlauben" in Nairobi berichtete Ruth mir auch über den neuesten Stand bei den dringenderen finanziellen, logistischen und personellen Problemen, und wir legten jeweils die Strategien und Prioritäten für die nächsten Wochen fest. Zum Schluss fuhr sie mich wieder zum Flughafen und setzte mich ins nächste Flugzeug, das zurück ins Bürgerkriegsgebiet flog, wohl wissend, dass sie, bis ich wiederkam, nichts für mich tun konnte, als für mich zu beten und mich der Fürsorge Gottes anzubefehlen.

13.

Für dich gebrochen –
für dich vergossen

1993 nahm die Gewalt in Somalia zu. Mit jedem Monat schien die Situation chaotischer zu werden. Anfang Juni wurden 24 pakistanische Soldaten der Friedenstruppe getötet. Im August schickte Präsident Clinton, um der wachsenden Gewalt der Milizen Herr zu werden, eine speziell gebildete Eingreiftruppe der US-Armee, die „Task Force Ranger", nach Somalia. Ihr Sturm auf das „Olympic Hotel" in Mogadischu im Oktober, um Rebellenführer festzunehmen, führte zu 17 Stunden dauernden Kämpfen, bei denen 18 amerikanische Soldaten fielen und weitere 84 verwundet wurden. (Später erfuhren wir, dass auch über 700 Somalier getötet wurden.) Die Kämpfe, die wir von unserer eineinhalb Kilometer entfernt liegenden Zentrale hören konnten, wurden später als „Schlacht von Mogadischu" durch das Buch und den Film *Blackhawk Down* bekannt.

Nach diesem schwarzen Tag nahm die Gewalt vorübergehend ab, doch die Aussichten auf Frieden und eine Lösung des Konflikts schienen gleich null. Nachdem sie mehrfach vergeblich versucht hatten, die verfeindeten Clans an einen Tisch zu bringen, kamen den Vereinten Nationen wachsende Zweifel an ihrem Engagement in Somalia. Für mich war die Botschaft klar: „Die Somalier sind diesen Einsatz und diesen Verlust an Menschenleben nicht wert. Der Preis ist zu hoch, um Menschen zu helfen, die noch nicht einmal wissen, wie man Danke sagt."

Unsere größte Sorge galt den 1,7 Millionen Menschen, die durch die Jahre des brutalen Bürgerkrieges, die Dürre und den Hunger ihre Heimat verloren hatten und jetzt durch die sinnlosen Clan-Kriege, das politische Chaos und den vollständigen Zusammenbruch der Gesellschaft noch mehr gebeutelt wurden. Dank des Einsatzes der UNO und zahlreicher Hilfsorganisationen bekamen jetzt die meisten der nach Mogadischu geströmten Flüchtlinge genügend Nahrung zum Überleben, doch das war nur ein erster Schritt. Es würde enormer Anstrengungen bedürfen, Somalia wieder zu einem funktionierenden Land zu machen. Und es würde lange, lange dauern. Während die Vereinten Nationen sich zu einer sechsmonatigen Verlängerung ihres Somalia-Einsatzes durchrangen, setzten wir unsere Arbeit fort. Solange wir noch ins Land konnten und die Gewalt unsere Arbeit nicht unmöglich machte, würden wir weitermachen. Wir waren entschlossen, das Gute nicht vom Bösen überwinden zu lassen.

◆◆◆

Im Dezember 1993 traten wir einen mehrere Monate dauernden Heimaturlaub in den USA an. Er verschaffte uns willkommene Erholung von der Erschöpfung und dem emotionalen Stress von fast zwei Jahren in der Hölle Somalias und eine erneute Gelegenheit, uns mit unseren Freunden und Beratern zu treffen.

Wenn wir während dieses Urlaubs über Somalia sprachen, erlebten wir oft ein Wechselbad der Gefühle. Ich war wild entschlossen, etwas zu tun gegen das Leiden in Somalia. Die Not und das Elend in dem Land waren riesengroß, und ich war von der Arbeit, die wir dort taten, zutiefst überzeugt, ja ich war richtig stolz darauf. Wir hatten mit unserem Team bei null angefangen und uns in kurzer Zeit zu einer fähigen internationalen Hilfsorganisation gemausert. Wir hatten zahlreichen Somaliern Arbeit und Brot gegeben und Hilfsgüter im Wert von Millionen Dollar verteilt, um Zehntausenden verzweifelter Familien Hilfe zum Überleben zu geben.

Was die materiellen Bedürfnisse Somalias betraf, bewirkte

unser Team also einiges. Doch wenn ich an die geistlichen Bedürfnisse der Menschen dachte, war mein Fazit nicht so positiv. Wenn man einmal von den persönlichen Beziehungen absah, die wir zu unseren somalischen Freunden und Mitarbeitern aufgebaut hatten, gab es wenig, was ich hinsichtlich der geistlichen Nöte und Bedürfnisse als „Erfolg" bezeichnen konnte. Und das bereitete mir echte Bauchschmerzen, ja ein schlechtes Gewissen.

◆◆◆

Der Jesus, dem ich in der Bibel begegnete, wies seine Jünger zum einen an, den Hungrigen zu essen und den Durstigen zu trinken zu geben, die Kranken und Verwundeten zu heilen und den Leidenden und Verfolgten zu helfen. Das war unser ausdrücklicher Auftrag für Somalia, und ich fand, dass wir ihn gut ausführten.

Doch Jesus hatte die, die ihm nachfolgten, auch angewiesen, in die ganze Welt hinauszugehen und die Menschen zu Jüngern zu machen. Das mit dem Hinausgehen in die ganze Welt hatten wir gut hinbekommen, aber bei dem Jüngermachen hatten wir versagt.

Irgendwie schafften wir es nicht, diese beiden großen Themen des Rufes Jesu unter einen Hut zu bekommen. So merkwürdig es vielleicht klingt: Es war einfach, für die physischen Bedürfnisse der Menschen in Somalia zu sorgen, aber ihre geistliche Not anzugehen, schien eine Unmöglichkeit zu sein. Es war unser Herzenswunsch, den Menschen Jesus zu bringen; das war unsere große Leidenschaft und unser großes Ziel, das Herz unseres Auftrags, der von Gott selbst kam. Aber oft schienen die Barrieren, vor denen wir standen, schier unüberwindlich zu sein.

Ich muss zugeben, dass ich heute noch keine Patentlösung für diese so entscheidende Frage habe. Wie ist es möglich, offen über Jesus zu reden in einem Land, wo christliche Mission gesetzlich verboten ist? Wie ist es möglich, Freunde in die Nachfolge Christi zu führen, wenn man von vornherein weiß, dass ihr neuer Glaube sie das Leben kosten kann? Wir hatten schon lange, bevor wir nach Somalia gingen, über diese Fragen gesprochen und diskutiert – aber jetzt waren es keine theoretischen Fragen mehr, jetzt ging es um real existierende Menschen. Wenn es meinen Freund in Lebensgefahr bringt, ihm das Evangelium weiterzugeben, werde ich es dann trotzdem tun? Bin ich bereit, mit den Folgen zu leben? Diese Fragen versetzten uns in große Unruhe; wir rangen Tag und Nacht mit ihnen.

◆◆◆

Seit Ruth und ich den Ruf nach Somalia verspürt hatten, hatten wir bei allen möglichen Menschen Rat gesucht. Wir hatten mit den Leitern großer Hilfsorganisationen gesprochen und mit Christen aus diversen Missionsgesellschaften. Wir unterhielten uns mit Menschen, von denen wir den Eindruck hatten, dass sie sich mit dem Gebet und dem Wirken Gottes auskannten. Wieder und wieder fragten wir: „Wie können wir Menschen von Gottes Liebe erzählen und ihnen Jesus Christus zeigen, die nicht einmal von ihm gehört haben? Wie bringt man in einem Land geistlich etwas in Bewegung, das dem christlichen Glauben so feindlich gegenübersteht? Wie können wir überzeugende Zeugen für Jesus sein unter Menschen, die seine Jünger verachten und verfolgen und das richtig finden? Wie sollen die Menschen die Liebe Christi in uns erkennen, wenn wir ihnen nie sagen, wessen Liebe uns motiviert? Wie kann Gottes Liebe ihren Hass überwinden?"

Die meisten, die wir fragten, hatten uns kaum Antworten zu bieten. Einige sagten, dass sie darüber nachdenken oder beten und sich dann wieder melden würden. Wir waren offenbar nicht die Einzigen, die diese Fragen umtrieben, und auch nicht die Einzigen, die keine überzeugenden Antworten hatten.

Doch während dieses Heimaturlaubs halfen mir einige meiner Mentoren mit einer Zusicherung: „Nik, so etwas wie Somalia haben wir noch nie erlebt. In einer solchen Welt für Christus zu leben ist etwas, was wir noch nie versucht haben. Deswegen haben wir euch da wohl ins kalte Wasser springen lassen. Wir müssen das gemeinsam lösen."

Es ist komisch, aber ich war nicht enttäuscht, als meine Mentoren und Kollegen zugaben, dass sie keine Antworten auf meine Fragen hatten. Ich fand es sogar befreiend. Wir durften also selbst experimentieren und Strategien ausprobieren, wie man als Christ in einem Land wie Somalia lebte und arbeitete. Dass es keinen fertigen Weg gab, dem wir folgen mussten, ließ uns die Freiheit, uns selbst unseren Weg zu suchen.

Und Ruth und ich hatten eine neue Idee: Wie wäre es, wenn wir – ja, wir! – anfingen, Schulungsmaterialien und praktische Richtlinien und Hilfen zusammenzusuchen oder notfalls selbst zu erstellen, die für Menschen wie uns gedacht waren – Christen, die an den schwierigsten Orten der Welt arbeiteten und wild entschlossen waren, Gottes Liebe dorthin zu tragen? Einerseits gab es keine einfachen Antworten, doch andererseits waren wir begeistert von der Möglichkeit, selbst Antworten zu finden.

◆◆◆

Aber bevor wir diese neue Freiheit in Afrika ausprobierten, besuchten wir noch unsere Verwandten in Kentucky. Vielleicht würde ich diesmal mehr Zeit haben, mit meinem Vater über Somalia zu reden. Interessiert wäre er bestimmt, nach der „Schlacht von Mogadischu" im Oktober 1993 und dem kürzlichen Abzug des Großteils der US-Truppen aus Somalia. Ich fragte ihn, was er seinen Freunden jetzt sagen würde, nachdem die USA gezwungen worden waren, ihren Militäreinsatz in Somalia zu beenden.

Er schüttelte traurig den Kopf und sagte: „Ich hab's ihnen schon gesagt. Ich hab gesagt, wenn unsere Soldaten nur auf dich gehört hätten, wären sie jetzt noch da; sie wären nie rausgeschmissen worden, und wahrscheinlich wär heute alles in Butter!"

Ich musste lachen. Aber einmal mehr zögerte ich, seinen Vaterstolz auszubremsen, und so sagte ich ihm nicht, dass ich mich nach wie vor fragte, ob ich mit meinem ganzen Einsatz in Somalia überhaupt irgendetwas bewirkt hatte.

◆◆◆

Als wir zu Beginn des Frühlings nach Kenia zurückkehrten und ich meinen nächsten Einsatz in Somalia begann, hatte die Lage sich kaum verändert. Nach wie vor brauchten Bedürftige Hilfe, nach wie vor waren die Führer der Clans nicht zum Frieden bereit. Wenigstens hatten die Vereinten Nationen – wie erwähnt – ihr Hilfsprogramm um sechs Monate verlängert, was bedeutete, dass unsere Organisation weiterhin jede Menge zu tun hatte.

Es gab in Mogadischu mehr Schiffe im Hafen und mehr Verkehr auf den Straßen. Mehr Handelsgüter kamen in die Stadt, es hatten sogar ein paar Läden geöffnet. Doch andererseits schien die Sicherheitslage, nachdem die Militärpräsenz der USA sich mehr als halbiert hatte, deutlich schlechter geworden zu sein. Es gab weniger Regionen, in denen wir uns frei bewegen konnten, weniger Orte, wo man uns und unsere Arbeit willkommen hieß. Ich spürte, dass es vielleicht nur noch eine Frage weniger Monate, wenn nicht Wochen war, bevor die UNO ihr Engagement beendete, und dass es für „Operation Restore Hope" nicht mehr viel Hoffnung gab.

Sicher, unsere Arbeit benötigte keine Resolution der Vereinten Nationen. Uns hatte keine irdische Autorität nach Somalia geschickt; keine irdische Macht machte es möglich, dass wir dort waren. Wir gehorchten dem Auftrag eines Größeren. Aber die internationale Hilfe, die in das Land geströmt war, war auch uns zugutegekommen – und jetzt versiegte dieser Strom fast genauso schnell wieder, wie er gekommen war.

Wir hatten geglaubt, endlich alles zu haben, was wir brauchten, als fast über Nacht die UNO endlich von Somalia Notiz nahm. Wir schöpften Hoffnung, als die Friedenstruppen der USA und der internationalen Koalition ins Land kamen. Doch jetzt schien die Welt beschlossen zu haben, sich schnell und leise wieder aus diesem immer noch zerschundenen Land zu verabschieden. Selbst viele Christen schienen das Interesse an Somalia zu verlieren. Es war nicht einfach, weiterzumachen im Angesicht des Opfers und der Niederlagen. Wir merkten, wie die Unterstützung allmählich zurückging. Aber Gott war nicht fertig mit Somalia.

◆◆◆

Kurz nach unserer Rückkehr nach Afrika erhielt ich eine Einladung, die mir eines der tiefsten geistlichen Erlebnisse brachte, die ich in Somalia, ja in meinem ganzen Leben je gehabt hatte. Ein guter Freund, der für eine andere Organisation arbeitete, lud mich zu einem besonderen Gottesdienst mit vier somalischen Christen ein. Sie waren alle für verschiedene Hilfsorganisationen tätig.

Wir waren insgesamt sieben (die vier Somalier und drei Christen aus dem Westen), und wir trafen uns zur ausgemachten Zeit in einer leeren, verlassenen Häuserruine im Herzen Mogadischus. Jeder von uns kam allein, und wir kamen aus verschiedenen Richtungen. Nach einer herzlichen Begrüßung hielt mein Freund uns eine Andacht, in der wir miteinander beteten. Es folgte ein kurzer Imbiss, und danach taten wir das, was die Nachfolger von Jesus seit fast 2.000 Jahren tun: Wir feierten das Abendmahl, zur Erinnerung daran, dass Christus aus Liebe zu uns den Opfertod am Kreuz starb, zur stellvertretenden Sühne für unsere Sünden.

Wir aßen das Brot, als Zeichen der Erinnerung an seinen Leib, der für uns gebrochen wurde. Ich fragte mich, wie oft wohl im Laufe der Jahrhunderte Christen hier, in der Hauptstadt dieses kaputten Landes, so das Brot miteinander gebrochen hatten. Bestimmt war das letzte Mal etliche Jahre her – und wenn ich heute, fast zwei Jahrzehnte danach, auf diesen Tag zurückblicke, dann kann ich mir vorstellen, dass es seitdem keine zweite Abendmahlsfeier in Mogadischu gegeben hat.

Wir tranken den Traubensaft, zum Gedächtnis an das Blut Christi, das er für uns vergossen hatte. Ich fragte mich im Stillen, wie viele ungenannte und unbekannte somalische Christen in diesem Land wegen ihres Glaubens Verfolgung, Leiden und Tod durchgemacht hatten. Ich fühlte mich geehrt, mit diesen vier Brüdern am Tisch des Herrn sein zu dürfen, die bereit waren, ihr eigenes Blut, ihren eigenen Leib, ihr eigenes Leben zu riskieren, um unter ungläubigen Menschen in diesem ungläubigen Land Jesus zu folgen.

Noch nie zuvor hatte ich den wahren Preis und die ganze Bedeutung des letzten gemeinsamen Mahls von Jesus mit seinen Jüngern so gespürt. Dies war ein hochheiliger Augenblick. Und ein Augenblick der Sorge um unsere vier somalischen Brüder. Ihre verstohlen-wachsamen Blicke machten mir nicht nur den Opfertod unseres Herrn vor 2.000 Jahren ganz neu lebendig, sondern auch seine unerschütterliche Liebe und Treue und seine Gegenwart im Leben seiner tapferen und treuen Jünger heute.

◆◆◆

Bald danach, an einem traumatischen Augustmorgen, sollte mir die ganze Bedeutung dieser Abendmahlsfeier noch stärker unter die Haut gehen.

14.

Ein hoher Preis

Es war ein Morgen wie viele andere. Ich saß in einem Besprechungszimmer und hörte einem Offizier zu, der die aktuelle Lage in Somalia beschrieb. Die Lage veränderte sich täglich, und diese Berichte kamen regelmäßig. Wir waren fast fertig, als die Tür aufgerissen wurde und einer meiner Kollegen in den Raum stürzte und mit weißem Gesicht und wider alles Protokoll den Offizier unterbrach.

Er hatte Dramatisches zu melden: „Die meisten von Ihnen wissen, dass unsere Organisation seit Jahrzehnten in Somalia arbeitet. Ich habe gerade erfahren, dass heute Morgen vier somalische Christen, mit denen wir gearbeitet haben, alle auf dem Weg zur Arbeit überfallen und ermordet worden sind. Außerdem hat unser Büro ein Ultimatum erhalten: Wenn wir nicht sofort Somalia verlassen, wird jeder, der für uns arbeitet, umgebracht werden."

Mit tränenüberströmtem Gesicht fuhr er fort: „Wir haben keine andere Wahl, als zu gehen!" Und er drehte sich um und ging so schnell, wie er gekommen war.

Mich packte das nackte Entsetzen. Auch ohne genauere Einzelheiten war mir klar, dass ich wahrscheinlich mehr wusste, als mein Freund da gerade gesagt hatte. Ich hoffte verzweifelt, dass mein Verdacht sich nicht bewahrheiten würde, aber es stellte sich bald heraus, dass die vier Ermordeten genau die vier Christen waren, mit denen wir erst vor ein paar Wochen das Abendmahl gefeiert hatten. In einer offenbar koordinierten Aktion waren sie alle vier am selben Morgen an vier verschiedenen Stellen mit nur ein paar Minuten Abstand ermordet worden.

Eine radikale islamische Gruppe übernahm die Verantwortung für die Morde. Um das Maß der Grausamkeit vollzumachen, hatten die Täter auch noch die Leichname mitgenommen; keine der Leichen wurde je gefunden.

◆◆◆

Am Tag nach den Morden ging ich, mehrere bewaffnete Wächter im Schlepptau, durch die Straßen unseres Viertels in Mogadischu. Wo ich auch hinschaute – Zerstörung und Leid. Als ich an meine ermordeten Freunde dachte, packte mich plötzlich eine solche Wut auf all das Böse hier, dass ich wie einer der Propheten aus dem Alten Testament zu Gott schrie: „Warum vernichtest du diese Leute nicht einfach, Herr? Sie haben fast alle deine Kinder in diesem Land getötet! Kein einziger von ihnen verdient deine Erlösung und Gnade!"

Im selben Moment hörte ich in meinem Herzen die Antwort des Heiligen Geistes: *Du auch nicht, Nik! Du warst genauso verloren wie diese Menschen. Nur durch meine Gnade wurdest du in eine Umgebung hineingeboren, wo du mein Wort hören, verstehen und glauben konntest. Diese Menschen haben so eine Gelegenheit nie gehabt.*

Und Gott erinnerte mich an eine Wahrheit aus der Bibel: *„Christus starb für dich, als du noch ein Sünder warst."* Und er sprach noch weiter: *„Und Christus ist nicht nur für dich gestorben, Nik, sondern für jeden Somalier am Horn von Afrika."*

Ich wusste natürlich schon lange, dass ich das Opfer Christi nicht wert gewesen war und dass ich meine Erlösung allein Gottes Gnade verdankte. Ich wusste das alles … in meinen grauen Zellen.

Aber auf einmal verstand ich es viel tiefer. Schmerzlich deutlich sah ich meine eigene Sünde, das ganze Böse in meinem Herzen, und ich erkannte, dass es ohne Jesus keine Hoffnung gibt – für niemanden. In Somalia war es einfach, die Menschen in Schubladen zu stecken: die Guten, die Bösen, die Frommen, die Egoisten, die Großzügigen, die Undankbaren, die Freundlichen, die Gehässigen. Wir taten das, fast ohne es zu merken. Aber hier, in diesem Augenblick, stand mir die tiefe Verlorenheit *jedes* Menschen ohne die Gnade Christi ganz deutlich vor Augen.

Meine Wut war eine verständliche, angemessene Reaktion auf das Böse. Gott selbst hasst das Böse mit dem Zorn des Gerechten. Doch wenn wir als Gottes Boten auftreten wollen, müssen wir lernen, zwischen der Sünde und dem Sünder zu unterscheiden. Für mich war das ein täglich neuer Kampf, und manchmal war es ganz besonders schwer. Heute, zwei Jahrzehnte später, ist es immer noch ein Kampf.

Es kostet mich einige Mühe, mich selbst daran zu erinnern, dass der wahre Feind in Somalia weder der Islam war noch die Muslime. Der wahre Feind war die Verlorenheit. Es war das Böse, das Menschen, die wie Schafe ohne Hirten sind, in die Irre führt und in die Falle lockt. Die Somalier waren nicht die Ursache des Bösen in ihrem Land; sie waren seine Opfer, die das ganze Elend seiner grausamen Konsequenzen ausbadeten.

◆◆◆

In den Tagen nach der Ermordung meiner vier Freunde machte ich mir Sorgen um jeden somalischen Christen, der je mit unserer Organisation zu tun gehabt hatte. Es waren relativ wenige, und wir hatten unsere Verbindung nicht an die große Glocke gehängt. Aber die meisten waren mir ans Herz gewachsen, als ob sie zu meiner Familie gehörten, und der Gedanke, dass sie durch ihre Beziehungen zu Ausländern die nächsten Ziele der Terroristen werden könnten, machte mir große Angst. Es durfte nicht sein, dass ich daran schuld war, wenn sie leiden mussten!

Aber es waren nicht nur die somalischen Christen, die in Gefahr waren. Es dauerte nicht lange, und drei unserer muslimischen Wächter kamen ganz außer sich zu mir. Ihre Namen standen auf einer von einer örtlichen Terroristengruppe veröffentlichten Liste von „somalischen Ungläubigen und Verrätern". Sie hing überall in der Stadt und war an alle Häuser westlicher Organisationen geschickt worden. Auf ihr standen die Namen von Personen, die der Bekehrung zum christlichen Glauben verdächtigt wurden, die Interesse oder Sympathie für den christlichen Glauben zeigten oder die gute Freunde von Christen waren. Sie alle, so verkündete die Liste, verdienten den Tod.

Die drei somalischen Mitarbeiter also kamen in mein Büro gerannt, die Liste in der Hand. „Dr. Nik! Dr. Nik! Sie wissen doch, dass wir gute Muslime sind!" Jawohl, das wusste ich. Sie flehten mich an, etwas zu unternehmen wegen dieser Namensliste, und reichten mir ein großes Blatt Papier.

Ich sagte ihnen, dass ich nicht wusste, wie ich ihnen helfen sollte.

„Aber das ist ein schrecklicher Fehler!", riefen sie. „Wir sind Muslime und keine Christen! Sagen Sie denen, dass diese Liste falsch ist!"

Die Männer waren so hartnäckig und außer sich vor Angst, dass ich sie schließlich fragte, wie sie sich meine Hilfe vorstellten. Was konnte ich denn machen gegen eine schwarze Liste aus der Terrorszene? Sie baten mich, ins Hauptquartier der Terrorgruppe zu gehen und dort klarzustellen, dass sie 100 Prozent gläubige Muslime waren.

Der Gedanke war verrückt. Ich sollte mich zu islamistischen Terroristen begeben und sie davon überzeugen, dass meine Mitarbeiter gute Muslime waren? Fast hätte ich laut losgelacht. Zum x-ten Male, seit ich in Somalia war, schoss mir der Gedanke durch den Kopf, wie absolut unmöglich es war, sich auf alle Eventualitäten des Lebens in diesem Irrenhaus von Land vorzubereiten.

Die Bitte der Männer war völlig absurd. Aber es war ihnen bitterernst und schließlich ließ ich mich breitschlagen, es zu versuchen. Wir fuhren also zum nächsten Stützpunkt der militantesten islamischen Gruppe im ganzen Land. Ich ging allein in das Gebäude, nahm meinen ganzen Sarkasmus zusammen und „dankte" den Islamisten, dass sie uns ihre Liste geschickt hatten. Dann zeigte ich ihnen die Namen meiner drei muslimischen Mitarbeiter und erklärte: „Aber das hier muss ein Fehler sein. Diese drei Männer sind nicht nur wertvolle Mitarbeiter, sie sind auch gute Muslime. Sie gehen jede Woche zur Moschee und beten fünfmal am Tag Richtung Mekka. Sie fasten im Ramadan, und einer von ihnen hat sogar die Pilgerfahrt nach Mekka gemacht. Es geht nicht, dass Sie diese Männer töten; es sind gute Muslime. Streichen Sie die Namen von der Liste!"

Die Terroristen dankten mir für meinen Hinweis und versprachen mir, die Namen meiner drei Mitarbeiter von der Liste zu streichen. Ich staunte; die waren ja richtig vernünftig! Als ich mich schon umgedreht hatte, um wieder zu gehen, hielt ich inne, drehte mich zurück und fragte: „Ach, eine Frage hätte ich noch: Warum bringen Sie eine Liste mit 150 Namen heraus, wenn Sie doch wissen, dass es im ganzen Land nicht so viele Christen gibt?"

Kaum waren die Worte aus meinem Mund heraus, merkte ich, wie dumm sie waren. Aber die Terroristen beantworteten meine Frage. „Sie haben recht", sagten sie. „Wir schätzen, dass es wahrscheinlich nur noch 40 bis 50 somalische christliche Abtrünnige in unserem Land gibt. Aber wir wissen auch: Wenn wir die Namen der Christen auflisten, bei denen wir sicher sind, und dazu alle die schreiben, bei denen wir einen Verdacht haben, haben wir gute Aussichten, alle zu kriegen."

Es war eine eiskalt berechnete Strategie, und sie wurde bedrückend erhellt durch einen Briefwechsel, den ich einen oder zwei Tage später in einem Lokalblatt las. Ein Islamist hatte dem Herausgeber der Zeitung einen Brief geschrieben, in dem er fragte: „Warum soll man somalische Christen töten? Wäre es nicht effektiver, einfach die Ausländer aus dem Westen zu töten, mit denen sie verkehren und die noch mehr Menschen bekehren könnten?" Der Herausgeber antwortete: „Wer Ausländer aus dem Westen tötet, macht sie womöglich nur zu Märtyrern. Es ist nicht kosteneffektiv, Christen aus dem Westen umzubringen, deren Tod dann womöglich nur andere christliche Gläubige dazu bringt, ebenfalls in unser Land zu kommen, um die Arbeit der ‚Märtyrer‘ fortzuführen. Wenn wir dagegen die Menschen töten, die von diesen Ausländern bekehrt worden sind, werden die ausländischen Christen es mit der Angst zu tun bekommen und nach Hause gehen … Diese westlichen Christen werden es nicht fertigbringen zuzuschauen, wie ihre Konvertiten umgebracht werden; sie werden ihre Koffer packen und gehen."

So sehr ich dem Herausgeber auch widersprechen wollte, wusste ich doch: Es war etwas dran an dem, was er da schrieb. Zum Zeitpunkt der vier Morde waren in und um Somalia etwa 70 westliche Mitarbeiter für Hilfsorganisationen aktiv; zwei Monate später arbeiteten nur noch vier unter den Somaliern.

Ich weiß bis heute nicht genau, warum ich damals nicht auch ging. Aber ich erinnere mich, wie ich dachte: *Wenn du jetzt gehst, sind all die Opfer, die deine Freunde in Somalia für Jesus gebracht haben, vergeblich gewesen.* Ich dachte an meine vier ermordeten Freunde und dass ich durch mein Bleiben in irgendeiner Weise ihr Andenken ehren und ihrem Tod einen Wert geben würde.

Obwohl viele uns davon abrieten, beschloss unsere internationale Organisation, in Somalia zu bleiben. Wir sagten, dass wir so lange bleiben würden, wie Gott uns in diesem Land gebrauchen konnte. Was wir bisher erlebt hatten, hatte uns gezeigt, dass keine internationale Hilfe, keine westliche Kultur, keine neue Regierung, keine Diplomatie und keine militärische Macht die furchtbaren Wunden dieses traurigen, leidenden Landes heilen konnte, sondern allein die Liebe von Jesus.

◆◆◆

Als wir unsere Arbeit in Somalia begannen, gab es dort nur ganz wenige Christen. Dann wurden es etwas mehr. Doch als unsere vier Freunde ermordet wurden, kannten wir nur eine Handvoll somalischer Christen, die noch am Leben waren. Ich weiß nicht mehr genau, was für „Erfolge" wir erwarteten, als wir unsere Arbeit in Somalia begannen – aber so hatten wir es uns gewiss nicht vorgestellt.

Zu Beginn unserer Arbeit hatte es in Somalia kaum genügend Christen gegeben, um eine Dorfkirche in Kentucky zu füllen; jetzt reichte es nicht einmal mehr für eine Bank.

Wir waren, dem Ruf Gottes gehorsam, gekommen, um den Menschen zu helfen. Wir hatten nicht gewusst, dass Gott schon einen verstreuten Rest von Gläubigen um sich versammelt hatte, bevor wir kamen. Und obwohl wir es uns so sehr gewünscht hätten, hatten wir es nicht erlebt, wie unter den Somaliern weitere Menschen zum Glauben kamen, ja, wir waren nicht einmal rechtzeitig gekommen, um zu helfen, die paar Getreuen, die es noch gab, miteinander zu vernetzen, zu stärken und aufzubauen. Wir waren rechtzeitig gekommen, um Zeugen ihres Todes zu werden.

Die meisten somalischen Christen waren entweder tot oder geflüchtet. Und doch blieben wir in Somalia, weil wir davon überzeugt waren, dass Jesus immer noch in diesem Land war. Vor langer, langer Zeit hatte er deutlich gemacht, dass all das, was wir als Menschen in seiner Nachfolge für „seine geringsten Brüder" taten – für die Hungernden, die Dürstenden, die Kranken, Nackten und Verfolgten –, eigentlich für ihn selbst taten. Und so waren wir überzeugt, dass wir durch unseren Einsatz für die „Geringsten" in Somalia Jesus dienten.

15.

Wenn aller Einsatz nicht reicht

In diesen dunklen Tagen spürten wir die Wertschätzung unserer somalischen Nachbarn. Sie schätzten das, was wir waren, was wir sagten und was wir taten. Manchmal hatten wir sogar den Eindruck, dass sie die Werte, die uns bei unserer Arbeit motivierten, bemerkten. Zumindest hofften wir das.

So trafen wir manchmal Somalier, die staunten, dass wir keine Bestechungsgelder annahmen, damit ein bestimmtes Dorf bei der Hilfe zuerst an die Reihe kam. In ihrer Kultur hatten sie gelernt, dass jeder bestechlich war. Eines Tages kam eine kleine Delegation dankbarer Somalier aus einem Küstendorf zu uns und sagte: „Ihr habt keine Bestechungsgelder angenommen, damit ihr in unser Dorf kommt. Und als ihr dann bei uns wart, habt ihr euch geweigert, euch dafür bezahlen zu lassen."

Ich nickte. Ja, das stimmte.

Der Sprecher fuhr fort: „Ihr wisst, dass wir als Muslime bestimmte Speisen nicht essen dürfen, weil sie für uns unrein sind, und da haben wir euch dies hier mitgebracht." Und sie öffneten zwei riesige Kühlboxen, in denen 78 Hummer lagen, die frisch aus dem Indischen Ozean kamen. Der Mann fuhr fort: „Dies ist keine Bestechung, da ihr ja schon bei uns wart, sondern ein Dankeschön unseres Dorfes für eure Leute. Wir haben gehört, dass ihr Amerikaner gerne Hummer esst."

Und so gab es bei uns ein großes Hummeressen. Wir wussten dieses Geschenk zu schätzen, nicht zuletzt, weil es eine Reaktion auf Werte und Verhaltensweisen war, die diesen Menschen an unserem Leben und unserer Arbeit aufgefallen waren.

Es machte uns auch Mut, wenn die Somalier die Hingabe

und das Engagement sahen und würdigten, mit denen wir unsere Arbeit taten. Es kam sogar vor, dass Muslime die Macht und Realität dessen erkannten, dem wir letztlich dienten. In brenzligen Situationen baten meine muslimischen Mitarbeiter und Freunde mich oft, für sie zu beten. Oder es gab einen medizinischen Notfall, und unsere muslimischen Schwestern sagten: „Sie beten doch immer für unsere Kranken. Bitte beten Sie zuerst um Gottes Hilfe für dieses Kind, und dann behandeln wir es weiter." Also unterbrachen wir unsere Arbeit und beteten für alle gut hörbar ein schlichtes und inniges Gebet; und dann machten wir weiter.

Wir hofften, durch unsere Tätigkeit in dieser ungeheuren Finsterniswüste ein kleines Licht anzuzünden. Aber oft kamen wir ins Grübeln. Ich glaubte nach wie vor, dass Gott uns nach Somalia geschickt hatte. Aber wo blieb die geistliche Frucht unserer aufopferungsvollen Arbeit? Als wir kamen, hatte es in ganz Somalia keine einzige christliche Gemeinde gegeben, und jetzt, Jahre später, war die Lage noch schlechter geworden; es gab fast keine Christen mehr. Ich fragte mich, ob wir überhaupt noch darauf hoffen konnten, dass in Somalia das Gute über das Böse siegen würde.

Als im Frühjahr 1995 die Vereinten Nationen ihre Mitarbeiter aus dem Land abzogen, wusste niemand, wie es weitergehen würde. Für die meisten Somalier schien sich nicht viel zu ändern. Nach wie vor versuchten die Armen, über die Runden zu kommen, nach wie vor bekämpften sich die Clans. Manche Tage waren besser als die anderen, manche schlechter. Nach all dem, was diese Menschen seit Jahren durchgemacht hatten, war die Mitte der 1990er-Jahre für ihr Land weder eine besonders gute noch eine besonders schlechte Phase.

Doch der Abzug der UNO veränderte sehr wohl die Art und den Umfang unserer Arbeit. Jetzt, wo nicht mehr alle Welt nach Somalia schaute, ging die finanzielle Unterstützung, die wir bekamen, zusehends zurück. Wir kamen auch nicht mehr so leicht an Fahrzeuge und Sicherheitspersonal. Es war in mehrfacher Hinsicht eine schmerzliche und gefährliche Zeit für uns. Wir mussten Mitarbeiter entlassen, die uns jahrelang treu gedient hatten. In vielen Fällen gab ich ihnen als Trostpflaster eine Abfindung in Höhe von 500 Dollar mit, wenn sie mir nachweisen konnten, dass sie vorhatten, sich mit einer kleinen Firma selbstständig zu machen. 500 Dollar waren damals für einen Somalier eine fürstliche Summe, mit der ein umsichtiger, ideenreicher Kopf einen Laden oder sonst etwas eröffnen konnte, als Lebensgrundlage für sich und seine Familie.

Die Zeichen der Zeit waren nicht zu übersehen: Die offenen Türen für unsere Tätigkeit in Somalia waren offenbar dabei, sich zu schließen. Für mich war das eine sehr bittere Pille. So viel Blut, Schweiß und Tränen hatten unsere Mitarbeiter investiert, und so wenig war dabei herausgekommen. Gut, wir hatten Leiden gelindert und Zehntausende vor dem Verhungern gerettet – aber für wie lange? Und was war es denn für ein Leben, das wir ihnen gerettet hatten? Ging es Somalia denn jetzt besser als zu Beginn unserer Arbeit?

Ich wusste keine Antwort auf diese Fragen, und mein Ringen mit ihnen stürzte mich in eine tiefe geistliche Krise. Sicher, ich wusste, dass Gott nirgends verheißen hatte, Gehorsam mit messbaren „Erfolgen" zu belohnen – selbst wenn er noch so aufopferungsvoll war. Aber ich fragte mich, warum so wenig herauszukommen schien bei den Opfern, die wir gebracht hatten. Oder war doch etwas herausgekommen, und wir konnten es nur nicht sehen? Es waren dunkle Tage.

Hartnäckig, vielleicht auch stolz weigerte ich mich, aufzugeben und zu gehen. Würden wir mit unserem Weggehen nicht signalisieren, dass das Böse gewonnen hatte? Ich klammerte mich an die Überzeugung des Psalmisten, dass auf das Weinen des Abends die Freude des Morgens folgt (vgl. Psalm 30,6). Aber nach sechs Jahren in Somalia brachte jeder Morgen nur neue Tränen.

Vielleicht zum ersten Mal in meinem Leben war ich mit etwas konfrontiert, das ich nicht im Griff hatte. Gebet, Gehorsam, harte Arbeit, Schulungen, gute Absichten und Opfer um Opfer – es schien alles von einer unsichtbaren Wand abzuprallen. Seit meinem ersten Flug nach Hargeysa hatte sich so wenig in Somalia verändert, und das Wenige war so quälend langsam geschehen. Wie viele Ewigkeiten würde Gott brauchen, um dieses Land zu heilen? Manchmal fragte ich mich sogar (zu meiner Schande muss ich es gestehen), ob Somalia nicht vielleicht eine zu harte Nuss für Gott war.

Wenn ich mich besser ausbilden ließ, mir mehr Mühe gab, mehr betete, mehr opferte und mehr säte, musste Gott mir doch eine reichliche geistliche Ernte schenken. So hatte ich es gelernt. Aber so war es in Somalia nicht.

Wir wussten, dass wir Gott gehorcht hatten. Wir waren stolz auf unser Team und seinen unermüdlichen Einsatz. Aber wenn ich mir die Ergebnisse unserer Mühen ansah – die ungelösten Aufgaben, den Mangel an geistlicher Frucht, all die Dinge, die wir einfach nicht geschafft hatten –, kamen die Zweifel und die Fragen. War das, was wir erreicht hatten, die Zeit, das Geld und die Kraft wert, die wir dafür investiert hatten? War es den Preis wert, den wir gezahlt hatten?

Wir wussten es damals noch nicht, aber schon bald sollten diese Fragen uns noch näher auf den Leib rücken.

16.

Der Tod kommt nach Hause

Unser zweiter Sohn, Timothy, war seit seinem siebten Lebensjahr Asthmatiker. Jedes Mal, wenn wir umzogen und sein Körper sich an eine neue Umgebung gewöhnen musste, wurde sein Asthma besonders schlimm. Aber seit wir nach Nairobi gezogen waren, hatte er keine ernsteren Anfälle mehr gehabt – bis zu einem Schulausflug nach Mombasa im Jahre 1996, wo der Schimmel im Hotelzimmer eine heftige Reaktion auslöste. Eine der Begleitpersonen brachte Timothy ins nächste Krankenhaus, wo die Ärzte seine Atmung bald stabilisieren konnten. Als die Lehrer uns nach dem Ausflug von dem Vorfall berichteten, gingen wir sofort mit Timothy zum Arzt.

Der Arzt versicherte uns, dass Tim bald wieder ganz auf dem Damm sein würde, aber dass es Grund zur Sorge gab. Die gute Nachricht war, dass Tims Lunge und Herz von dem jahrelangen Kampf mit dem Asthma gestählt worden waren; er war ein robuster, gesunder junger Mann. Die schlechte Nachricht war, dass er *so* robust war und sein Körper Asthma-Attacken so gut abwehren konnte, dass er sich beim nächsten Anfall mit wirklich ernsten Symptomen womöglich schon kurz vor dem Herzstillstand befand.

Wir nahmen die Warnung des Arztes sehr ernst. Wir besorgten uns sogar einen Vorrat Adrenalinstifte, als Erste Hilfe, sollte es zu einem Anfall kommen. Aber über ein Jahr lang gab es keine weiteren Anfälle.

Dann kam der Ostersonntag des Jahres 1997. Morgens um halb zwei kam Tim in unser Schlafzimmer gewankt. Er hatte solche Atemnot, dass er schon nicht mehr sprechen konnte. Wir hatten noch nie einen Adrenalinstift benutzt; ich steckte ihm sofort einen in den Oberschenkel. Sein Atmen wurde nicht besser. Ich verpasste ihm einen zweiten Stift. Immer noch nichts.

Ich schleppte Tim zum Auto und fuhr los, zum nächsten Krankenhaus. Ruth und die beiden anderen Jungen ließ ich zu Hause. Auf halbem Weg zu der Klinik blieb Tims Herz stehen.

Die Straßen von Nairobi waren dunkel und menschenleer. Wer konnte mir helfen? Da – ein Mann, der aus einem verdunkelten Einkaufszentrum kam! Ich blockierte rasch sein Auto mit meinem, sprang auf die Straße und erklärte dem verdutzten Fremden, was los war. Ich bat ihn, mein Auto zu dem Krankenhaus zu fahren, während ich mich hinten neben Tim setzte und hektisch mit Wiederbelebungsversuchen begann. Sein Herz begann fast sofort wieder zu schlagen und auch die Atmung setzte wieder ein. Wir erreichten die Klinik, und die Ärzte kümmerten sich sofort um ihn. Ruth war inzwischen ebenfalls unterwegs zum Krankenhaus.

Tim war bewusstlos, aber er atmete. Ruth und ein paar Freunde kamen, und wir setzten uns zusammen, um zu beten. Als die Ärzte ins Zimmer traten, sagten ihre Augen uns, was geschehen war, noch bevor sie ein Wort sprachen.

Timothy hatte uns verlassen. Er war 16 Jahre alt geworden.

Als wir uns über das Bett beugten, um ihn ein letztes Mal zu umarmen, stand die Zeit still. In diesem Augenblick starb etwas in mir. Doch, wir wussten, dass Tim im Himmel war; daran zweifelten wir keine Sekunde. Aber ich war überwältigt von diesem Verlust. Ruth benutzte in dieser Nacht das Wort „Auferstehung". Ich sah eher die Kreuzigung vor mir. Der Schmerz war unerträglich.

Im Krankenhaus gab es für uns nichts mehr zu tun. Wir fuhren zurück nach Hause und fingen an, unsere Verwandten in den USA anzurufen, um ihnen zu berichten, was an diesem frühen Ostermorgen passiert war.

◆◆◆

Später an diesem Morgen saßen wir mit unseren beiden anderen Söhnen zusammen und sprachen über das, was geschehen war. Ich sagte: „Wir haben uns dieses Furchtbare, das da passiert ist, nicht ausgesucht, und ich weiß noch nicht, wie wir das packen werden. Aber wir wollen dafür sorgen, dass Tims Tod nicht sinnlos war. Wir wollen versuchen, Gott auch jetzt zu ehren, so gut wir können."

Unsere Familien in den USA trauerten mit uns, aber sie waren so weit weg. Wir wussten, dass sie uns liebten, aber wie soll man den Trost von Verwandten spüren, die 13.000 Kilometer entfernt sind? Die meisten von ihnen besaßen nicht einmal einen Reisepass. Sie konnten nicht mal eben schnell nach Afrika fliegen. Doch Ruths Bruder beschloss sofort, nach Nairobi zu kommen. Am nächsten Tag würde er ins Flugzeug steigen.

Die traurige Nachricht verbreitete sich in Windeseile und löste eine wahre Welle der Liebe aus. Freunde, die in der Nähe wohnten, strömten förmlich in unser Haus. Von Tims Todestag am 28. März bis zu unserem Abflug in die USA im Juni brauchten wir kein einziges Mal selbst zu kochen; sämtliche Mahlzeiten wurden uns von Freunden und Nachbarn gebracht.

Wir hätten Tims Leichnam nach Kentucky überführen können, aber wir wussten, dass er das nicht gewollt hätte. Er hatte uns bereits gesagt, dass er, wenn er mit der Schule fertig war, nicht in Amerika studieren wollte. Er wollte in Afrika bleiben und dort Lehrer werden; Afrika war seine Heimat. Und so beschlossen wir, Tim auf dem Gelände seiner Schule in Nairobi beizusetzen. Es war ein halbes Wunder, als die Schulleitung unserer Bitte entsprach und eine Ecke des Schulgeländes für das Grab freigab. Und wir fanden es ein noch größeres Wunder, als auch die Regierungsbehörden unseren Plan billigten.

Die Beerdigung war auf den folgenden Samstag angesetzt. In

dieser Woche war unser Haus ständig voller Besucher. Nachbarn, Mitschüler von Tim, Kollegen und Freunde aus unserer kenianischen Gemeinde umgaben uns mit ihrer Liebe und Fürsorge.

Doch vielleicht die größte Überraschung der Woche kam am Donnerstag, als Omar Aziz, meine rechte Hand in Somalia, der noch in Mogadischu lebte, plötzlich vor unserer Tür stand und mir erklärte: „Ich bin zu Fuß von Somalia gekommen. Ich möchte bei der Beerdigung von unserem Timothy helfen."

Unserem Timothy … Als er die Nachricht von Tims Tod erhalten hatte, hatte dieser liebe muslimische Freund eine fünftägige Odyssee begonnen. Er war zu Fuß durch Minenfelder, Wüsten und Berge gegangen. Er hatte Flüsse und Staatsgrenzen überschritten. Er war als Anhalter mitgefahren, manchmal auf Viehtransportern. Und dann, nach Hunderten von Meilen, war er bei uns angekommen, mit nichts als den Kleidern an seinem Leib.

Nie zuvor und danach bin ich mir so klein vorgekommen. Oder habe eine solche Demonstration der Freundschaft erlebt.

Bei der Beerdigung saß Omar Aziz zwischen Ruth und mir.

◆◆◆

Die Trauerfeier fand im Amphitheater der Schule statt, das in den Hang hineingebaut war. Hunderte von Menschen saßen auf den Rängen. Zu unserer großen Überraschung sang unser Ältester im Schulchor mit. Ruths Bruder, der Schulseelsorger und unser kenianischer Pastor sprachen. Dazu kamen verschiedene Nachrufe und Erinnerungen von Tims Klassenkameraden, Freunden und Lehrern.

Das große Thema dieses Tages war Gottes Liebe und Gnade. Alle, die gekommen waren, hörten diese klare Botschaft – junge Leute aus ganz Nairobi, unsere hinduistischen und muslimischen Nachbarn, Ladenbesitzer aus dem Viertel. Und nach dem Gottesdienst kamen die Menschen zu uns und sagten: „Ihr Sohn hat uns viel von Jesus erzählt." Oder: „Tim war immer so nett zu unserer Tochter/unserem Sohn." Wie ermutigend zu hören, was für ein Zeugnis der Liebe Gottes Tim so vielen Menschen gewesen war!

Nach der Trauerfeier betteten wir Tim in dem Hang etwa 50 Meter unterhalb des Amphitheaters zur letzten Ruhe.

◆◆◆

Die Liebe und Fürsorge unserer Freunde hatte uns gehalten. Gott hatte sich als treu erwiesen, und wir glaubten seinen Verheißungen. Und doch – wir waren innerlich leer und zerbrochen, vom Gewicht der Trauer erdrückt. Der Schmerz, den wir die ganzen Jahre in Somalia gespürt hatten, war jetzt bei uns angekommen. Äußerlich sahen wir wahrscheinlich so aus, als ob es uns gut ging; aber in unserm Inneren waren wir verzweifelt.

Wir machten Pläne für einen Besuch in Amerika, um auszuspannen und unsere Verwandten zu besuchen. Doch noch vor unserer Abreise erhielten wir den nächsten Anruf aus über 13.000 Kilometer Entfernung. Es war Ruths Vater, der uns mitteilte, dass ihre Mutter gestorben war. Der nächste Tod, der nächste Kreuzigungsschmerz. Dass wir nicht rechtzeitig zu dem Begräbnis in Amerika sein konnten, machte unsere Herzen noch schwerer.

◆◆◆

Vor unserer Rückkehr nach Amerika wollte ich noch ein letztes Mal nach Mogadischu fliegen, um ein paar Menschen auf Wiedersehen zu sagen. Omar Aziz holte mich am Flughafen ab. Ich traf mich mit den paar somalischen Mitarbeitern unserer Organisation, die noch im Land waren. Sie wussten, dass unser

Engagement in Somalia bald enden würde. Ich dankte ihnen für die Jahre, in denen sie unser Werk so treu unterstützt hatten, um den Menschen in ihrem Land zu helfen. Ich dankte ihnen auch, dass sie Omar Aziz zu uns geschickt hatten, als Tim gestorben war. Ich berichtete, wie überrascht und bewegt ich gewesen war, als Omar Aziz plötzlich vor unserer Tür stand und was für eine Freude und ein Trost seine Gegenwart bei der Beerdigung gewesen war.

Omar nutzte die Gelegenheit, um den anderen von seiner Reise nach Kenia zu erzählen. „Aber eines habe ich nicht verstanden bei dieser Beerdigung", sagte er. „Nik und Ruth haben Timothy begraben – einen Sohn, den sie von ganzem Herzen liebten. Bei der Trauerfeier haben viele Menschen über Tim gesprochen. Sie haben gesungen, und sie haben geweint. Aber jeder dort schien zu *wissen*, dass Tim im Paradies war! Warum können wir Muslime nicht wissen, dass unsere Lieben im Paradies sind, wenn sie gestorben sind? Warum wissen nur diese Menschen, die Jesus nachfolgen, ganz genau, wohin sie nach dem Tod gehen? Wir beerdigen unsere Toten, wir weinen und dann gehen wir nach Hause – und wissen nicht, wo unsere Lieben jetzt sind. Warum? Warum haben die Menschen, die Jesus nachfolgen, uns das nicht gesagt?"

Seine Worte waren ein mächtiges, wenn auch vielleicht ungewolltes Zeugnis für seine Landsleute. Und für mich waren sie eine schmerzliche Anfrage. Ja, warum hatten die Menschen, die Jesus nachfolgen, den Somaliern diese Dinge 2.000 Jahre lang vorenthalten?

Ich hatte Angst, dass Omar Aziz da gerade zu viel gesagt hatte; vielleicht war er zu weit gegangen mit diesen Worten. Was, wenn auch er ein Opfer der Gewalt in Somalia würde, womöglich durch die Hand eines unserer muslimischen Mitarbeiter? Doch alle in dem Raum sahen mich an, als erwarteten sie von mir die Antwort auf die Frage, die unausgesprochen in der Luft hing: *Ja, warum hatten die Christen jahrhundertelang Somalia links liegen gelassen und Jesus für sich behalten?*

Sie erwarteten eine Antwort. Aber ich hatte keine. Stattdessen brannte in meinem Herzen eine andere Frage, eine Frage an Gott: *Herr, warum sind ausgerechnet jetzt, wo wir unsere Arbeit hier beenden, ihre Herzen endlich bereit für die richtigen Fragen?*

Auch auf diese Frage hatte ich keine Antwort. Und gleich müsste ich auch schon wieder gehen. Die letzten Minuten nutzte ich, um meinen Leuten zu sagen, dass sie allen Grund hatten, stolz zu sein auf die Jahre harter Arbeit, in denen sie mitgeholfen hatten, so vielen Somaliern Nahrung und Kleidung zu geben. Ich erinnerte sie daran, wie viele Menschenleben sie gerettet hatten. Und dann sagte ich: „Ich möchte euch gerne segnen. Darf ich eben für euch beten?"

Oh ja, ich durfte. Und ich breitete meine Hände aus, so wie es auch die Muslime oft beim Beten tun, und sprach den aaronitischen Priestersegen aus 4. Mose 6, jene uralten Worte, die wie geschaffen schienen für die Menschen in einem Land, das mir vorkam wie die Welt des Alten Testaments in ihren dunkelsten Facetten. Ich segnete einige meiner besten Freunde in der Welt mit diesen Worten: „Der Herr segne dich und behüte dich; der Herr lasse sein Angesicht leuchten über dir und sei dir gnädig; der Herr hebe sein Angesicht über dich und gebe dir Frieden. Amen."

◆◆◆

Auf der Rückfahrt zum Flughafen unterhielt ich mich mit Omar Aziz über das, was er über Tims Begräbnis gesagt hatte. Ich erinnerte ihn an die Träume, die er in Nairobi gehabt hatte. Offenbar war Tim ihm immer wieder im Traum erschienen. Als Omar mir das berichtet hatte, hatte ich ihm die alttestamentliche Geschichte von Samuel und Eli erzählt – wie der junge Samuel mehrmals träumte, dass Eli ihn rief und dann aufstand und zu ihm ging, worauf Eli jedes Mal sagte, dass er ihn nicht gerufen hatte, und ihn zurück in sein Bett schickte. Bis Eli schließlich begriff, dass Samuel in Wirklichkeit die Stimme Gottes hörte, und ihn anwies, das nächste Mal zu sagen: „Sprich, Herr, ich höre."

Jetzt erinnerte ich Omar Aziz wieder an Samuels Geschichte. Ich sagte: „Ich glaube, dass Gott schon seit vielen Jahren zu dir redet, Omar, durch viele verschiedene Menschen. Er ruft dich zu Jesus. In diesen schweren Tagen für Somalia bist du vielleicht die letzte Chance, die dein Volk noch hat, Gott zu finden."

Das gab ich meinem Freund mit auf den Weg, als wir uns verabschiedeten.

Auf dem Rückflug nach Nairobi rang ich mit den Zweifeln, die mich Tag und Nacht plagten. In den Jahren, die wir in Somalia gewesen waren, hatten so viele Menschen so viel an Zeit, Kosten, Kraft und Opfern investiert – *aber was war denn überhaupt dabei herausgekommen?*

Ich musste an das Gleichnis vom vierfachen Ackerfeld denken. Auch wir hatten Samen ausgesät. An Tausenden von Tagen hatten wir durch Tausende von Handlungen und durch Tausende zwangloser Gespräche über geistliche Themen, wie sie sich im Alltag ergaben, den Samen Gottes in Somalia ausgesät. Sechs lange, harte, trockene Jahre hatten wir gewartet, ob der Same aufgehen würde. Meine Freundschaft zu Omar Aziz zeigte mir, dass hier und da vielleicht ein Samenkorn aufgegangen und jemand auf Gott aufmerksam geworden war. Aber wie und wann konnten diese jungen Schösslinge wachsen? Wer würde in Zukunft da sein, um das Feld zu wässern und zu pflegen? Und wer würde die Ernte einbringen – wenn es denn je eine gab?

Ich schaute durch das Fenster des Flugzeugs nach unten und sah ein unwirtliches Land. Trockene, tote Wüsten, harte, abweisende Felsen. Und ich musste denken: *Wo ist der fruchtbare*

Boden, von dem Jesus in seinem Gleichnis geredet hat? Ich mag sie nicht mehr sehen, die Steine, den harten Boden, die Dornen und Disteln. Wo in Somalia ist der gute Boden? Gibt es ihn überhaupt? Kann in einem Land wie Somalia Leben wachsen?

◆◆◆

Wir waren innerlich müde und ausgelaugt. Es war klar, dass ein Kapitel in unserem Leben vor seinem Ende stand. Wir hatten so viel Schmerz und Verlust erlebt. Als wir nach Amerika zurückkehrten, bohrten die Fragen weiter in mir: *Hat das jetzt einen Sinn gehabt oder nicht? Werden die 50.000, denen wir jeden Tag zu essen gaben, nicht sowieso sterben? Was hätten wir anders machen können? Was hätten wir anders machen sollen? Kann der Glaube an Jesus in so einer feindseligen Umgebung gedeihen oder auch nur überleben? Und was sollen wir als Nächstes machen und wo sollen wir hin?*

Tims Tod hatte uns verändert. Nach all dem, was wir durchgemacht hatten, fragten wir uns, ob wir immer noch bereit waren, unter Einsatz unseres Lebens und unserer Familie Gottes Ruf zu folgen. Ich hatte ehrlich gedacht, dass diese Frage ein für alle Mal beantwortet war, aber in diesem Moment war ich mir nicht mehr so sicher.

Erst jetzt begann ich zu begreifen, wie die Jünger von Jesus sich gefühlt haben mussten an jenem dunklen Verzweiflungssamstag zwischen dem Kreuz und dem leeren Grab. Doch selbst in meinen schwärzesten Stunden zweifelte ich nicht an der tiefen Liebe von Jesus, als er für mich ans Kreuz ging. Und ich zweifelte auch nicht an der Realität seiner Auferstehung. Mein Problem war dieses: Ich vermochte in Somalia rein nichts von der Macht und der Bedeutung seiner Auferstehung zu sehen. Ich konnte beim besten Willen nicht sagen, wo hier je das Gute das Böse überwunden hatte. Oder wo die Liebe stärker war als der Hass.

17.

Ein neuer Anfang

Wir spürten intuitiv, dass unser Leben nun in ganz neuen Bahnen verlaufen würde. Uns war schmerzlich bewusst, wie viel sich verändert hatte – vor allem wir selbst. Wir begriffen, was die scheinbare Allerweltsweisheit bedeutete, dass man nie wieder wirklich zurück nach Hause kann. Aber durch die Gnade und Liebe Gottes fand unsere Familie einen neuen Platz.

Unser altes College lud Ruth und mich ein, während unseres Heimaturlaubsjahres auf dem Gelände zu wohnen und unter den Studierenden zu arbeiten. Damit konnten wir in der Nähe unserer Verwandten sein und hatten eine sinnvolle Aufgabe; beides half uns bei der Eingewöhnung und beschleunigte unsere innere Heilung.

Einmal mehr profitierte unsere Familie von Ruths Begabung, mit Menschen umzugehen. In Nairobi hatte sie jahrelang unser Haus zu einem Zufluchtsort und Sanatorium für seelisch verletzte Freunde gemacht. Jetzt tat sie das Gleiche, nur diesmal für uns selbst. Bald versammelte sich in unserer Wohnung ein Kreis von Studierenden, die engagierte Christen waren, zum Essen und zu fröhlicher Gemeinschaft. Vielleicht ohne es zu wissen, waren diese jungen Leute barmherzige Samariter für unsere ganze Familie. Ihre Energie, Liebe und Leidenschaft für Christus halfen und heilten uns.

◆◆◆

Nach und nach konnte ich manche der Erfahrungen, Probleme und Herausforderungen, mit denen ich in Somalia gekämpft hatte, erneut durchgehen und innerlich verarbeiten. Ich durchlebte sie schmerzlich wieder, so manche dunkle Stunde, in der ich voller Wut, Frustration und Verzweiflung gewesen war. Allmählich begriff ich, dass ich den Wahnsinn in Somalia oft nur hatte aushalten können, indem ich meine Fragen und Kämpfe verdrängte. Eine Bewältigungsstrategie für schreckliche Erlebnisse besteht ja darin, nicht an sie zu denken. Genau das hatte ich jahrelang gemacht, nach dem Motto: *Damit kann ich mich jetzt nicht befassen, sonst werde ich noch verrückt; aber vielleicht später ...* Nun sah ich plötzlich sehr deutlich, dass dieses „später" gekommen war.

Jetzt, an einem sicheren Ort und von liebevollen Menschen umgeben, zwang ich mich, meinen Fragen ins Gesicht zu sehen: *Kann Gott wirklich das Böse besiegen? Ist Liebe wirklich stärker als Hass? Wie kann man mitten im Dunkeln Hoffnung bewahren, und wenn es noch so wenig ist? Wie kann der Glaube in einem Irrenhaus wie Somalia überleben? Wie kann ein Christ das überfließende, sieghafte Leben, das Jesus verheißen hat, an Orten in unserer Welt leben, die die reinste Hölle sind? Funktioniert das Christentum auch in Ländern, die nicht westlich, gutbürgerlich und wohlgeordnet sind? Und wenn ja, wie?*

Einmal mehr erkannte ich, wie naiv und unvorbereitet Ruth und ich gewesen waren, als wir unsere Arbeit am Horn von Afrika begannen. Wir waren in Mogadischu, der Hauptstadt eines militant muslimischen Landes, mitten im Bürgerkrieg gelandet, ohne auch nur die simpelsten Kenntnisse darüber zu haben, wie man a) in einem Land, wo Christen verfolgt werden, lebt, b) Menschen, die nichts über Jesus wissen, ja gar nicht wissen wollen, ein Zeugnis für Jesus ist, und c) Menschen, die gerade Christen geworden sind, beibringt, wie sie in ihrer antichristlichen Kultur überleben können. Wir hatten uns den Wahnsinn des Bösen, den wir in Somalia kennenlernen würden, nicht vorstellen können und auch in unserer Ausbildung nicht gelernt, wie wir ihm begegnen konnten.

Nein, die Schuld lag nicht bei unserer Missionsgesellschaft, die zwei unqualifizierte Naivlinge ausgesandt hatte. Das Problem lag tiefer. In unseren Gemeinden zu Hause in Amerika hatte es nichts gegeben, was uns auf ein Land wie Somalia hätte vorbereiten können. So wie wir als junge Christen aufgewachsen waren, mussten wir in Somalia ins Messer laufen. Dass wir nicht die Einzigen waren, denen das passierte, war ein schwacher Trost.

◆◆◆

Unsere neue Familie von College-Studenten spielte eine außerordentlich wichtige Rolle bei unserer inneren Heilung und der Auseinandersetzung mit unseren entmutigenden und belastenden Erinnerungen. Wir gewährten den Studierenden freimütig Einblick in die Geschichte unseres Lebens. Sie wollten wissen, wie das genau gewesen war mit unserer Berufung, Jesus den Menschen in Afrika zu bringen, und wie wir diese Berufung erlebt hatten – als Einzelne wie als Paar. Wir erzählten ihnen ehrlich von unseren Fehlern und Ängsten, unserer Naivität und unseren Grenzen, aber auch von Gottes Macht, selbst unsere Fehler zu benutzen. Es bewegte sie zu hören, wie Gott in Malawi und Südafrika gewirkt hatte.

Viele dieser jungen Leute dachten ernsthaft daran, ebenfalls Gott im Ausland zu dienen, und wir fanden, dass wir ihnen ein realistisches Bild von dem vermitteln mussten, was sie erwartete. Wir erzählten ihnen ungeschminkt die guten, die schlechten und die hässlichen Seiten einer solchen Berufung. Das zwang uns immer wieder, uns unseren eigenen Gefühlen zu stellen.

Mit Begeisterung erzählten wir ihnen die wunderbaren missionarischen Erfolgsgeschichten. Aber wir sprachen auch über den Wahnsinn des Bösen, die nackte Unmenschlichkeit, den Schmerz des Misserfolgs, die schrecklichen Dinge, die uns tief erschüttert hatten. Wir gaben unsere Zweifel und Glaubens-kämpfe offen zu und forderten sie auf, sich denselben schwie-rigen Fragen zu stellen, die uns gequält hatten: War die gute Nachricht des Evangeliums stark genug, um die Mächte des Bö-sen in den finstersten Ecken dieser Welt zu überwinden? Und wenn ja, warum hatten wir dann in Somalia so viel „Kreuzi-gung" erlebt und so wenig „Auferstehung"?

Wir hatten den inneren Freimut, zu diesen Studierenden ganz ehrlich zu sein. Wir sagten ihnen klipp und klar: Wenn sie Gottes Ruf in die Fremde annahmen, würde wahrscheinlich der Tag kommen (oder sogar viele Tage), wo ihre Verwandten und Freunde, ja vielleicht sogar ihre Heimatgemeinden an ih-rem Verstand zweifelten. Und dass es manchmal schwierig sein würde, eine Antwort zu geben auf die Frage: „Warum ans Ende der Welt gehen, um Jesus zu predigen, wenn es zu Hause so vie-le Verlorene gibt?" Oder: „Warum soll ich mein Leben riskieren, meine Zeit vergeuden, meine Kräfte einsetzen und so viele Res-sourcen aus Gottes Reich und meinen persönlichen Gaben ein-setzen, um die Herzen von Menschen zu verändern, die nicht einmal die Notwendigkeit dafür einsehen?" Wir machten den jungen Leuten Mut, sich diese schwierigen Fragen *jetzt* zu stel-len, im sicheren Hafen ihres Studiums, bevor sie sich bezüglich ihrer Berufung festlegten.

Viele Christen haben sich so an die Verkündigung von Je-sus gewöhnt, dass sie ihre Sprengkraft verloren hat. So viel von dem, was Jesus lehrte, ergibt aus unserer menschlichen Perspek-tive eigentlich keinen Sinn. *Liebt eure Feinde. Wenn du groß sein willst, dann lerne es erst, ein Diener zu sein. Wenn jemand dich auf die eine Wange schlägt, halte ihm auch die andere hin. Wenn dir je-mand deinen Mantel nimmt, biete ihm noch dein Hemd dazu an. Wenn du leben willst, musst du zuerst dir selbst sterben.* Und das ist nur ein kleiner Auszug aus der langen Liste in seiner Verkün-digung, die in unseren Ohren glatt verrückt klingt.

Für mich sind die erstaunlichsten Worte von Jesus die, die er zu seinen Jüngern sagte, als er sie zu zweit aussandte, um den Verlorenen das Evangelium zu bringen. Er sagte, dass er sie „wie Schafe unter die Wölfe" schickte. In der Geschichte der Welt hat noch nie ein Schaf einen Kampf mit einem Wolf gewonnen; der bloße Gedanke ist verrückt. Aber Jesus rechnete damit, dass seine Jünger siegen würden.

Wir sprachen viel darüber mit unseren Studierenden. Wir sagten ihnen, dass Jesus heute noch seine Jünger aufruft, hinauszugehen und „wie Schafe unter den Wölfen" zu leben. Wir sagten, dass wir beschlossen hatten, genau das zu tun, als wir nach Somalia gingen. Und dass uns das, was wir dort gemacht hatten, vollkommen verrückt vorkam, und dass es gegenwärtig ganz danach aussah, als hätten die Wölfe gewonnen.

Wenn wir vor Kirchengemeinden über unsere Arbeit berichteten, trauten wir uns nie, über diese Dinge zu reden. Aber in dieser wunderbaren Studentengruppe spürten wir die innere Freiheit, unsere tiefsten Kämpfe offenzulegen.

Ruth und ich erzählten den Studierenden auch von unseren Überlegungen, wie es mit uns weitergehen sollte. Waren wir bereit, nach Somalia zurückzukehren, sofern dies überhaupt möglich war? Waren wir bereit, wieder „wie Schafe unter die Wölfe" zu gehen? Wenn ja, dann wollten wir aber diesmal wenigstens keine *dummen* Schafe sein, und auf keinen Fall wollten wir, dass unsere Ignoranz, unsere mangelhafte Vorbereitung oder unsere dummen Fehler andere Schafe in Gefahr brachten.

Wir baten unsere „Studentenfamilie", für unseren weiteren Weg zu beten. Gott sollte uns zeigen, wohin wir gehen, mit wem wir reden sollten und was wir lernen mussten, um das nächste Mal besser vorbereitet zu sein. Ruth und ich fingen in dieser Zeit an, ernsthaft unsere Zukunftsoptionen durchzugehen. Wir waren neugierig, wie Gott uns zu besser vorbereiteten Schafen unter den Wölfen machen würde.

Dabei fühlten wir uns wie Petrus, als Jesus seinen Leidensweg nach Jerusalem ankündigte und ihn viele seiner Anhänger verließen. Als Jesus seine zwölf Jünger fragte, ob auch sie ihn verlassen wollten, erwiderte Petrus: „Herr, zu wem sollten wir denn gehen?" (Johannes 6,68) Ruth und ich waren felsenfest überzeugt: *Wenn Jesus nicht die Antwort auf das menschliche Dilemma ist, dann gibt es keine Antwort.*

Während wir beteten und warteten, ließ ein Gedanke uns nicht los: Wenn wir lernen wollten, wie man in Ländern wie Somalia als Christ lebte, dann war es doch eine gute Idee, *ähnliche Länder* zu besuchen! Was aus heutiger Sicht nur naheliegend klingt, war damals für uns ein revolutionärer Gedanke. Gab es andere Orte in der Welt, wo Christen in der Verfolgung leben mussten? Schafften sie das, und wenn ja, wie? Wie brachten Christen es fertig, brutalen Hass und Feindschaft zu überstehen? Und wenn es irgendwo da draußen solche Christen gab: Wie sollten wir sie finden, um von ihnen zu lernen?

Wir beteten, überlegten und fragten weiter, und schließlich packte ein Gedanke unsere Herzen und ließ uns nicht mehr los: *Dort, wo Christen für ihren Glauben gelitten hatten und vielleicht immer noch litten, musste es doch möglich sein, weise und treue Schwestern und Brüder im Glauben zu finden, die bereit waren, uns ihre geistlichen Überlebensstrategien und anderen Glaubenserkenntnisse zu verraten. Vielleicht konnte ihr persönlicher, praktischer, bewährter und biblisch fundierter Rat uns helfen, in so „unmöglichen" Ländern wie Somalia effektiver zu arbeiten – und nicht nur uns, sondern auch anderen Christen. Konnte die Pflanze des Glaubens auch in solchen Wüsten gedeihen?*

Es war eine begeisternde Idee. Wir wussten nur nicht, wie wir sie umsetzen sollten. Denn wir hatten weder das nötige Wissen noch die sonstigen Mittel, um dies auf eigene Faust zu tun. Und so fingen wir an, Menschen zu suchen, die uns bei diesem Projekt Partner und Ratgeber sein konnten, und eine, wie man es nennen könnte, „Projektgruppe verfolgte Christen" aufzubauen. Bald hatten wir ein beachtliches Expertenteam beisammen – erfahrene Leiter aus dem Werk, das uns nach Afrika ausgesandt hatte, ehemalige Dozenten und persönliche Mentoren sowie Missionsexperten von verschiedenen Denominationen und theologischen Ausbildungsstätten. Wir waren begeistert, dass sie bereit waren, uns bei der Entwicklung eines Plans zu helfen. Wir würden Christen besuchen, die in Verfolgung gelebt hatten, um von ihnen zu lernen.

Zunächst stellten wir eine Liste von Ländern zusammen, in denen Christen verfolgt wurden. Wir konsultierten den jährlich erscheinenden „Weltverfolgungsindex" von Open Doors International, dem von Bruder Andrew (dem „Schmuggler Gottes") begründeten Hilfswerk. Der Index führt die 50 Länder auf, in denen Christen jeweils aktuell am stärksten unterdrückt und verfolgt werden. Wir verglichen diese Liste mit denen anderer Hilfsorganisationen für verfolgte Christen in aller Welt, ergänzten das Ganze durch Informationen aus unserem Beraterteam und kamen so bald zu einer Aufstellung von 45 Ländern, in denen es unserer Meinung nach ernsthafte Christenverfolgung gab.

In einigen Fällen, so wussten wir, würden wir Flüchtlinge ausfindig machen müssen, die ihr Land bereits verlassen hatten. Doch wo immer möglich, wollten wir die Gläubigen in ihrem eigenen Land und ihrer eigenen Kultur aufsuchen und befragen. Wir wollten mit Christen reden, die in einer Verfolgungssituation nicht nur überlebten, sondern Salz und Licht in ihrer feindseligen Umgebung waren.

Wir hatten allerdings nicht die Geldmittel, um unseren Traum zu finanzieren. Unsere Missionsgesellschaft stellte uns für zwei Jahre frei, um unser Projekt zu verfolgen. Wir hielten unsere Verbindung mit dem College aufrecht und begannen, das nötige Geld für unser geplantes Forschungsprojekt sowie für unseren persönlichen Unterhalt zusammenzubringen. Die

Versuchung, dieses Projekt als *unsere* Idee zu bezeichnen, war groß, aber wir wussten, dass es in Wirklichkeit Gottes Gedanke war. Wir waren überzeugt, dass es irgendwo in der weiten Welt Antworten auf unsere Fragen gab, und jetzt hatten wir einen Anhaltspunkt, wo wir sie finden konnten.

◆◆◆

Unser Team half uns bei der Ausarbeitung einer Methodik, die uns (hoffentlich) helfen würde, quer durch die Kulturen die Informationen zu erhalten, die wir brauchten. Dann begannen Ruth und ich, unsere erste Erkundungsreise zu planen. Erst wenige Jahre zuvor war der Kommunismus in der Sowjetunion und anderen osteuropäischen Ländern zusammengebrochen, und die Unterdrückung des Glaubens in diesen Ländern für den Großteil des 20. Jahrhunderts war durch viele Quellen gut belegt. Das brachte uns zu dem Schluss, dass Russland und einige seiner Nachbarländer logische und vielversprechende Kandidaten für den Beginn unserer Forschungen waren.

Also stellten wir eine Liste potenzieller Kontaktpersonen in Russland und den Nachbarländern zusammen. Wir telefonierten und schickten Briefe und E-Mails. Bald hatten wir eine Liste von Personen beisammen, die bereit und in der Lage waren, sich mit mir zu unterhalten, oder die von anderen möglichen „Kandidaten" wussten. Wir lernten jemanden kennen, der sich anbot, in Russland mein Gastgeber zu sein, und eine zweite Person, die ihre Dienste als Dolmetscher zur Verfügung stellen wollte. Ruth erstellte meinen Reiseplan, kaufte meine Flugtickets und beantragte die nötigen Papiere, die es mir ermöglichen würden, ein halbes Dutzend ehemaliger Ostblockstaaten zu besuchen.

18.

Suche nach Antworten in Russland

Ich hatte noch nie ein kommunistisches oder ehemals kommunistisches Land besucht und wusste nicht, was mich in Russland erwartete. Die letzten 15 Jahre hatte ich in einer Kultur gelebt, wo ich schon allein aufgrund meiner Hautfarbe automatisch ein „Fremder" war. Merkwürdigerweise kam ich mir in Moskau genauso fremd und auffällig vor wie in Nairobi oder Mogadischu.

Ich spürte das in dem Augenblick, als ich aus dem Flugzeug stieg. Der Moskauer Flughafen war nicht größer und nur wenig „moderner" als etliche größere afrikanische Flughäfen, die ich gesehen hatte, aber er hatte eine kalte, unpersönliche, bürokratische Atmosphäre – von afrikanischer Gastfreundschaft keine Spur.

Auf dem Kalender war es Juli, aber das Wetter war genauso grau und kalt wie der Flughafen. Das Innenstadthotel war nicht viel anders. Mir wurde noch unbehaglicher zumute, als ich das Hotel verließ und durch das Geschäfts- und Regierungsviertel der Stadt ging, vorbei am Kreml und über den Roten Platz. Es gelang mir nicht, auch nur mit *einem* Passanten Blickkontakt aufzunehmen. Schließlich merkte ich: Was mich hier so „anders" machte, war nicht die Farbe meiner Haut, sondern die meiner Kleidung. Sie war zwar absolut nichts Besonderes, hob sich aber deutlich vom tristen Braun oder Grau ab, das hier alle trugen.

Jeder schien mich zu bemerken, aber anstatt mich offen anzustarren, beäugten die Menschen mich verstohlen von der Seite, aus den Augenwinkeln. Dieser offenbar intuitive Argwohn schien mir mehr einer inneren Müdigkeit und Traurigkeit der Seele zu entspringen als echter Feindseligkeit. Diese erste Begegnung mit der seelischen Verfassung der Russen ließ mich unwillkürlich fragen, was die für den folgenden Tag angesetzten Interviews mir wohl bringen würden.

Da ich mit der U-Bahn, die hier Metro heißt, und den kyrillischen Schildern nicht vertraut war, geriet meine Reise durch die halbe Stadt am folgenden Morgen zu einem Abenteuer. Doch es gelang mir, pünktlich zu meinem Termin in der Zentrale einer der größten evangelischen russischen Denominationen einzutreffen. Ein Missionar aus dem Westen hatte mir als Kontaktmann Termine mit mehreren russischen Gläubigen besorgt und sich auch bereit erklärt, für mich zu übersetzen. In letzter Minute erfuhr ich, dass man wegen eines medizinischen Notfalls umdisponiert hatte. Mein (sehr kompetenter) Betreuer und Übersetzer war jetzt Viktor, ein älterer russischer Pastor, der bis zu seinem Ruhestand einer der führenden Leiter dieser Denomination gewesen war.

Viktor stellte mich mehreren Personen aus der Leitung seiner Kirche vor, die mich kurz willkommen hießen. Dann begannen er und ich das Interview mit den beiden Christen, die zu dem Treffen eingeladen worden waren. Mein Ziel war es herauszufinden, wie die Jahrzehnte der kommunistischen Herrschaft ihr Leben als Jünger von Jesus geprägt hatten.

Um das Eis zu brechen, erzählte ich zunächst etwas über meine eigene Glaubensreise – wie Gott mich berufen und ich beschlossen hatte, ihm in Afrika zu dienen. Ich berichtete kurz über die Jahre in Malawi, Südafrika und Somalia und wie die Verfolgung in Somalia eine ganze Generation von Gläubigen getötet oder gezwungen hatte, das Land zu verlassen. Ich bemerkte traurig, dass wir nicht wussten, wie wir Christen helfen sollten, in solch einer Umgebung im Glauben zu wachsen. Meinen Bericht schloss ich damit, dass viele Christen wegen ihres Glaubens sterben mussten und wir entmutigt nach Amerika zurückgekehrt waren.

„Und jetzt", fuhr ich fort, „bin ich hierhergekommen, um von Gläubigen zu lernen, die Christus unter widrigen Umständen gedient haben. Ich möchte von euch für meinen Glauben lernen. Ich möchte erfahren, wie ihr überlebt habt und in eurem Glauben gewachsen seid und ihn weitergegeben habt. Ich möchte von eurer Erfahrung und eurer Weisheit profitieren."

Die beiden Männer begannen zu reden. Diese ersten beiden Interviews dauerten den ganzen Tag. Die Männer sprachen über die systematische Verfolgung, der die Christen in Russland mehr als 70 Jahre lang vonseiten der kommunistischen Regierung und der Gesellschaft ausgesetzt gewesen waren. Sie berichteten über ihre eigenen Erlebnisse und über die von Verwandten und anderen Gläubigen.

Beide waren in Familien aufgewachsen, wo die Großeltern vor der Revolution 1917 in der Kirche aktiv gewesen waren. Mit Billigung des Staates waren die kommunistischen Jugendorganisationen und das Schulsystem darangegangen, die Kinder von ihren gläubigen Eltern und Großeltern zu entfremden. So hielten die Lehrer zum Beispiel in der Grundschule eine Bibel hoch und fragten die Kinder, ob sie so ein Buch schon einmal zu Hause gesehen hatten. Antworteten die Kinder mit Ja, stattete ein Parteifunktionär aus der Nachbarschaft ihren Eltern einen Besuch ab, noch bevor sie von der Schule nach Hause gekommen waren.

Die Männer erzählten von Pastoren und Laienchristen, die inhaftiert wurden, und von Verwandten, die für immer im GULAG verschwanden. Als ich sie fragte, was ihnen die Kraft gegeben hatte, in all diesen Verfolgungsjahren ihren Glauben nicht aufzugeben, erzählten sie von Verwandten, deren Beispiel den anderen Christen ein Vorbild gewesen war. Sie berichteten auch von traurigen Fällen, wo Christen faule Kompromisse geschlossen hatten oder vom Glauben abgefallen waren.

Die kommunistische Regierung verlangte von den Pastoren, jede Woche bei einem Parteifunktionär zu erscheinen, der als staatlicher „Aufpasser" Informationen über etwaige Besucher oder sonstige besondere Vorkommnisse in der vergangenen Woche verlangte. Predigtthemen mussten zur Genehmigung vorgelegt werden. Schon bald gab es keinen Bereich des Gemeindelebens mehr, zu dem die Funktionäre nicht einen „Vorschlag" hatten. Pastoren, die zu Kompromissen bereit waren (erst kleine, dann immer größere), durften manchmal im Amt bleiben, weiter Gottesdienste halten und die Gunst des Regimes genießen. Wer nicht so „kooperativ" war, wurde meist durch einen von der Partei ausgesuchten gefügigeren Nachfolger ersetzt. Manchmal wurde die Kirche auch kurzerhand geschlossen, und der Pastor verschwand einfach.

Es war für mich ein produktiver und informativer erster Tag. Alle meine Fragen wurden beantwortet, und ich bekam noch hilfreichere Informationen, als ich mit meinen Fragen aufhörte und die Männer bat, mir von ihrer Familie, ihrem Leben und ihrer persönlichen Lebensreise mit Gott zu erzählen. Viktor und ich freuten uns schon auf die nächste Interviewrunde am folgenden Morgen.

◆◆◆

Als wir am nächsten Tag wiederkamen, bat man uns, in der Eingangshalle des Gebäudes Platz zu nehmen. Wir warteten. Lange. Niemand kam, um uns zu holen, niemand brachte uns einen Tee. Viktor bat mich, die Verzögerung zu entschuldigen. Doch je länger wir warteten, umso nervöser wurde er. „Ich weiß nicht, was da los ist!", sagte er.

Ich hatte das dumme Gefühl, dass *ich* es wusste.

Endlich kam eine Empfangsdame zu uns, die uns eröffnete, dass ich keine weiteren Interviews mehr durchführen dürfe. Ich sei in der Zentrale der Kirche nicht mehr willkommen und wir sollten das Gebäude bitte umgehend verlassen.

Die Nachricht von unserem Rausschmiss verbreitete sich in dem Gebäude. Die Christen, mit denen wir uns für diesen Tag verabredet hatten, waren so erbost, dass sie Viktor kontaktierten und ihm anboten, sich den Anweisungen ihrer Leitung zum Trotz heimlich mit mir zu treffen, außerhalb der Kirchenzentrale. Mehrere Personen, die einem Gespräch mit uns bisher skeptisch gegenübergestanden hatten, waren jetzt auf einmal bereit dazu. Früh am nächsten Morgen, noch vor Sonnenaufgang, betraten wir eine Wohnung; der Mann wollte uns ein Interview geben, bevor er zur Arbeit gehen musste. Die Befragungen verschiedener Christen zogen sich bis lange nach Mitternacht hin. Aus der Handvoll geplanter Interviews war eine Flut geworden.

Der Grund, warum wir in der Zentrale dieser Konfession nicht mehr willkommen waren, wurde rasch klar. Ich hatte aus meinen Motiven und Absichten keinen Hehl gemacht: Ich war hier, um herauszufinden, wie Verfolgung sich auf den Glauben auswirkte. Die ersten beiden Gespräche hatten in Zimmern stattgefunden, deren Türen offen standen, und draußen auf dem Flur konnte jeder, der wollte, stehen bleiben und zuhören. Als der Kirchenleitung zu Ohren kam, was ich da fragte und was mir geantwortet wurde, kamen einigen Personen ernsthafte Bedenken.

Meinem ersten heimlichen Interview zufolge (dies wurde später durch andere Gespräche sowie durch Viktor bestätigt) befanden sich mehrere leitende Personen dieser Kirche gerade in Verhandlungen mit der neuen russischen Regierung, in denen es um die Rückgabe von Kircheneigentum und -gebäuden ging, die unter den Kommunisten konfisziert worden waren. Außerdem bemühte man sich um finanzielle Entschädigung und um jährliche Zuwendungen der Regierung ähnlich denen, die die Orthodoxe Kirche bekam. Da etliche der neuen Regierungsbeamten ihre Position bereits unter dem kommunistischen System innegehabt hatten, wollte die Kirchenleitung offenbar nichts tun, was ihre Verhandlungsposition schwächen konnte.

Auch nach dem Sturz des Kommunismus war es offenbar riskant, offen über den Glauben und Christenverfolgung zu reden.

In den folgenden Interviews zeigte sich eine zunehmende Empörung über den Kurs der Kirchenleitung. Mehrere Personen sagten uns: „Jahrzehntelang hat die Regierung versucht, uns an der Ausübung unseres Glaubens zu hindern, und jetzt wollen unsere eigenen Kirchenoberen uns einen Maulkorb verpassen! Bei den Kommunisten ging es um die religiöse Unterdrückung und jetzt geht es ums Geld. Wenn wir deshalb schweigen würden, wäre es eine Schande!"

Ich weiß selbst nicht genau, warum, aber diese „heimlichen" Interviews waren viel informativer und irgendwie „freier" als die Gespräche in der Kirchenzentrale. Unsere Gesprächspartner tauten richtig auf und sprachen freimütig darüber, wie man sie und viele andere Gläubige automatisch als potenzielle Staatsfeinde betrachtet hatte. Vor allem in den Jahren, als Jimmy Carter US-Präsident war, hatte das Regime in den Christen und vor allem den Baptisten Agenten des amerikanischen Präsidenten gesehen, der ja allgemein als Baptist bekannt war. Beim Militär wurden Christen damals so gut wie nie befördert, und den Baptisten gab man nur die niedrigsten Arbeiten.

Pastoren und führende Laien kamen ins Gefängnis. Ihre Frauen drängte man zur Scheidung, ihre Kinder versuchte man daran zu hindern, dem inhaftierten Vater zu schreiben. Die Söhne und Töchter von Menschen, die als Christen bekannt waren, mussten in der Schule nach dem Unterricht vor ein Lehrergremium treten, das den Glauben ihrer Eltern schlechtmachte. Oder sie wurden vor der ganzen versammelten Schule von Lehrern und Mitschülern öffentlich wegen der „rückständigen, verräterischen und antikommunistischen Einstellung" ihrer Familie lächerlich gemacht. Die meisten jungen Menschen aus gläubigen Familien durften nur unter der Bedingung studieren, dass sie dem Glauben ihrer Eltern absagten; andernfalls konnten sie nur die einfachsten Berufe ergreifen. Die Strategie der Regierung war klar: Sie würde alles Nötige tun, um zu verhindern, dass der Glaube an Jesus an die nächste Generation weitergegeben wurde, denn davor hatte sie am meisten Angst.

Nach mehreren 14-Stunden-Tagen voller Interviews staunte ich, dass es überhaupt Christen gab, die in der UdSSR ihren Glauben bewahrt hatten. Denn die Verfolgung war gnadenlos gewesen. Dass so viele diese Zeit nicht nur überstanden hatten, sondern dabei auch noch stark und treu geblieben waren, bewegte mich tief.

Viktor fing an, sich mein Vorhaben zu eigen zu machen. Er sagte: „Es möchten noch ein paar Leute aus der Zentrale dieser Kirche mit dir reden, aber ich glaube, morgen ist erst einmal jemand anderes dran. Ich kenne ihn selbst nicht sehr gut, aber ich habe von seinem Zeugnis gehört. Er hat viel gelitten für seinen Glauben und ich denke, du solltest seine Geschichte hören!" Das klang ja interessant. Ich sagte Viktor zu, mich am nächsten Morgen um fünf Uhr mit ihm und einem Freund zu treffen, der ein Auto besaß. Denn, so erklärte Viktor, „dieser Bruder wohnt viele Kilometer von Moskau entfernt".

Bevor wir uns für den Abend trennten, berichtete ich Viktor noch, dass am Tag zuvor offenbar jemand in meinem Hotelzimmer gewesen war und es durchsucht hatte. Viktor sah mich an, schaute sich kurz um, ob auch niemand zuhörte, und nickte. „Das passiert den meisten Ausländern", sagte er leise. „Und das ist einer der Gründe, warum wir keins dieser Interviews im Hotel machen werden."

◆ ◆ ◆

Früh am nächsten Morgen holten Viktor und sein Freund mich ab. Es begann eine vierstündige Autofahrt durch die Landschaft nördlich von Moskau. Unterwegs erzählte Viktor mir, was er über Dmitri wusste, der so viel für seinen Glauben durchgemacht hatte. Und danach hörte ich zu, wie Viktor und sein Freund die Geschichte ihres eigenen Lebens und ihrer Glaubensreise erzählten.

Wir erreichten ein kleines Dorf, wo wir vor einem winzigen Haus anhielten. Dmitri öffnete die Tür und hieß uns herzlich willkommen. „Bitte setz dich dorthin", wies er mich an. „Da saß ich, als sie kamen, um mich zu verhaften und für 17 Jahre ins Gefängnis zu stecken." Ich setzte mich, und dann hörte ich mehrere Stunden wie gebannt zu, während Dmitri die unvergessliche Geschichte seines Lebens erzählte.

Er war in einer christlichen Familie aufgewachsen; seine Eltern hatten ihn immer mit zur Kirche genommen. Doch im Laufe der Jahrzehnte hatte der Kommunismus nach und nach die meisten Kirchen und Gotteshäuser geschlossen und zerstört; viele Pastoren kamen ins Gefängnis oder verloren ihr Leben. Als Dmitri erwachsen war, lag die nächste Kirche, die es noch gab, drei Tagesmärsche entfernt. Es war seiner Familie unmöglich, öfter als ein oder zwei Mal im Jahr einen Gottesdienst zu besuchen.

„Eines Tages", erzählte Dmitri mir, „sagte ich zu meiner Frau: ‚Du hältst mich jetzt vielleicht für verrückt … Ich weiß, dass ich keinerlei theologische Ausbildung habe, aber ich habe Angst, dass unsere Söhne aufwachsen, ohne von Jesus zu hören … Was würdest du davon halten, wenn wir uns an einem Abend in der Woche mit den Jungen zusammensetzen, damit ich ihnen eine Geschichte aus der Bibel vorlesen und ein bisschen biblische Unterweisung geben kann? Die würden sie sonst nicht kriegen, weil es bei uns keine richtige Kirche mehr gibt.'"

Was Dmitri nicht wusste: Seine Frau hatte jahrelang darum gebetet, dass ihr Mann so etwas tun würde! Sie war Feuer und Flamme und er fing an, seiner Familie einmal in der Woche biblischen Unterricht zu geben. Dafür las er einen Abschnitt aus der alten Familienbibel vor. Dann versuchte er, das Gelesene so zu erklären, dass die Kinder es verstehen konnten.

Bald fingen seine Söhne an, ihm beim Erzählen und Neu-entdecken der biblischen Geschichten zu helfen, bis schließlich die Jungen, Dmitri und seine Frau sich die vertrauten Geschich-ten gegenseitig erzählten. Je mehr sie lernten, desto mehr Freu-de hatten die Kinder an dieser Familienandacht.

Schließlich kam der Tag, an dem sie mehr wollten als die bib-lischen Geschichten: „Papa, können wir nicht die Lieder singen, die die Leute in der richtigen Kirche singen?" Also brachten Dmitri und seine Frau ihnen die alten Kirchenlieder bei.

Doch auch dabei blieb es nicht. Als die Familie eines Tages anfing, nicht nur zusammen die Bibel zu lesen und zu singen, sondern auch zu beten, schien dies das Natürlichste von der Welt.

In so einem kleinen Dorf bleibt nichts lange verborgen. Die Häuser standen nahe beieinander, und die Fenster waren oft geöffnet. Die Nachbarn bekamen mit, was da bei Dmitri vor-ging. Einige von ihnen fragten, ob sie auch zu diesen Andachten kommen, die biblischen Geschichten hören und die geliebten alten Lieder singen dürften. Dmitri beteuerte, dass er doch kei-nerlei Ausbildung hatte und kein Pastor war, aber das schien sei-ne Nachbarn nicht zu schrecken. Bald versammelte sich in sei-nem Haus ein kleiner Kreis von Leuten, um die Bibel zu lesen, sich über sie auszutauschen, zu singen und zu beten.

Als die kleine Schar auf 25 Personen angewachsen war, nah-men auch die Behörden von ihr Notiz. Eines Abends klopften Vertreter der örtlichen Parteiorgane bei Dmitri an. Sie drohten ihm mit Prügeln, was keine Überraschung war. Viel mehr regte Dmitri ihr Vorwurf auf: „Sie haben eine illegale Gemeinde ge-gründet!"

„Wie können Sie so etwas sagen?", verteidigte er sich. „Ich habe keine theologische Ausbildung, ich bin kein Pastor und dies ist keine Kirche. Wir kommen einfach unter Freunden zusammen, tauschen uns über die Bibel aus und singen und beten, und manchmal legen wir etwas Geld zusammen, um einem armen Nachbarn zu helfen. Wie können Sie das eine Kirche nennen?"

(Die Ironie dieser Aussage brachte mich fast zum Lachen. Aber das war zu Anfang meiner Reise, wo mir manches, was Dmitri sagte, noch fremd war. Heute begreife ich im Rückblick, dass einer der genauesten Gradmesser für Gottes Wirken das Ausmaß des Widerstandes ist, der sich dagegen regt. *Je stärker die Verfolgung, desto stärker ist das geistliche Leben der Gläubigen.* Es ist erstaunlich: Nur zu oft spüren die Verfolger *vor* den Gläubigen die Bedeutung dessen, was geschieht! In Dmitris Fall merkten die Parteifunktionäre, lange bevor er selbst darauf kam, dass seine kleine Hausgemeinde eine echte Bedrohung für die herrschende Ideologie war.)

Der Parteifunktionär sagte zu Dmitri: „Es ist uns egal, wie Sie das nennen! Für uns riecht das hier verdächtig nach einer Kirche, und wenn Sie nicht damit aufhören, werden unangenehme Dinge passieren!"

Als die Gruppe auf 50 Personen angewachsen war, machten die Behörden ihre Drohung wahr. Dmitri berichtete: „Ich verlor meinen Arbeitsplatz in der Fabrik, meine Frau verlor ihre Stelle als Lehrerin, und unsere Jungen wurden von der Schule verwiesen. Ja, und noch ein paar andere Kleinigkeiten dieser Art."

Als 75 Personen zu den Andachten kamen, gab es nicht mehr genug Sitzplätze für alle. Die Dorfleute standen Schulter an Schulter und Wange an Wange in dem Haus, und draußen vor den Fenstern drängten sich noch mehr, um zuzuhören, wie dieser Mann Gottes mit dem Volk Gottes Gottesdienst feierte. Dann, eines Abends, als Dmitri wieder sprach (er saß auf dem Stuhl, auf dem ich jetzt saß), flog plötzlich die Haustür auf, und ein Offizier und mehrere Soldaten bahnten sich einen Weg durch die Versammelten. Der Offizier packte Dmitri am

Hemd, ohrfeigte ihn mehrmals rechts und links, stieß ihn gegen die Wand und drohte mit eiskalter Stimme: „Wir haben Sie gewarnt und gewarnt und gewarnt. Ich werde Sie nicht mehr warnen! Wenn Sie nicht mit diesem Unfug aufhören, werden Sie noch ganz andere Dinge erleben als das hier."

Als der Offizier sich zurück zur Tür schob, nahm eine kleine Großmutter ihren ganzen Mut zusammen, trat offen vor ihn hin, hielt ihm den Finger vors Gesicht und sagte mit einer Stimme wie einer der alttestamentlichen Propheten: „Sie haben Hand an einen Mann Gottes gelegt! Das werden Sie *nicht* überleben!"

Das war an einem Dienstagabend. Am Donnerstagabend erlitt der Offizier einen Herzinfarkt. Er war sofort tot.

Die Furcht Gottes ergriff das Dorf. Zum nächsten Hausgottesdienst kamen über 150 Personen. Das konnte das Regime nicht mehr dulden, und Dmitri kam für 17 lange Jahre ins Gefängnis.

Jetzt saß Dmitri vor mir, in seinem eigenen Haus, und so wusste ich natürlich, dass diese Christenverfolgungsgeschichte letztlich eine Siegesgeschichte war, sozusagen eine Geschichte mit Happy End. Aber das bedeutete nicht, dass es eine „schöne" Geschichte und angenehm zu hören war. Nein, es war eine schmerzliche Geschichte. Dmitri beschrieb mit leiser Stimme die lange, herzzerreißende Trennung von den Seinen. Er sprach von Schweiß, Blut und Tränen, von Söhnen, die ohne Vater aufwachsen mussten, von einer Familie, die kaum über die Runden kam. Dies war kein frisch-fromm-fröhliches „Das habe ich mit Jesus erlebt", das Christen so gerne hören; es war nackter biblischer Glaube. Es war die Geschichte eines Mannes, der sich geweigert hatte, Jesus loszulassen und damit aufzuhören, seinen Verwandten und Nachbarn die Gute Nachricht zu erzählen.

Und es war noch mehr. Der Schluss von Dmitris Geschichte war eines der packendsten und am stärksten das Leben verändernden Glaubenszeugnisse, die ich je gehört hatte.

19.

Ein Gefängnis singt

1.000 Kilometer von seiner Familie entfernt sperrten die Kommunisten Dmitri in ein Gefängnis. Seine Zelle war so klein, dass es von der Pritsche nur ein einziger Schritt zur Tür oder zu dem verfleckten, rissigen Waschbecken an der gegenüberliegenden Wand war. Oder zu der stinkenden, offenen Toilette in der hinteren Ecke. Aber noch schlimmer für Dmitri war, dass er hier der einzige Christ unter 1.500 hartgesottenen Kriminellen war.

Er berichtete mir, dass für ihn diese Trennung vom Leib Christi schlimmer zu ertragen war als selbst die Folterungen, die es zuhauf gab. Doch seine Peiniger vermochten ihn nicht zu brechen. Was gab ihm diese Kraft? Dmitri nannte zwei Dinge – zwei geistliche Übungen, die er von seinem Vater übernommen hatte und ohne die, wie er betonte, sein Glaube nicht überlebt hätte.

Die ganzen 17 Jahre stellte Dmitri sich jeden Morgen bei Sonnenaufgang neben sein Bett, das Gesicht Richtung Osten, nahm Haltung an, hob seine Arme zur Ehre Gottes und sang ein Jesuslied. Die Reaktion der übrigen Gefangenen war vorhersehbar: Dmitri schilderte ihr Gelächter, Gejohle und ihre Flüche. Einige schlugen wütend mit ihren Metallbechern gegen die Gitterstäbe. Sie bewarfen ihn mit Essensresten, manchmal sogar mit Exkrementen, um ihn zum Schweigen zu bringen und so das einzige wahre Licht auszulöschen, das jeden Morgen in dieser Finsternis leuchtete.

Die zweite geistliche Übung, die Dmitri eisern einhielt, war diese: Wenn er irgendwo im Gefängnis ein noch so kleines Stück Papier fand, schmuggelte er es in seine Zelle. Dort holte er einen Bleistiftstummel hervor oder ein winziges Stück Holzkohle, das er aufbewahrt hatte, und schrieb damit, in möglichst kleiner Schrift, auf dieses Stück Papier alle Bibelverse oder biblischen Geschichten oder Lieder, an die er sich gerade erinnern konnte. Wenn er das Blatt vollgeschrieben hatte, ging er damit in die Ecke seiner Zelle, in der ein Betonpfeiler war, von dem ständig Wasser tropfte (außer im Winter, wenn alles Wasser an den Wänden seiner Zelle zu Eis gefror). Er streckte sich, so hoch er konnte, und klebte den Zettel an den feuchten Pfeiler, als Lobopfer für Gott.

Jedes Mal, wenn ein Wärter so einen Papierfetzen an dem Pfeiler entdeckte, kam er natürlich in die Zelle, nahm den Zettel ab, las ihn, gab Dmitri ordentlich Prügel und drohte ihm mit dem Tod. Doch Dmitri weigerte sich, mit seinen beiden geistlichen Übungen aufzuhören. Jeden Tag stand er frühmorgens auf und sang sein Lied. Und jedes Mal, wenn er einen Fetzen Papier fand, schrieb er Bibelverse und Worte der Anbetung darauf.

Dies ging Jahr um Jahr so weiter. Die Wächter versuchten alles, um Dmitri davon abzuhalten. Zu Hause drangsalierten die Behörden seine Familie auf unbeschreibliche Weise. Einmal redeten sie Dmitri ein, dass seine Frau ermordet worden war und seine Kinder unter staatlicher Vormundschaft standen. „Wir haben dein Haus zerstört", höhnten sie. „Deine Familie gibt es nicht mehr."

An diesem Punkt brach Dmitris Widerstand. Er sagte Gott, dass er nicht mehr konnte. Den Wärtern erklärte er: „Sie haben gewonnen! Ich unterschreibe alles. Ich muss hier raus und herausfinden, wo meine Kinder sind."

Die Wärter erwiderten: „Wir setzen dein Geständnis noch heute Abend auf. Dann kannst du morgen unterschreiben und bist anschließend ein freier Mann." Das Einzige, was Dmitri nach all den Jahren tun musste, um freizukommen, war, einen vorformulierten Text zu unterschreiben. Damit bescheinigte er, nicht an Jesus zu glauben und ein bezahlter Agent des Kapitalismus zu sein, der beauftragt war, die Sowjetunion zu zerstören. Er brauchte nur seinen Namen auf die gepunktete Linie zu setzen.

Dmitri sagte: „Bringen Sie mir den Schrieb her und ich unterschreibe!"

An diesem Abend saß er in tiefster Verzweiflung auf seiner Pritsche und stellte sich der Tatsache, dass er aufgegeben hatte. In diesem Augenblick spürte 1.000 Kilometer entfernt seine Familie – seine Frau, die Kinder, die jetzt ohne ihn aufwuchsen, und sein Bruder – durch den Heiligen Geist die Verzweiflung des Gefangenen. Sie knieten sich in der Ecke des Raumes, wo ich jetzt saß, im Kreis hin und begannen, laut für ihn zu beten. Und der Geist des lebendigen Gottes tat ein Wunder, sodass Dmitri die Stimmen seiner geliebten betenden Familie in seiner fernen Zelle hören konnte.

Als am nächsten Morgen die Wärter mit den Papieren in seine Zelle marschierten, war Dmitris Rücken gerade, seine Schultern breit und aus seinem Gesicht und seinen Augen strahlte eine tiefe Kraft. Er sah die Wärter an und erklärte: „Ich unterschreibe gar nichts!"

Die Wärter sahen ihn ungläubig an. War dieser Mann nicht zerbrochen und am Ende seiner Kraft? „Was ist passiert?", fragten sie.

Dmitri lächelte und sagte: „In der Nacht hat Gott mich die Stimmen meiner Frau, meiner Kinder und meines Bruders hören lassen, wie sie für mich beteten. Ihr habt mich angelogen! Ich weiß jetzt, dass meine Frau lebt und gesund ist und dass meine Söhne bei ihr sind. Und ich weiß auch, dass sie alle nach wie vor Christus gehören. Darum unterschreibe ich nichts!"

Seine Verfolger fuhren fort, ihn zu drangsalieren. Doch Dmitri blieb treu. Eines Tages war er schier überwältigt von

Gottes Großzügigkeit, als er im Gefängnishof ein ganzes, großes Blatt Papier fand. „Und Gott hatte sogar einen Bleistift dazugelegt!", staunte Dmitri. Dann fuhr er fort: „Ich rannte zurück in meine Zelle und schrieb alle Bibelverse, alle Stellen, alle Geschichten und alle Lieder auf, die mir in den Sinn kamen."

Dmitri fuhr fort: „Ich wusste, dass das wahrscheinlich verrückt war, aber ich konnte nicht anders. Ich füllte beide Seiten des Blattes mit so viel aus der Bibel, wie ich konnte. Dann klebte ich das ganze Blatt an diesen nassen Betonpfeiler, trat zurück und schaute hinauf. Ich fand, dass dies das größte Opfer war, das ich Jesus hier in meiner Zelle darbringen konnte. Mein Wärter sah es natürlich auch. Ich wurde geschlagen und bestraft. Und dann hieß es, dass sie mich jetzt hinrichten würden."

Sie schleiften Dmitri aus seiner Zelle hinaus und den Mittelgang des Gebäudes entlang. Aber da geschah das Unglaubliche: Bevor sie die Tür zum Hof erreichten, wo sie Dmitri erschießen wollten, standen 1.500 hartgesottene Kriminelle neben ihren Pritschen stramm, ihre Gesichter nach Osten gerichtet, und begannen zu singen. Dmitri erzählte mir, dass es sich anhörte wie der größte Chor der Menschheitsgeschichte. 1.500 Kriminelle erhoben die Arme und sangen das Jesuslied, das Dmitri ihnen all die Jahre jeden Morgen vorgesungen hatte.

Dmitris Wärter ließen ihn augenblicklich los und wichen zur Seite, die Gesichter voller Angst. Einer fragte mit zitternder Stimme: „Wer bist du?"

Dmitri richtete sich so hoch und stolz auf, wie er konnte, und erwiderte: „Ich bin ein Kind des lebendigen Gottes, der Jesus heißt!"

Die Wärter führten ihn in seine Zelle zurück. Nicht lange danach wurde er freigelassen und konnte zu seiner Familie zurückkehren.

Und jetzt, etliche Jahre danach, saß ich hier und hörte zu, wie Dmitri mir die Geschichte seiner schier unbeschreiblichen

Leiden und der unerschütterlichen Treue Gottes erzählte. Ich musste daran denken, wie ich in Somalia einmal daran gedacht hatte, eine Art Lehrgang für Christen in Verfolgungssituationen zu entwickeln – für Leute wie Dmitri. Jetzt kam mir diese Idee plötzlich lächerlich vor. Was um alles in der Welt konnte ich diesem Mann schon beibringen, wenn es darum ging, Jesus nachzufolgen? Absolut nichts!

Was ich da gerade gehört hatte, überwältigte mich schier. Ich vergrub das Gesicht in den Händen und rief in meinem Herzen: *Oh Gott, was mache ich mit dieser Geschichte? Ich habe von deiner Macht schon lange gehört, aber so in Aktion erlebt habe ich sie noch nie!*

Ich war so in meine Gedanken versunken, dass ich gar nicht merkte, wie Dmitri weitersprach. „Oh, Entschuldigung", sagte ich, „ich habe gerade nicht zugehört!"

Dmitri schüttelte beruhigend den Kopf und lächelte. „Ist schon gut, ich habe gerade nicht mit dir gesprochen." Und er erklärte: „Als ihr vorhin ankamt, waren Gott und ich gerade dabei, etwas zu besprechen. Euer Besuch hat das unterbrochen, und als ich eben merkte, dass du mit deinen eigenen Gedanken beschäftigt warst, haben der Herr und ich unser Gespräch beendet."

Im gleichen Augenblick wusste ich, was ich ihn als Nächstes fragen musste. „Bruder Dmitri, könntest du mir einen Gefallen tun?" Ich zögerte. Seine Augen forderten mich auf fortzufahren. „Würdest du mir bitte dieses Jesuslied vorsingen?"

Dmitri drückte sich vom Tisch hoch. Drei oder vier Sekunden lang – oder waren es Ewigkeiten? – sah er mich fest an. Dann drehte er sich langsam in Richtung Osten, streckte den Rücken wie ein salutierender Soldat, hob beide Arme und begann zu singen.

Ich kann kein Russisch und verstand kein einziges Wort von dem Lied. Aber das war auch nicht nötig. Als Dmitri seine

Arme und seine Stimme zum Lob Gottes hob und dieses Lied sang, das er 17 Jahre lang jeden Morgen im Gefängnis gesungen hatte, begannen uns beiden die Tränen über das Gesicht zu strömen. Ich glaube, erst in diesem Augenblick habe ich angefangen zu begreifen, was das ist – Gott mit Jesusliedern loben.

Ich war nach Russland gekommen, weil ich Antworten suchte auf die Frage, ob der christliche Glaube an den schwierigsten, feindseligsten Orten der Welt überleben, ja vielleicht sogar wachsen konnte. Dmitri wurde einer meiner ersten „Reiseführer". Mir dämmerte etwas: *Bei dieser Reise ging es gar nicht darum, Lehrgänge für Christen zu entwickeln, sondern darum, an den schwierigsten Orten mit Jesus zu gehen. Es zog mich intuitiv hin zu diesem Leben, das Dmitri gelebt hatte: Jesus kennen, Jesus lieben, Jesus folgen, mit Jesus leben.*

◆◆◆

Ich hatte den Eindruck, dass Dmitris Geschichte auch Viktor angesprochen hatte. Fast fieberhaft bemühte er sich, seine Beziehungen spielen zu lassen und weitere Christen zu finden, mit denen ich reden musste, weitere Geschichten auszugraben, die ich hören sollte. Nach Jahren der Entmutigung in Somalia, diesem verlorenen Land, gaben mir die russischen Geschichten von der geistlichen Standhaftigkeit im Angesicht der Verfolgung plötzlich Hoffnung. Es war eine Hoffnung, die mich völlig überraschte.

Für einen Morgen hatte Viktor ein Treffen mit mehreren seiner Freunde organisiert; es waren russische Pastoren, Evangelisten, Gemeindegründer und Gemeindeälteste – eine Art Querschnitt durch seine Kirche. Staunend hörte ich zu, wie diese Christen mir fast beiläufig berichteten, wie sie für drei, fünf oder sieben Jahre ins Gefängnis gekommen waren, wie man sie dort geschlagen hatte, wie sie nackt in einer feuchtkalten Zelle schlafen mussten oder monatelang nur halb verschimmeltes Brot und Kohlsuppe zu essen bekommen hatten. Und diese selben Männer erzählten voller Freude, wie ihre Frau und ihr Sohn sie im Gefängnis besucht hatten, wie sie eine Zelle mit einem anderen Christen teilten, sodass sich beide gegenseitig Mut machen und aufbauen konnten, oder wie ihre Gemeinde sich um ihre Familie kümmerte, während sie inhaftiert waren.

Als wir unser Gespräch unterbrachen, um zu Mittag zu essen, meinte ich zu den Männern in sanft tadelndem Ton: „Eure Geschichten sind wirklich unglaublich! Warum hat noch keiner sie aufgeschrieben? Das ist ja gerade so, als ob die Geschichten der Bibel zu neuem Leben erwacht sind! Ich kann gar nicht glauben, dass ihr noch kein Buch daraus gemacht oder einen Film darüber gedreht habt. Dann könnten andere Christen in aller Welt eure Geschichten hören und sich von dem, was Gott hier unter den verfolgten Christen tut, neuen Mut schenken lassen."

Sie sahen mich perplex an. Wir schienen ein Kommunikationsproblem zu haben. Dann erhob sich ein älterer Pastor und bedeutete mir, ihm zu folgen. Er führte mich zu einem großen Fenster im Wohnzimmer des Hauses. Als wir vor diesem Fenster standen, sagte er in verständlichem Englisch mit starkem russischen Akzent: „Ist es richtig, dass du Söhne hast, Nik?"

Ich bestätigte ihm, dass das stimmte. Er nickte und fuhr fort: „Sag mir, Nik, wie oft hast du deine Söhne morgens vor Sonnenaufgang geweckt, sie zu einem Fenster mit Blick nach Osten gebracht und ihnen gesagt: ‚Jungs, schaut genau hin! Gleich werdet ihr erleben, wie die Sonne im Osten aufgeht! In ein paar Minuten geht's los, passt gut auf!' Wie oft hast du das mit deinen Söhnen gemacht?"

Ich musste leise lachen. „Noch nie. Wenn ich das je machen würde, würden meine Söhne mich für verrückt erklären. Die Sonne geht *immer* im Osten auf, das passiert jeden Morgen!"

Der alte Mann nickte lächelnd. Ich wusste nicht, was er meinte. Aber das änderte sich, als er kurz darauf fortfuhr: „Nik, das ist der Grund, warum wir aus diesen Geschichten, die du gehört hast, keine Bücher und Filme gemacht haben. Verfolgung, das ist für uns wie die Sonne, die im Osten aufgeht. Sie kommt immer wieder. Das ist unser Alltag, das ist nichts Besonderes oder Unerwartetes. Dass wir um unseres Glaubens willen verfolgt werden, hat immer zum ganz normalen Leben dazugehört. Und wahrscheinlich wird das auch so bleiben."

Bei seinen Worten blieb mir die Luft weg. Ich verstand vollkommen, was er meinte, aber – stimmte das auch? So etwas hatte ich noch nie gehört. Etwas in mir hatte Lust, dem alten Pastor laut zu widersprechen. Wenn Verfolgung normal war, hieß das dann nicht, dass das Böse die Oberhand hatte? Und war es dann nicht unsinnig zu glauben, dass in einer Lage, wo Verfolgung so normal war wie der Sonnenaufgang im Osten, der Glaube gedeihen konnte?

Ich hatte immer gedacht, dass Verfolgung etwas Unnormales, Außergewöhnliches, Unnatürliches war. Auf jeden Fall aber etwas, das es zu meiden galt. Verfolgung – das war ein Problem, ein Rückschlag, eine Barriere. Und jetzt das hier: Verfolgung als die Normalsituation für Christen. Konnte das stimmen? Was, wenn Verfolgung in Wirklichkeit Dünger für den Glauben war, ein guter Boden, in dem er wachsen konnte?

Konnte das wahr sein? Und was bedeutete das dann für die Kirche in Amerika? Und für die potenzielle Kirche in Somalia?

20.

Vermächtnis des Glaubens

Ich hörte noch mehr Geschichten in Russland. Zum Beispiel über etwas, das sich in den frühen 1950er-Jahren zutrug, als drei charismatische Pastoren Hausgemeinden aufbauten. Die Bewegung wuchs rasch und es kamen regelmäßig neue Hausgemeinden dazu, aber die einzelnen Gemeinden veränderten sich kaum; Woche um Woche, Jahr um Jahr trafen sich dieselben 10 oder 20 Personen. Das lag daran, dass aus Sicherheitsgründen viele Hausgemeinden nur aus Personen bestanden, die miteinander verwandt oder eng befreundet waren, sodass einer dem anderen vertrauen konnte.

Ich versuchte mir vorzustellen, was für ein Bild von der Kirche und dem Leib Christi die Teenager und jungen Erwachsenen in diesen Gemeinden bekamen. Für sie bedeutete „Kirche" oder „Gemeinde", dass man sich jahraus, jahrein jede Woche in der guten Stube mit den Eltern und ein paar anderen Verwandten zum nächsten Gottesdienst versammelte. Sie wussten nicht, dass das Reich Gottes viel größer war, sie wussten nicht, was Gott in anderen Hausgemeinden, ja in anderen Ländern tat. Diese jungen Leute brauchten nach meiner Einschätzung dringend Kontakt zu anderen Gläubigen in ihrem Alter; bestimmt fühlten sie sich einsam, isoliert und entmutigt.

Die drei Pastoren, die diese Hausgemeindebewegung leiteten, erkannten das Problem und beschlossen, etwas dagegen zu tun. Sie hatten eine kühne (manche würden sagen: tollkühne) Idee: Sie organisierten einen christlichen Jugendkongress in Moskau, zu dem sie alle jungen, unverheirateten Mitglieder der diversen Hausgemeinden zwischen 18 und 30 Jahren einluden. Der

Zweck des Kongresses war, die jungen Leute über ihren geistlichen „Tellerrand" hinausschauen zu lassen, sie einander aufbauen und voneinander lernen zu lassen und ihnen Einblicke in Gottes Wirken jenseits ihrer kleinen Alltagswelt zu geben.

Was manche Menschen als bestenfalls „tollkühn" betrachteten, war die Vorstellung, dass ein einwöchiges Treffen von fast 700 jungen Christen in der Sowjetunion der frühen 1950er-Jahre dem kommunistischen Regime verborgen bleiben könnte. Und es blieb auch nicht verborgen. Als die Woche zu Ende war, wurden die drei Pastoren, die das Treffen organisiert hatten, verhaftet und zu je drei Jahren Gefängnis verurteilt.

Die Christen, von denen ich diese Geschichte hörte, erklärten, dass die Pastoren mit Freuden wieder für eine solche Veranstaltung ins Gefängnis gegangen wären, weil, wie sie berichteten, „der Heilige Geist auf diese Konferenz herabkam".

Der Hauptzweck der Zusammenkunft war gewesen, die verstreuten Glieder des Leibes Christi an einem Ort zu sammeln. Die jungen Leute sollten hören, was Gott an anderen Orten mit anderen Christen tat, und das Erlebnis der Gemeinschaft genießen. Zu Beginn der Konferenz hatten die Pastoren, offenbar spontan und ohne größere Vorplanung, den Teilnehmern eine interessante Aufgabe gegeben. Keiner der jungen Leute besaß eine Bibel, auch keine Gesangbücher oder Schallplatten mit geistlicher Musik, und die drei Pastoren wollten gerne wissen, wie viel biblisches Wissen es unter den Konferenzteilnehmern gab. Und so hatten sie ihnen gesagt: „Wir möchten eine Art Spiel mit euch machen. Wir möchten gerne, dass ihr euch jeden Tag dieser Woche in kleinen Gruppen trefft und herausfindet, wie viel von den vier Evangelien – Matthäus, Markus, Lukas und Johannes – ihr auswendig könnt. Schaut mal, wie viel von den Texten ihr rekonstruieren könnt. Und danach macht ihr das Gleiche mit Anbetungs- und Kirchenliedern und stellt fest, wie viel ihr davon auswendig kennt."

Als sie am Ende der Konferenz die Ergebnisse der verschiedenen Kleingruppen miteinander verglichen und zusammenfügten, zeigte sich, dass die jungen Leute den Text aller vier Evangelien zusammenbekommen hatten, mit nur einem halben Dutzend Fehlern. Dazu hatten sie die Texte von mehr als 1.200 Anbetungsliedern, Chorälen und Chorussen aus dem Gedächtnis niedergeschrieben.

Als ich das hörte, war mir sofort klar, warum der christliche Glaube in den Jahrzehnten der kommunistischen Unterdrückung in der Sowjetunion überlebt, ja oft geradezu geblüht hatte, und ich begriff auch, was so viele russische Christen in die Lage versetzt hatte, stark und treu zu bleiben.

An dem Tag, als ich von dieser Konferenz erfuhr, konnte ich mich mit einigen jungen Christen zusammensetzen. Sie genossen die Gelegenheit, einen echten Amerikaner zu treffen und ihr Englisch an ihm auszuprobieren. Viele dieser jungen Leute waren die Enkelkinder der Pastoren, die mir von den alten Zeiten erzählt und so stolz berichtet hatten, wie viel aus der Bibel und wie viele Liedtexte die jungen Leute in den Hausgemeinden der 1950er-Jahre auswendig gekonnt hatten. Ich fragte sie: „Sagt mir doch mal, wie viel aus der Bibel können die jungen Leute in euren Gemeinden heute auswendig?"

Sie schauten sich an und erwiderten etwas kleinlaut: „Nicht sehr viel."

Ich wollte sie nicht noch weiter in Verlegenheit bringen, indem ich sie fragte, wie viel sie persönlich aus dem Matthäus-, Markus-, Lukas- und Johannesevangelium auswendig konnten, und so fragte ich sie stattdessen, wie viele Geschichten oder Szenen aus den Evangelien sie mir aus dem Stegreif auflisten konnten. Es war eine Handvoll.

Ich fuhr fort: „Und wie viele Namen von biblischen Büchern können Sie mir auswendig nennen?"

„Na ja, ein paar", erwiderten sie.

Ich weiß nicht, ob diesen jungen Christen ihre Antworten auf meine Fragen peinlich waren, aber ich sah deutlich, was die Kirche in Russland im ersten Jahrzehnt der „Freiheit" verloren hatte. Unter dem Kommunismus hatte sie Mittel und Wege gefunden, zu überleben, oft sogar aufzublühen. Die Bibel und die Anbetungslieder waren ihr Lebenselixier gewesen. Jetzt, wo die Christen viel mehr Freiheiten genossen, schienen die Bibel und die Lieder nicht mehr halb so wichtig zu sein. Es war eine ernüchternde und traurige Fortsetzung der Geschichte aus den 1950er-Jahren.

◆◆◆

Viele der Geschichten, die ich in Russland hörte, waren Manifeste der Treue und Fürsorge Gottes. Wie bei dem Pastor, der verhaftet und inhaftiert wurde, während man seine Frau und Kinder nach Sibirien schickte, um dort zu leben (oder zu sterben).

An einem Winterabend in der einsamen, halb verfallenen Holzhütte, die ihnen jetzt als Heim diente, aßen die drei Kinder die letzte Scheibe Brot und tranken den letzten Tee, bevor sie, immer noch hungrig, ins Bett gingen. Als sie sich hinknieten, um das Nachtgebet zu sprechen, fragten sie: „Mama, woher kriegen wir mehr zu essen? Wir haben Hunger! Glaubst du, dass Papa überhaupt weiß, wo wir jetzt wohnen?" Die Mutter versicherte ihnen, dass ihr *himmlischer* Vater sehr wohl wusste, wo sie wohnten, und dass jetzt *er* für sie sorgen würde. Und sie beteten und baten Gott, für sie zu sorgen.

30 Kilometer entfernt weckte Gott mitten in der Nacht den Diakon einer Gemeinde auf und sagte: „Steh sofort auf, spann dein Pferd vor den Schlitten, lade all das Extragemüse, das die Gemeinde geerntet hat, und das Fleisch und die anderen Lebensmittel, die die Gläubigen gesammelt haben, darauf und fahre das Ganze zu der Pastorenfamilie, die draußen im Wald wohnt. Sie hungern!"

Der Diakon wandte ein: „Herr, das geht nicht! Draußen ist es eiskalt. Was, wenn mein Pferd erfriert? Oder ich?"

Der Heilige Geist ließ nicht locker. „Du musst da hin! Diese Familie ist in Not!"

Der Diakon sagte: „Herr, du weißt doch sicher, dass hier überall Wölfe sind. Die fallen womöglich mein Pferd an und fressen es auf, und dann fressen sie mich auch und ich komme nie mehr zurück."

Worauf, wie der Diakon berichtete, der Heilige Geist ihm antwortete: „Du musst nicht zurückkommen, du brauchst nur zu gehen."

Und er ging.

Als er in aller Frühe, während es noch dunkel war, laut an die Tür der baufälligen Hütte klopfte, bekamen die Mutter und ihre Kinder zuerst wohl einen gehörigen Schrecken. Doch er verwandelte sich rasch in freudiges Staunen, als sie vorsichtig die Tür öffneten und ein sehr kleines und sehr durchgefrorenes Glied des Leibes Christi vor ihnen stand. Hinter ihm sahen sie seinen Schlitten. Der Mann hielt einen riesigen Sack in den Händen und verkündete: „Unsere Gemeinde hat dies hier für euch gesammelt, damit ihr zu essen habt. Wenn es alle ist, bringe ich euch gerne mehr."

Noch lange, nachdem ich diese Geschichte gehört hatte, musste ich an das denken, was Gott diesem Diakon als Letztes gesagt hatte: *Du brauchst nur zu gehen.*

Du musst nicht zurückkommen, du brauchst nur zu gehen.

Nun, er kam zurück. Aber Gottes Anweisung war unmissverständlich: *Geh. Du brauchst nur zu gehen. Selbst wenn du nicht weißt, ob du zurückkommst, musst du gehen.*

Die Erinnerung an den mutigen Gehorsam dieses Diakons lebt in seiner Geschichte weiter. Sie wurde in seiner Familie von Generation zu Generation weitergegeben und lebt auch unter den Verwandten der Mutter und ihrer Kinder weiter, die durch seine Gabe vor dem Verhungern bewahrt wurden. Es ist eine Geschichte, die den Gehorsam eines Mannes und Gottes wunderbare Fürsorge ehrt.

◆◆◆

An einem meiner letzten Tage in Russland brachte Viktor mich zu Katja. Nach ihren Unterlagen trug das, was sie uns berichtete, sich 1917 zu. Sie war erst sieben Jahre alt, als ihr Großvater, ein evangelischer Pastor, erfuhr, dass man ihn am nächsten Tag verhaften würde. Er nutzte die kurze Frist, die ihm blieb, um seine Angelegenheiten zu ordnen und im Feld hinter seinem Haus die Familienbibel zu vergraben, damit die Polizei sie nicht konfiszieren konnte. Ich glaube, dass Katja nicht dabei war, als ihr Großvater ins Gefängnis abgeführt wurde.

Mehrere Wochen danach durfte seine Familie ihn besuchen und ihm Kleidung, Essen und Geld für die harten Wintermonate bringen. Katja schilderte mir, wie die bewaffneten Wärter argwöhnisch zuschauten, wie die Brüder, Schwestern, Kinder und Enkelkinder dieses Gottesmannes Schlange standen, um sich durch den Stacheldrahtzaun von ihm zu verabschieden.

Ich unterbrach sie mit einer Frage: „Haben Sie diese Geschichte von Ihrem Großvater je Ihrer Familie erzählt?"

Sie erwiderte, dass sie das wohl noch nie gemacht hatte. Worauf ich ihr vorschlug: „Könnten Sie dann, bevor wir weitermachen, bitte Ihre Tochter und Ihren Schwiegersohn aus der Küche holen? Und auch Ihre Enkelkinder von draußen hereinrufen?"

Ich hatte diese lebensverändernden Geschichten mittlerweile oft genug gehört, um zu erkennen, dass dies eine einmalige Gelegenheit war. „Ihre Familie muss diese Geschichte hören", erklärte ich Katja. „Alles – von Ihrer Kindheit an. Das mit Ihrem Großvater und auch Ihr eigenes Leben und Ihr Glaube durch all die Jahre hindurch. Holen wir also Ihre Lieben, damit sie sich zu uns setzen und zuhören, während wir beide uns unterhalten."

Sie bezog nur eine kleine Rente und war erleichtert, als ich ihr anbot, eines der Kinder in den Laden zu schicken, um Tee, Zucker, Milch und Plätzchen zu holen.

Wir tranken alle eine Tasse Tee und aßen ein paar Plätzchen, und dann ließen Katjas Tochter und Schwiegersohn und die vier Enkel sich auf dem Fußboden des kleinen Wohnzimmers nieder. Ich bat Oma Katja, noch einmal von vorne anzufangen. Sie tat es, und bald fesselten mich die Reaktionen ihrer Familie nicht weniger als ihre Geschichte.

Sie berichtete noch einmal von der Verhaftung ihres Großvaters, vom Besuch der Familie im Straflager, den bewaffneten Wärtern und wie die Verwandten am Zaun Schlange gestanden hatten, um sich vom Großvater zu verabschieden. Und dann sagte Katja: „Als ich vorsichtig meine kleine Hand durch den Stacheldraht schob, um meinen Großvater zu berühren, wusste ich nicht, dass ich ihn nie mehr sehen würde."

Keiner aus ihrer Familie hatte sich vorstellen können, dass er schon zwei Wochen später den Märtyrertod sterben würde. Aber so kam es. Katja besaß Abschriften der offiziellen Dokumente der Polizei und der Gefängnisleitung. Sie faltete sie auseinander und reichte sie herum, damit wir sie lesen konnten.

Katja erinnerte sich, dass die letzte Person am Zaun ihre Großmutter war. Als sie ihrem Mann zum letzten Mal die Hand gab, spürte sie plötzlich ein kleines, zusammengefaltetes Blatt Papier. Sie packte es fest mit den Fingern und schob es schnell in ihre Rocktasche.

Als sie zu Hause alleine war, zog Katjas Großmutter den Zettel aus der Tasche. Darauf hatte ihr Mann geschrieben, wo er die Familienbibel vergraben hatte. Er wies sie ferner an, die Bibel auszugraben und dann vor der versammelten Verwandt-schaft den Brief vorzulesen, den er geschrieben und zusammengefaltet im vorderen Deckel der Bibel versteckt hatte. Was Katjas Großmutter auch tat. Katja berichtete: „Es müssen an die 30 Familienmitglieder versammelt gewesen sein, als meine Großmutter die Bibel aufschlug, den Zettel auseinanderfaltete, den Großvater hineingeschoben hatte, und uns seine Abschiedsbotschaft vorlas."

Der Brief war eine Art geistliches Testament für die Familie. „Und das Allerletzte, was darin stand", erzählte Katja, „seine letzte Botschaft an die Familie, war, dass er uns alle aufforderte, Offenbarung 2,10 zu lesen und nie zu vergessen: ‚Sei getreu bis an den Tod, so will ich dir die Krone des Lebens geben.'"

70 Jahre später konnte sich Katja nicht nur genau an die letzten Worte ihres Großvaters erinnern, sie erzählte uns auch, dass noch heute Menschen aus ihrem Ort sie auf der Straße anhielten, um ihr zu sagen, wie sehr sie ihren Großvater, den Pastor, bewunderten. Sie dankten ihr und ihrer Familie für sein Glaubensvorbild, das so viele Jahre später immer noch Gesprächsthema war und in Ehren gehalten wurde.

Als Katja fertig war, erhoben sich ihre Tochter und ihr Schwiegersohn, um sie zu umarmen. Ihre Tochter sagte: „Oh, Mama, das haben wir ja die ganze Zeit nicht gewusst." Und die Enkelkinder fielen Katja um den Hals und küssten sie und sagten ihr, was für ein mutiges kleines Mädchen sie gewesen war.

Diese Familienszene miterleben zu dürfen, war ein heiliger Augenblick für mich. Ich hatte den Eindruck, dass ich gerade Zeuge gewesen war, wie das Vermächtnis des Glaubens, das Katjas Großvater vor 70 Jahren seiner Familie hinterlassen hatte, weitergegeben wurde, um den Glauben der vierten und fünften Generation zu stärken.

◆◆◆

Der Moskauer Flughafen fühlte sich bei meinem Abflug nicht wärmer an als bei meiner Ankunft, und die meisten Russen, an denen ich vorbeikam, hatten weiter jenen müden, niedergeschlagenen Gesichtsausdruck und vermieden jeden Blickkontakt.

Aber in meinem Herzen spürte ich neuen Mut. Damals hätte ich das vielleicht nicht erklären können, aber heute, aus dem Rückblick, ist mir klar, dass mein Besuch in Russland und meine Begegnungen mit seinen Christen mich verändert hatten – oder zumindest einen Veränderungsprozess angestoßen hatten.

Ich erkannte, dass ich ein ganzes Leben brauchen würde, um das Gehörte zu verarbeiten, die Punkte und Striche zu einem Bild zu verbinden und auch nur ein Stück von dem zu begreifen, was ich da gelernt hatte. Begonnen hatte ich meine Reise mit einer langen Liste sorgfältig formulierter Fragen, die ich meinen Gesprächspartnern stellen wollte. Aber spätestens, als ich mit Dmitri sprach (mein fünftes Interview), dämmerte mir, dass meine Fragen nicht der Schlüssel zu dem waren, was ich suchte. Ich würde die Wahrheit nicht in den direkten Antworten auf meine schönen, präzise formulierten Fragen finden. Vielmehr kamen mir die persönlichen Lebensgeschichten, die diese Christen mir vor und nach meinen Fragen erzählten, vor wie das schönste Geschenkpapier, in dem die kostbaren Weisheiten, Erkenntnisse und Leitlinien verborgen waren.

Bei meiner Ankunft in Moskau war ich in einem Zustand gespannter Ungewissheit gewesen. Als ich wieder ging, war ich sicher, auf dem richtigen Weg zu sein, auch wenn meine Reise gerade erst begonnen hatte.

Meine nächste Station war die Ukraine, ein Land, das so anders war als Russland, wie der Frühling anders ist als der Winter.

21.

„Wann hast du aufgehört, deine Bibel zu lesen?"

Die Menschen in der Ukraine hatten eine so andere Art als die, die ich in Russland erlebt hatte, dass ich den Unterschied bemerkte, kaum dass ich in Kiew das Flugzeug verlassen hatte. Die Beschäftigten im Flughafen und im Hotel waren offen, freundlich und hilfsbereit. Wo die Russen an eine Vergangenheit gekettet zu sein schienen, von der sie sich nicht sicher waren, ob sie wirklich vorbei war, schienen die Ukrainer ihre neue Freiheit zu genießen und große Hoffnung auf eine bessere Zukunft zu hegen. Sie gingen mit schwungvollen Schritten, den Kopf erhoben, und lächelten mir zu, wenn ich auf der Straße an ihnen vorbeikam. Die Menschen, die ich interviewte, schienen es kaum erwarten zu können, mir von den Auswirkungen des Kommunismus auf ihren Glauben zu berichten. Gleichzeitig schilderten sie mir ihre Hoffnungen und Träume für die Zukunft.

Einer der ersten ukrainischen Christen, mit denen ich sprach, war ein Pastor Ende 50, der eine leitende Funktion in seiner Kirche innehatte. Ganz begeistert erzählte er mir ein aktuelles Erlebnis, das beispielhaft war für die stürmischen Veränderungen des geistlichen Klimas in diesem Teil der ehemaligen Sowjetunion. „Erst letzte Woche", sagte er, „lud mich die Führung der ukrainischen Armee ein, bei einer öffentlichen Militärveranstaltung für sie zu beten. Ich sagte zu. Bevor ich betete, erinnerte ich diese Militärs daran: Es war noch nicht lange her, dass sie und unsere Regierung mich als Staatsfeind betrachtet hatten. Noch vor ein paar Monaten hatten sie mich verhaften wollen – und jetzt baten sie mich, für sie zu beten! Es war ein Erlebnis, vor ihnen zu stehen und zu beten und Gott für die großen Veränderungen zu danken, die er unserem Land schenkt!"

Doch der Optimismus und der Stolz, mit dem die Menschen, denen ich in Kiew begegnete, über ihr Land sprachen, hatten die Erinnerungen an ihr furchtbares Elend unter dem Kommunismus nicht ausgelöscht. Vielleicht machten diese schlimmen Erinnerungen den Optimismus, den ich vorfand, sogar erst möglich. Die Freude über die neuesten Entwicklungen im Land war in jedem Fall groß.

Manche der Glaubensgeschichten, die ich in der Ukraine hörte, klangen ähnlich wie das, was ich in Russland gehört hatte. Viele waren beides: Mut machend und beunruhigend. Ich weiß nicht, ob die Unterdrückung der Christen in der Ukraine noch härter gewesen war als in Russland oder ob die Ukrainer lediglich freimütiger all die Grausamkeiten erzählten, die man ihnen angetan hatte.

Ich lernte einen ukrainischen Christen namens Kostyantyn kennen, der bereit war, mit mir zu reden. Er stellte mir auch seinen Sohn, Alexi, vor, der ein bekannter Mann in seiner Kirche war. Kostyantyn war unter den Kommunisten viele Jahre wegen seines Glaubens inhaftiert gewesen. Sein Sohn bot sich an, seinen Vater zu übersetzen, damit dieser mir seine Geschichte leichter erzählen konnte.

Kostyantyn war kein Pastor, aber als Laie in seiner Kirche so aktiv, dass die örtlichen Parteivertreter offenbar fanden, etwas Umerziehung in einem sowjetischen Arbeitslager wäre für ihn und zwei weitere Älteste seiner Gemeinde das Richtige. Während er einsaß, gingen die örtlichen Behörden hart gegen zahlreiche Gemeinden in der Region vor. Über 200 Pastoren wurden verhaftet und kamen in das Lager, wo Konstantyn gefangen war. Rasch verbreitete sich das Gerücht, diese Pastoren seien so gefährliche Staatsfeinde, dass man sie von den übrigen

Gefangenen trennen müsse. Die Wärter hatten die Anweisung, sie so hart zu behandeln, dass keiner von ihnen überlebte.

Aus irgendeinem Grund schienen die Kommunisten die Pastoren nicht einfach hinrichten zu wollen. Was sie stattdessen taten, war womöglich noch schlimmer. Man gab den Pastoren kaputte Schaufeln und angespitzte Stöcke als „Werkzeuge" und befahl ihnen, damit Gräben im gefrorenen Boden auszuheben. Erfüllten sie nicht die tägliche Norm (was völlig unmöglich war), wurden sie bestraft: Wenn die Wärter sie abends zurück in die Baracke brachten, zogen sie sie bis auf die Unterwäsche aus, übergossen sie mit Eiswasser, gaben ihnen zum „Abendessen" trockenes Brot und Wasser und steckten sie anschließend zum Schlafen zurück in ihre eiskalten Zellen.

Es gab keine direkte Folter, keine Schläge. Aber binnen drei Monaten waren über 200 Pastoren tot, durch Krankheit und andere „natürliche Ursachen". Kostyantyn wusste, dass das Arbeitslager für diese Pastoren praktisch das Todesurteil war – die Strafe dafür, dass sie sich geweigert hatten, ihrem Glauben abzusagen. Ihr Mut und ihre Überzeugung gaben ihm die Kraft, sein eigenes Martyrium zu überleben. Er war wild entschlossen, ihr Vorbild der Treue nie zu vergessen.

Als Kostyantyn aus dem Lager entlassen wurde, erfuhr er, dass seine Frau gestorben war und sein Sohn Alexi, der inzwischen ein Teenager war, seit Jahren bei Verwandten wohnte. Zusammen mit ihm besuchte er das Grab seiner Frau. Am folgenden Sonntag nahm er Alexi mit in den Gottesdienst seiner alten Gemeinde. An diesem Sonntag entdeckte Kostyantyn, dass nicht alle Pastoren sich so entschieden hatten wie die tapferen Geistlichen, die er in dem Arbeitslager hatte sterben sehen.

Der neue Pastor seiner alten Gemeinde hatte den kommunistischen Behörden offenbar gewisse Zugeständnisse gemacht, um sein Amt zu behalten. An diesem Sonntag, als Kostyantyn das erste Mal wiederkam und seinen Sohn mitbrachte, machte er den nächsten Schritt in diese Richtung.

Der Pastor stand auf der Kanzel und sah traurig zu seiner Gemeinde hinunter. Dann gab er langsam, zögernd und mit sichtlich schlechtem Gewissen bekannt, dass die Regierung ein neues Gesetz erlassen hatte, das mit sofortiger Wirkung allen Personen, die unter 26 Jahre alt waren, untersagte, an Gottesdiensten in einer Kirche teilzunehmen. Er fuhr mit fast versagender Stimme fort, dass ihm die neue Regelung sehr leidtat, aber wenn die Gemeinde wolle, dass die Kirche auch in Zukunft geöffnet blieb, bliebe ihr nichts anderes übrig, als sie zu befolgen. Und er bat alle, die unter 26 waren, die Kirche zu verlassen – jetzt sofort.

Kostyantyn wusste, dass bestimmt irgendwo ein Spitzel in der Gemeinde saß, der den Behörden einen Bericht abliefern würde. Er stand mit auf, als Alexi sich erhob, um zu gehen. Während die beiden nebeneinander aus der Kirche traten, schwor Kostyantyn sich, sie nie mehr zu betreten. Dazu erklärte er mir: „Das war nicht mehr die Gemeinde, die ich früher gekannt hatte, und das Evangelium, das dieser Pastor predigte, war nicht der Glaube, für den ich ins Gefängnis gegangen war!"

Als Kostyantyn mit seinem Bericht fast fertig war, bemerkte ich, dass sein Sohn Alexi (inzwischen selbst ein Mann in mittlerem Alter) weinte. Er kniete sich vor seinen Vater, der ihm über das Haar strich, als wäre er wieder ein kleiner Junge. Alexi sah zu Kostyantyn hoch und sagte: „Ich bin so stolz auf dich, Papa! Ich wusste ja gar nicht, was du alles durchgemacht hast."

Der Ältere lächelte traurig und sagte: „Ich habe lange gedacht, dass es nicht nötig ist, dir diese Geschichte zu erzählen. Wir wussten ja nicht, ob diese schlimmen Tage nicht wiederkommen würden, und ich wollte dir nicht wehtun. Aber ich bin froh, dass du es jetzt weißt."

Auch wenn Alexi längst nicht alle Einzelheiten über den

Leidensweg seines Vaters gekannt hatte, war es doch genug gewesen, um sich von dessen Glaubensvorbild und Mut inspirieren zu lassen. So hatte auch er sich entschlossen, Jesus nachzufolgen, einen Ruf ins Pastorenamt anzunehmen und ein geistlicher Leiter für viele Menschen zu werden.

◆◆◆

Wie Kostyantyn bald erfuhr, blieben auch andere Pastoren angesichts der kommunistischen Verfolgung ihren Überzeugungen nicht treu. Nach Berichten, die ich sowohl in Russland als auch in der Ukraine hörte, reagierten die Gemeinden unterschiedlich auf solche Geistliche. Wenn ein Pastor, der nicht kuschte, sondern treu weiter das Evangelium predigte, ins Gefängnis kam, setzten die örtlichen Behörden manchmal einen anderen, kooperativeren Kollegen ein, um auf die Kanzel zu steigen und die Gemeinde zu leiten. Doch wenn dieser frisch eingesetzte Pastor dann zu seinem ersten Sonntagsgottesdienst erschien, demonstrierten die Gemeindeglieder (oft vor allem die älteren Frauen) ihre Abneigung gegen den „Neuen", der ihrer Meinung nach seinen Glauben verraten hatte, um nicht ins Gefängnis zu kommen, indem sie sich an den Händen fassten und den Zugang zur Kanzel blockierten. Gelang es ihm trotzdem, auf die Kanzel zu steigen, gingen die Frauen an ihre Plätze in den Bänken zurück und sangen die Lieder mit. Doch sobald der „Neue" sich erhob, um seine behördlich genehmigte Predigt zu beginnen, standen auch sie auf und drehten dem Pastor demonstrativ schweigend ihren Rücken zu, so lange, bis er mit der Predigt fertig war und das Schlusslied kam.

Überall in der ehemaligen Sowjetunion gab es jedoch Pastoren, die sich weigerten, ihrem Glauben untreu zu werden. Ihr Beispiel machte einen solchen Eindruck auf ihre Gemeinden, dass viele Gläubige ihnen heute noch ein ehrendes Andenken bewahren. In vielen Gottesdiensten in der ehemaligen UdSSR erheben sich heute die Gläubigen aus Respekt vor dem Amt des Pastors, wenn ihr Prediger die Kirche betritt, und bleiben in andächtigem Schweigen so stehen, bis er seinen Platz auf dem Podium hinter der Kanzel erreicht hat.

Als ich in einigen dieser Gemeinden als Gastprediger zusammen mit meinem russischen bzw. ukrainischen Bruder nach vorne ging, vor die Gemeinde trat und ebenfalls so geehrt wurde, kam ich mir jedes Mal völlig unwürdig vor und wäre am liebsten wieder vom Podium heruntergestiegen. Ich fand, dass ich hier eine Ehre erfuhr, die ich mit nichts verdient hatte.

◆◆◆

Es gab Pastoren, die eigentlich keine Wahl hatten, ob sie am Leben bleiben würden oder nicht. Mit ihrer Verhaftung fällten die Behörden praktisch bereits das Todesurteil über sie, und ihnen blieb nur die Wahl, im Sterben dem Namen ihres Herrn Ehre zu machen oder ihn zu verleugnen. Heute ehren die Kirchen in Russland und der Ukraine das Andenken derer, die standhielten. Und in diesem ehrenden Gedenken versuchen sie, auch das unter der Verfolgung so schmerzhaft Gelernte nicht zu vergessen.

Eine Frage kam mir immer wieder: *Wie hatten so viele Russen und Ukrainer es geschafft, über Jahrzehnte der kommunistischen Unterdrückung ihren Glauben lebendig und stark zu halten?* Der professionelle Forscher in mir suchte nach einfachen, praktischen, messbaren und objektiven Antworten.

Aber ich war nicht nur jemand, der ein Forschungsprojekt durchführte. Ich war auch ein Vater, der immer noch um seinen Sohn trauerte. Jemand, der Heilung weitergeben wollte, aber selbst tief verwundet war. Ich war ein gescheiterter Mitarbeiter einer Hilfsorganisation, der hilflos hatte zusehen müssen, wie Tausende verhungerten. Da war es nicht leicht, objektiv zu bleiben. Oft platzte ich in einem Interview heraus: „Wie habt ihr es gelernt, so zu leben? Wie habt ihr es gelernt, so zu sterben?"

Einer der ersten Männer, die ich das fragte, erzählte mir zur Antwort diese Geschichte: „Ich erinnere mich noch an den Tag, als ob es gestern gewesen wäre, Nik. Mein Vater legte die Arme um mich, meine Schwester und meinen Bruder und führte uns zum Küchentisch. Meine Mutter weinte, und ich wusste, dass etwas nicht stimmte. Mein Vater sah nicht sie an, sondern uns, weil er direkt zu uns sprach. Er sagte: ‚Kinder, ihr wisst, dass ich der Pastor unserer Gemeinde bin. Dazu hat Gott mich berufen – dass ich den Menschen von ihm erzähle. Ich habe erfahren, dass morgen die Kommunisten kommen und mich verhaften werden. Sie werden mich ins Gefängnis stecken, weil sie wollen, dass ich aufhöre, über Jesus zu predigen. Aber ich kann nicht damit aufhören, weil ich Gott gehorchen muss. Ich werde euch sehr vermissen, aber Gott wird für euch sorgen, während ich weg bin, da bin ich sicher.'

Er umarmte jeden von uns und dann sagte er: ‚Überall in unserer Gegend verhaften die Behörden Menschen, die Jesus nachfolgen, und verlangen, dass sie ihren Glauben verleugnen. Wenn sie sich weigern, hängen sie manchmal ganze Familien auf. Ich will nicht, dass das auch bei uns passiert, und deshalb bete ich darum, dass die Behörden euch und eure Mutter in Ruhe lassen, wenn sie mich ins Gefängnis gesteckt haben. Aber ...' – und hier hielt er inne und sah uns fest in die Augen – ‚... falls ich dort im Gefängnis hören sollte, dass sie meine Frau und meine Kinder aufgehängt haben, weil sie Jesus nicht verleugnen wollten, werde ich der stolzeste Mann in diesem Gefängnis sein!'"

Ich war platt. So etwas hatte ich in der Kirche, in der ich groß geworden war, nie gehört. So etwas war mir auf meiner Lebensreise noch nie begegnet. Dass einem Vater seine Treue zu Jesus wichtiger sein sollte als seine Familie – nein, das hatte mir noch niemand gesagt.

Aber halt, gab es in der Bibel nicht diverse Beispiele für genau diese Haltung? Gehörte dies nicht zum Buch des christlichen Glaubens und Lebens dazu? Dann war es jedenfalls ein Kapitel, das wir unter Verschluss gehalten hatten.

Wieder stand ich vor etwas, das mir schier verrückt vorkam. *Will Gott wirklich, dass seine Leute so leben? Und bin ich mir der Auferstehung so gewiss, dass ich bereit bin, so zu leben, ja vielleicht sogar so zu sterben?*

❖❖❖

„Wie habt ihr es gelernt, so zu leben und zu sterben?" Ein anderer Mann, den ich das fragte, antwortete mir: „Ich erinnere mich, wie meine Eltern uns alle um den Tisch versammelten und mein Vater sagte: ‚Kinder, im ganzen Bezirk sind die kommunistischen Behörden dabei, Christen, die sich weigern, ihrem Glauben abzusagen, langsam verhungern zu lassen. Wenn unsere Familie für Jesus verhungern muss, dann lasst uns das mit Freuden tun.'"

Was macht man mit so einer Geschichte? Was hatten die Worte dieses Vaters der Familie bedeutet? Konnte ich mir das überhaupt vorstellen?

Diese beiden Geschichten waren nicht die einzigen Antworten auf meine Frage: „Wie habt ihr es gelernt, so zu leben und so zu sterben?" Sie wurde noch von vielen anderen Glaubenszeugnissen beantwortet, die ich in Russland und der Ukraine hörte. Eigentlich war fast jede der Geschichten, die ich hörte, eine Antwort darauf, egal, ob ich die Frage wörtlich stellte oder nicht. Auch die Geschichte der alten Frauen, die im Gottesdienst buchstäblich für ihren Glauben aufstanden und ihren lauwarmen Pastoren den Rücken zukehrten.

Wie hatten es so viele russische und ukrainische Christen geschafft, über mehr als sieben Jahrzehnte kommunistischer Verfolgung in ihrem Glauben standhaft zu bleiben? Wie hatten sie gelernt, so zu leben und zu sterben, wie sie es taten? Wieder und wieder hörte ich die gleichen Worte: „Wir haben es von unseren Müttern, Großmüttern und Urgroßmüttern gelernt. Wir haben es von unseren Vätern, Großvätern und Urgroßvätern gelernt."

◆◆◆

Als mein Aufenthalt in der Ukraine seinem Ende zuging, erinnerte ich mich an die letzten Tage in Russland und vor allem an das Gespräch, wo es geheißen hatte, dass Verfolgung genauso normal ist wie dass die Sonne jeden Morgen im Osten aufgeht. Sahen meine ukrainischen Freunde das genauso?

Ich war wieder einmal mit einer Gruppe von Christen zusammen und hörte mir an, was sie über Gefängnis, Verfolgung und Gottes Fürsorge für seine Kinder zu erzählen hatten. Wieder war ich zutiefst beeindruckt von der Kraft, die in ihren Glaubenszeugnissen lag. Als unser Gespräch dem Ende zuging, sagte ich: „Was ich nicht verstehe, ist, warum ihr aus diesen Geschichten kein Buch gemacht habt. Was ihr mir heute gesagt habt, sollten die Christen in aller Welt hören. Eure Geschichten sind beeindruckend, es sind inspirierende Glaubenszeugnisse! So etwas habe ich noch nie gehört!"

Ein älterer Pastor legte eine Hand auf meine Schulter und seine andere auf meinen Arm, schaute mir fest in die Augen und sagte: „Junger Mann, wann hast du aufgehört, deine Bibel zu lesen? Dort stehen alle unsere Geschichten, Gott hat sie schon aufgeschrieben. Was sollen wir Bücher über unsere Geschichten schreiben, wenn Gott schon *seine* Geschichte erzählt hat? Lies die Bibel, und du wirst feststellen, dass unsere Geschichten schon dort drinnen sind."

Er hielt inne und fragte mich noch einmal: „Wann hast du aufgehört, deine Bibel zu lesen?" Dann drehte er sich, ohne meine Antwort abzuwarten, um und ging. Kein freundliches Lächeln, kein Mut machendes Schulterklopfen, kein Kuss auf die Wange.

Seine Frage hallt mir immer noch in den Ohren.

22.

Angst oder Freiheit?

Viele Geschichten anderer Christen in Osteuropa, die ich in den folgenden Tagen hörte, erinnerten mich an das, was man mir in Russland und in der Ukraine erzählt hatte. Aber das deprimierendste Land, das ich besuchte und das ich hier nicht namentlich nennen möchte, war ein ehemaliges Ostblockland, in dem die Kirchen nur sehr wenig offene Verfolgung erlebt hatten.

Das klang zunächst positiv – bis ich herausfand, warum das so gewesen war. In den Gesprächen in diesem Land erfuhr ich, dass von den ersten Tagen der kommunistischen Herrschaft an die dortigen Kirchen sich ganz an die Stelle in Römer 13 hielten, wo Paulus uns aufruft, der irdischen Obrigkeit untertan zu sein. Sie betonten diese Verse so sehr, dass sie darüber viele andere Bibelstellen unter den Tisch fallen ließen, darunter einige der zentralen Lehren Christi.

Nachdem sie ihre Überlebensstrategie des „Tust du mir nichts, tu ich dir nichts" zu einem Kerndogma ihres Glaubens gemacht hatten, vergaßen diese Kirchen zum Beispiel praktisch den Missionsbefehl von Jesus: „Geht in die ganze Welt und macht alle Menschen zu Jüngern." Und als die Regierung sah, dass diese Kirche keine echte Bedrohung darstellte und wahrscheinlich bald ohne ihr Zutun eingehen würde, kam sie zu dem Schluss, dass eine systematische Verfolgung der Christen gar nicht nötig war. Diese lauwarmen Kirchen hatten sich freiwillig selbst Handschellen angelegt.

Die Christen gaben ihren Glauben nicht weiter. Sie machten den Mund nicht auf. Sie hatten ihn auch nicht aufgemacht, als nur ein paar Straßen von ihrer Kirchenzentrale entfernt Tausende Juden umgebracht wurden. Sie ließen die kommunistische Führung die Räumlichkeiten in ihrer Verwaltung mitnutzen. Wozu sollte man sie verfolgen, wenn sie freiwillig fast völlig kapituliert hatten?

◆◆◆

Eine kleine evangelische Kirche in einem anderen Land hinter dem Eisernen Vorhang war in die gleiche Falle getappt – eine Zeit lang. Über Jahrzehnte schwerer Verfolgungen hinweg hatte sie es der Regierung nach und nach erlaubt zu diktieren, wie, wann und wo sie ihre Gottesdienste halten durfte. Doch die Gläubigen hassten diesen Verlust ihrer Religionsfreiheit. Einer ihrer Pastoren bat schließlich die Regierung um die Erlaubnis für ein Theologiestudium in England. Das Wunder (anders konnte man es nicht nennen) geschah und das kommunistische Regime ließ ihn ausreisen.

Nach drei Jahren Studium kehrte dieser Pastor zurück. Er traf sich mit mehreren Amtsbrüdern, um von seinen Erlebnissen zu berichten. „Das einzig wirklich Wichtige, das ich in England gelernt habe", erzählte er seinen Kollegen, „ist, dass wir frei sind! Wir sind frei, weil unsere Freiheit von Gott kommt und nicht von unserer Regierung. Wir müssen endlich anfangen, diese Freiheit zu leben!"

Ein Jahr lang grübelten diese Pastoren darüber nach, was diese scheinbar so radikale Idee konkret für sie bedeutete. In diesem Jahr fasteten und beteten sie und versuchten herauszufinden, wie diese Freiheit sich zu der Lehre von Römer 13 verhielt. Das Ergebnis war, dass etwa die Hälfte von ihnen einen sorgfältig formulierten Brief unterschrieb, den sie anschließend an ihre kommunistische Regierung schickte. In diesem Brief stand im Wesentlichen Folgendes: „Unsere Bibel lehrt uns, Ihre Autorität über uns und die Menschen in unserem Land anzunehmen und zu achten. Wir tun dies jetzt seit Jahren. Aber unsere Bibel lehrt uns auch, zwischen der Autorität, die Gott den Regierungen gewährt, und der Autorität, die allein ihm selbst zukommt, zu unterscheiden."

In dem Brief versuchten sie, diesen Unterschied zu beschreiben. Sie versicherten dem Regime, dass sie keinerlei Absicht hegten, es zu bekämpfen oder zu stürzen. Gleichzeitig erklärten sie mit allem Respekt, dass sie entschlossen waren, Gott zu gehorchen und das zu tun, wozu er in seinem Wort die Gläubigen aufforderte. Sie erläuterten, dass der Heilige Geist selbst ihnen die Freiheit und die Kraft dazu geben würde. Ab jetzt würden sie die biblische und historische Aufgabe ihres Glaubens erfüllen und das Evangelium verkündigen, Gemeinden gründen, auch in der Öffentlichkeit ihren Glauben bezeugen, neue Gläubige taufen und sich zum Gottesdienst versammeln, wann und wo sie wollten.

Die Pastoren schickten ihren Brief ab. Dann warteten sie, ohne Zweifel mit Zittern und Zagen, was jetzt geschehen würde. Zu ihrer Überraschung reagierte die Regierung nicht. Das einzig Neue, was aufgrund ihres Entschlusses, ihre Freiheit auszuüben, geschah, war, dass sie genau das tun konnten. Und so wurden sie wieder zu einem Glied am Leib Christi.

Ich konnte mit mehreren der Pastoren sprechen, die diese Freiheitserklärung unterschrieben und an die Regierung geschickt hatten. Unter ihnen befand sich auch der alte Pastor, der vor 30 Jahren ins Ausland gegangen war, um Theologie zu studieren. Ich erzählte ihnen einige der Geschichten, die ich in Russland gehört hatte. Als ich ihnen von Dmitri erzählte, der jeden Morgen im Gefängnis sein Jesuslied gesungen hatte, waren sie ganz begeistert und sagten mir, dass es noch einen Christen gab, den ich besuchen musste, bevor ich ihr Land verließ. „Mit dem musst du unbedingt sprechen!" Er wohnte nur ein paar Häuser von der Kirche entfernt, wo ich gerade meine Interviews machte.

◆◆◆

Vier knarrende Treppen hoch, in einer winzigen Wohnung, hieß uns ein weißhaariger, gebeugter alter Mann willkommen. Es war deutlich, dass er als jüngerer Mann einen längeren Schatten geworfen hatte. Die alten Möbel verliehen dem Raum das Ambiente eines Museums.

Der Alte hieß Tavian, und als er seine persönliche Geschichte erzählte, nahm er uns auf eine Zeitreise mit. Zur Zeit der sowjetischen Besatzung, in den Jahren nach dem Zweiten Weltkrieg, bevor sein Land seine eigene kommunistische Regierung bekam, hatte er zu einer charismatisch geprägten Untergrundbewegung gehört. Sie war aus der alten orthodoxen Kirche seines Landes hervorgegangen und nannte sich „Armee Gottes". Diese Christen entdeckten in ihrer Bibel die Verheißung, dass Jesus den Heiligen Geist senden würde, um seinen Jüngern zu helfen, seinen Willen auf der Erde zu erfüllen. Sie erkannten, dass dieser selbe Heilige Geist auch sie befähigen würde, das Werk des Leibes Christi zu tun – ob mit oder ohne den Segen der orthodoxen Kirche oder der Regierung.

Als sie anfingen, ihre Überzeugungen in die Tat umzusetzen, blieb das natürlich nicht verborgen. Die etablierte Kirche stellte sich gegen sie, die sowjetischen Besatzer erklärten sie zu Unruhestiftern, und ihre eigene neue kommunistische Regierung beschuldigte sie, Verräter zu sein. Tavian und viele andere Christen kamen ins Gefängnis, und die etablierte Kirche half dabei mit.

Tavian erinnerte sich an viele Fälle von körperlicher und seelischer Folter. Eigens entsandte Umerziehungsexperten aus der Sowjetunion bildeten die Polizisten und Gefängniswärter dieses Satellitenstaates in der Kunst des Folterns aus. Die verschiedenen Folterarten waren einfach, aber wirksam. So versalzte man zum Beispiel das Essen der Gefangenen systematisch, während man gleichzeitig die Wasserrationen kürzte. Oder man hängte sie an den Handgelenken so auf, dass ihre Füße den Boden nicht berühren konnten. Auch Schlafentzug war alltäglich. Dabei hielt man den Gefangenen tagelang mit Gewalt wach; jedes Mal, wenn er einschlief oder vom Stuhl kippte, schlug man ihn so lange, bis er wieder wach wurde.

Wie in anderen kommunistischen Ländern versuchte das Regime auch hier, die Seele oder mindestens die Identität der Menschen, die als Bedrohung galten, zu zerstören. Es erforderte viel innere Kraft, um als Gefangener auch nur einen Rest seiner Persönlichkeit zu bewahren. Viele verloren diesen Kampf. Manche Gefangenen saßen jahrelang in Einzelhaft, aber es kam umgekehrt auch vor, dass die Wärter 50 Gefangene in eine Vier-Personen-Zelle zwängten.

Tavian sprach ganz nüchtern und sachlich über Folter und Misshandlungen. Doch der Schmerz in seiner Stimme wurde spürbarer, als er berichtete, wie führende Personen aus seiner orthodoxen Kirche die Untergrund-Erneuerungsbewegung bei den Behörden denunziert hatten. Und noch mehr Schmerz klang aus seiner Stimme, als er seine hilflose Trauer beschrieb, als er vom Tod seiner Frau erfuhr.

Doch dann wurde seine Stimme ganz anders, als er etwas erwähnte, was ihm geholfen hatte, stark zu bleiben: „Ich habe damals viele Lieder geschrieben. Gott selbst gab mir die richtigen Worte und Melodien, um meiner Seele Kraft und Ruhe zu schenken."

„Wie viele Lieder haben Sie geschrieben?", fragte ich.

Er lächelte. „So an die 600."

Seine Worte bestätigten, was die Christen mir schon gesagt hatten, als sie mir so dringend empfahlen, diesen Mann kennenzulernen. Sie hatten gesagt, dass Tavians Name unter Christen im ganzen Land bekannt war. Vor dem Kommunismus hatte die orthodoxe Kirche im Gottesdienst die alten, traditionellen Gesänge gepflegt, während die meisten Protestanten die Lieder und Choräle aus dem Westen übersetzten. Doch seit Tavian aus dem Gefängnis freigekommen war, sangen die Christen in ihren Sonntagsgottesdiensten viele der Anbetungslieder dieses alten Bruders.

Ich bat ihn natürlich, mir eines seiner Lieder vorzusingen. Er sang zwei, und als er sang, verstand ich, warum seine Wärter und Verfolger still geworden waren, als er die Macht Gottes in ihr Leben hineinsang.

Als ich das Haus, in dem er wohnte, verließ, stellte ich mir vor, wie Tavian eines Tages im Himmel ankommen würde und wie zur Begrüßung ein Engelschor eines der Lieder singen würde, die er im Gefängnis zur Ehre von Jesus gedichtet hatte.

Welche Schätze wurden doch mit den Erlebnissen dieser Glaubenshelden gehoben! Was lag näher, als ihre teuer erkauften Erfahrungen auch anderen Christen zugänglich zu machen, die unter ähnlichen Bedingungen Jesus nachfolgten!

◆◆◆

In einem anderen osteuropäischen Land lernte ich einen Christen kennen, der mir eine weitere Geschichte erzählte, die mich sehr nachdenklich stimmte.

Eugen berichtete mir, dass er in der kommunistischen Zeit

von einem westlichen Journalisten interviewt worden war. Dieser arbeitete für die Zeitschrift einer christlichen Organisation, die verfolgten Christen half. Als der Reporter ihn fragte, wie das kommunistische Regime ihn behandelte, erzählte Eugen ihm, dass die Behörden vor Ort ihn schwer schikanierten. Manchmal versuchten Polizisten, ihn dadurch einzuschüchtern, dass sie auf der Straße direkt vor ihm stehen blieben und ihn so lange anstarrten, bis er zur Seite trat.

Eugen berichtete auch, wie Unbekannte (er glaubte, dass es dieselben Polizisten waren) die Reifen seines Autos zerstochen und die Windschutzscheibe eingeschlagen hatten. Seine Kinder wurden in der Schule regelmäßig vor ihren Mitschülern lächerlich gemacht, weil sie aus einer gläubigen Familie kamen. Gelegentlich zitierte der Rektor sie nach dem Unterricht zu sich und sagte ihnen: „Eure Kameraden lachen euch deswegen aus, weil euer Vater ein Pastor ist. Wegen ihm habt ihr auch keine Freunde." Die Kommunisten glaubten offensichtlich, dass sie durch das systematische Schlechtmachen des christlichen Glaubens einen Keil zwischen die Kinder und ihre gläubigen Eltern treiben konnten, und wenn sie das erst einmal geschafft hätten, würden die Kirchen binnen einer Generation aussterben.

Der westliche Reporter, der Eugens Geschichte hörte, war entsetzt. Er sagte: „Was Ihre Regierung da mit Ihnen und Ihrer Familie macht, ist ja kriminell! Wir müssen Ihre Geschichte in unserer Zeitschrift bringen, damit die Menschen in unserem Land für Sie beten können!"

„Bitte tun Sie das nicht!", rief Eugen aus. „Diese Dinge, die mir und meiner Familie passieren, sind hier normal. Das ist nur ein kleines Kreuz, das wir hier tragen. Wenn Sie eines Tages hören sollten, dass ich im Gefängnis sitze und gefoltert und mit dem Tod bedroht werde, das können Sie dann vielleicht an die Öffentlichkeit bringen; vielleicht kann dann Ihre Regierung sich für uns einsetzen und Ihre Leute können für uns beten. Aber nicht jetzt!

Wir wollen unsere Verfolger nicht unnötig in Verlegenheit bringen. Wir wollen die Sache nicht noch schlimmer machen, indem wir solche Kleinigkeiten an die große Glocke hängen."

Der Reporter und die Hilfsorganisation, die es wirklich gut meinten, hielten sich jedoch nicht an Eugens Bitte. Sie glaubten, dass sie – egal, was Eugen da gesagt hatte – etwas tun konnten, ja tun mussten, um zu helfen. Sie brachten also Eugens Geschichte in ihrer Zeitschrift. Um ihn und seine Familie vor Repressalien zu schützen, druckten sie folgenden Hinweis ab: „Die Namen der in diesem Artikel genannten Personen sowie der Name und die geografische Lage der Stadt sind geändert; im Übrigen entsprechen alle Details dieser Geschichte den Tatsachen. So werden Christen von der Regierung von xy behandelt." Und für „xy" hatte die Zeitschrift den tatsächlichen Namen des Landes eingesetzt!

Die Redakteure benutzten fiktive Namen für Eugen sowie für seine Frau und Kinder. Um die Stadt zu bezeichnen, setzten sie einfach aufs Geratewohl den Namen einer anderen realen Stadt in diesem Land ein, ohne sich Gedanken darüber zu machen, ob es in dieser Stadt womöglich Christen gab. Sie dachten in ihrer Naivität, dass durch die Verwendung dieser Personen- und Städtenamen nichts passieren konnte, weil es ja nicht die echten Namen waren.

Nun, der Polizei in Eugens Land kam ein Exemplar dieser Zeitschrift in die Hände. Sehr wahrscheinlich las sie den Hinweis bezüglich der geänderten Namen. Dessen ungeachtet begannen sie Nachforschungen in der genannten Stadt anzustellen, die alsbald über ein Dutzend bisher unbekannt gebliebener Untergrund-Hausgemeinden zutage förderten und etliche Glieder dieser Gemeinden ins Gefängnis brachten.

Eugen, dessen Interview die indirekte Ursache dieser Tragödie war, war untröstlich. Jetzt, Jahre später, erzählte er mir diese Geschichte, damit sie sich nicht wiederholte. Das ist einer der

Gründe dafür, dass ich über 15 Jahre gewartet habe, bevor ich diese Geschichte in einem Buch veröffentliche.

Eugens Warnung ist von größter Wichtigkeit. Als ich sie hörte, beschloss ich auf der Stelle, sein Beispiel anderen weiterzugeben, um so dazu beizutragen, dass verfolgten Christen in aller Welt besser geholfen werden kann. Ich hoffe, dass diese Geschichte uns die Augen öffnet für eine zentrale Wahrheit: Wenn wir die Schicksale verfolgter Christen „brühwarm" weitererzählen, können wir, wenn wir nicht sehr vorsichtig sind, die Verfolgung noch verschlimmern. Die Bibel weist uns an, für unsere bedrückten und verfolgten Brüder und Schwestern zu beten. Manchmal ist es nicht hilfreich oder weise, darüber hinauszugehen und auch noch ihre Geschichten weiterzugeben. Selbst wenn wir es noch so gut meinen: Wir wissen manchmal nicht, was für Folgen die Veröffentlichung eines Falles für die Betroffenen haben kann.

Es ist eines, um Jesu willen Verfolgung zu erleiden. Meine eigenen Erfahrungen aus Somalia wie auch diese erstaunlichen und bewegenden Glaubenszeugnisse, die ich jetzt hörte, zeigten mir, dass Gott die Verfolgung um Jesu willen zu seiner Ehre und Herrlichkeit benutzen kann und will. Doch Christen aus lauter Dummheit oder Leichtsinn in völlig unnötige Verfolgungssituationen zu bringen, das ist eine andere Sache. Welch eine zusätzliche Tragik liegt in so einer sinnlosen Verfolgung!

Als ich Somalia verließ, hatte ich mir vorgenommen, diesen Fehler niemals zu machen. Gut, Jesus hatte seine Jünger „wie Schafe unter die Wölfe" geschickt. Aber das hieß noch lange nicht, dass die Schafe leichtsinnig und naiv sein sollten. Darin lag ja einer der Gründe, warum ich auf diese Reise gegangen war: Ich wollte von anderen Christen und ihren Erfahrungen lernen. Meine bisherigen Begegnungen hatten mich bereits enorm ermutigt, aber ich wusste, dass ich noch viel zu lernen hatte.

23.

„Papa, ich bin stolz auf dich!"

Meinen nächsten Interviewpartner möchte ich Stojan nennen. Der Name bedeutet so viel wie „feststehen" oder „bleiben" und kommt in Osteuropa häufig vor. Stojan war um die 60, ein freundlicher Mann voller Energie. Wir trafen uns in der Hauptstadt seines Landes, und nachdem ich das Übliche darüber gesagt hatte, wer ich war und was ich wollte, begann Stojan mir seine Geschichte zu erzählen.

Er fing mit seinen Eltern an. Nach dem Ende des Zweiten Weltkriegs begannen die Kommunisten, ihre Macht in Stojans Land zu konsolidieren, bis sie kurze Zeit später an die Regierung kamen. Jahrzehntelang unterdrückte das neue Regime die Christen. Als Stojan zwölf war, wurde sein Vater verhaftet; er sollte zehn Jahre im Gefängnis bleiben.

„Zuerst", berichtete Stojan, „steckten sie ihn in ein Gefängnis der Geheimpolizei in unserer Stadt. Einer der Wärter dort nahm jeden Morgen etwas von seinen eigenen Exkrementen und strich es auf die Brotscheibe, die er meinem Vater zum Frühstück brachte."

Das seelische Trauma dieser Schikanen war für Stojans Vater schlimmer und hinterließ tiefere Narben als alle körperlichen Misshandlungen. Neun entmutigende Monate vergingen, ohne dass die Familie vom Vater hörte. Dann erhielt Stojans Mutter die Nachricht, dass ihr Mann zusammen mit mehreren anderen Gefangenen demnächst in ein weit entferntes Arbeitslager verlegt würde.

Die Angehörigen der Gefangenen durften diese kurz vor der Verlegung eine Stunde lang besuchen. Stojan und seine Mutter begaben sich also an dem Tag, den man ihnen genannt hatte, in das allgemein bekannte und berüchtigte Folterzentrum der Geheimpolizei. Man führte sie hinaus auf einen fußballfeldgroßen Platz, zusammen mit vielen anderen Familien, die ihre geliebten Ehemänner, Väter oder Söhne noch einmal sehen wollten.

Stojan erinnerte sich: „Eine lange Tischreihe trennte die Besucher von den Insassen. Die meisten der Gefangenen kamen von der anderen Seite der Tische herbeigelaufen, um mit ihren Verwandten zu sprechen. Aber mein Vater erschien nicht. Meine Mutter und ich saßen da und warteten. Wir warteten lange. Endlich, als unsere Stunde schon fast vorbei war, kam ein Mann aus der Tür des Besuchszimmers, der etwas über der Schulter trug, das wie ein Bündel Lumpen aussah. Er kam zu uns und legte das Bündel auf einen der Tische.

Meine Mutter nahm meine Hand", fuhr Stojan fort, „und gemeinsam traten wir zu dem Tisch. Allein die durchdringend blauen Augen, die mich aus den Lumpen anstarrten, zeigten mir, dass dieses Skelett mein Vater war. Ich nahm seine Hand in meine, schob mein Gesicht so nahe, wie es ging, zu seinem hin und flüsterte: ‚Papa, ich bin stolz auf dich!' Ich war 13 Jahre alt.

Meine Mutter wusste, was mein Vater am liebsten mitnehmen wollte, und schob ein kleines Neues Testament unter seine Wollmütze. Der Wärter sah es, kam herbeigestürzt und nahm das kleine Buch an sich; dann holte er seinen Vorgesetzten. Der Offizier warf einen kurzen Blick auf das Neue Testament und schmiss es wütend auf den Boden. Dann schrie er meine Mutter vor all den Menschen an: ‚Frau, ist dir nicht klar, dass dein Mann wegen diesem Buch und wegen deinem Gott hier ist? Ich kann ihn töten, ich kann dich töten und ich kann deinen Sohn töten und würde eine Belobigung dafür kriegen!'"

Sie war Jahrzehnte her, diese Szene, aber Stojan wiederholte die Worte, als seien sie erst vor einem Tag gesprochen worden. „Meine Mutter sah den Wärter an und sagte: ‚Sie haben recht.

Sie *können* meinen Mann töten. Und mich. Und ich weiß, dass Sie sogar unseren Sohn töten können. Aber was Sie auch tun, nichts kann uns von der Liebe trennen, die in Jesus Christus ist!'"

Stojan sagte: „Ich war unglaublich stolz auf meine Mama!"

Nachdem die Kommunisten Stojans Vater in ein Arbeitslager weit außerhalb der Stadt verlegt hatten, verbannten sie den Rest der Familie in ein Romadorf in einer der hintersten Ecken des Landes. Eines späten Abends klopfte die Polizei an die Tür und gab Stojan, seiner Mutter und seinen drei jüngeren Brüdern eine Stunde zum Packen. Sie durften jeder zwei Koffer mitnehmen, und dann schob man sie in einen Zug, der mitten in der Nacht in eine Gegend fuhr, in der sie noch nie gewesen waren.

Irgendwann auf der langen, einsamen Fahrt begannen Stojans jüngere Brüder, die voller Angst waren und sich vorkamen, als ob sie alles verloren hätten, zu weinen. „Was wird jetzt aus unserem Haus, Mama?", schluchzten sie. „Wo werden wir jetzt wohnen? Wie soll Papa wissen, wo wir sind? Was machen wir jetzt? Was wird aus uns?"

Die Mutter hatte keine Antworten für ihre verstörten Söhne. Sie konnte nur sagen: „Jetzt muss Gott sich um uns kümmern, Kinder."

Dann sang sie mit ihnen ein Lied. Als sie fertig waren und es bald Zeit war auszusteigen, trat ein Fremder zu der ängstlich in ihrer Ecke hockenden Familie und sprach die Mutter an: „Entschuldigen Sie, sind Sie die Familie des Pastors, der im Gefängnis ist?" (Er nannte den Namen des Pastors.)

„Ja, das sind wir", erwiderte die Mutter.

Der Mann fuhr fort: „Gestern Abend hat unsere Gemeinde sich getroffen. Als wir beteten, wies der Heilige Geist uns an, eine Kollekte einzusammeln, die ich in diesen Zug bringen sollte, zu Ihnen. Ich soll Sie auch zu Ihrem neuen Zuhause bringen." Er reichte der Mutter eine kleine Stofftasche und wurde noch leiser. „Es ist genügend Geld für sechs Monate drin. Sie kriegen mehr, wenn es verbraucht ist."

◆◆◆

Während der restlichen neun Jahre Gefangenschaft von Stojans Vater durfte die Familie ihn zweimal besuchen, jedes Mal für genau eine Stunde. Irgendwie gelang es dem Pastor und den Seinen, zu überleben. Nicht, dass es einfach gewesen wäre.

Dreimal täglich hatte Stojan sich bei der örtlichen Polizeistelle zu melden. 1955 schlossen ihn die Kommunisten von der Universität aus. Seinem Vater wurde vorgeworfen, ein amerikanischer bzw. britischer Spion zu sein. Das war so üblich bei den vom Regime inhaftierten evangelischen Pastoren. Sie wurden dadurch allesamt zu „politischen Gefangenen". Und weil Stojan der Sohn eines politischen Gefangenen war, stempelte die Geheimpolizei „Feind der Republik" in sein Studienbuch und verbot ihm, ein Examen abzulegen. Als Nächstes wurde er zum Wehrdienst einberufen. Beim Militär wurde er nicht befördert und durfte nur einfachste Dienste in einer Versorgungseinheit verrichten.

Über 10.000 „politische Gefangene" starben in jenen Jahren in Stojans Land. Es gab wenig Hoffnung, dass sein Vater das Martyrium überleben würde. Gegen Ende seiner Haftzeit machten die Wärter einen letzten grausamen Versuch, ihn zu brechen, als sie ihm mitteilten, dass er jetzt hingerichtet würde. Sie führten ihn nach draußen, banden ihn an einen Pfahl und gaben ihm eine letzte Gelegenheit, seinem Glauben abzusagen. „Wenn du dich weigerst, erschießen wir dich."

Stojans Vater richtete sich so hoch auf, wie er konnte, und erklärte: „Ich werde Christus nicht verleugnen." Die Wärter wurden wütend. Offenbar waren sie nicht befugt, ihre Drohung wahr zu machen, ja hatten ganz andere Befehle erhalten. Unter lauten Flüchen begannen sie, ihn loszubinden, und dann – führten sie ihn nicht zurück in seine Zelle, sondern zu der Mauer, die das Lager umgab, öffneten eine Tür und warfen ihn ohne jede Erklärung buchstäblich aus dem Gefängnis hinaus.

Stojans Vater war so überrascht, dass er erst nicht wusste, was er machen sollte. Dann dämmerte es ihm, dass man ihn gerade entlassen hatte. Er begann zu gehen. Nach vielen Mühen stand er endlich vor dem neuen Heim seiner Familie. Es war ein Samstag, als er ankam, und niemand war zu Hause. Er fragte sich zur Kirche durch, und siehe da, dort waren seine Lieben und andere Gemeindeglieder und beteten vor dem Altar für ihn. Es gab ein freudiges Wiedersehen, und dann konnte er endlich wieder predigen.

Ein paar Monate später bat eines Sonntags eine ältere Frau den Pastor, ihr zu helfen. Er kannte sie nicht. Sie erzählte ihm, dass sie einen Sohn hatte, der Diabetiker war. Er war seit Kurzem erblindet und hatte nicht mehr lange zu leben. Er brauchte dringend Medikamente gegen seine quälenden Schmerzen, aber als Christin hatte sie keine Möglichkeit, an diese Medikamente heranzukommen. Stojans Vater versprach ihr zu tun, was er konnte, und besorgte ihr tatsächlich die Medikamente.

Als er sie der alten Frau brachte, führte sie ihn ins Schlafzimmer, um ihrem Sohn den Pastor vorzustellen. Sie war dankbar für die Medikamente und wollte gerne, dass der Pastor für ihren Sohn betete.

Als Stojans Vater ins Zimmer trat, bekam er den Schock seines Lebens. Der blinde, todkranke Mann mittleren Alters, der da hilflos vor ihm im Bett lag, war der Gefängniswärter, der ihm in den ersten neun Monaten seiner Haft jeden Morgen seinen Kot auf das Frühstücksbrot geschmiert hatte!

Stojans Vater schickte ein Stoßgebet zum Himmel. *Oh, Herr! Gib, dass ich dir jetzt keine Schande mache!* Ohne auch nur mit einem Wort anzudeuten, wer er war, vergab er im Herzen dem Mann, der ihn damals so gequält hatte, half der alten Frau, ihm die Schmerztabletten zu geben, betete für ihren Sohn und kehrte nach Hause zurück, als jemand, der gerade ein neues, tieferes Verständnis der Gnade Gottes bekommen hatte. Er war so überwältigt von Gottes Gnade, dass dieses Erlebnis sein Leben und das Leben seiner Familie für immer veränderte.

◆◆◆

Als sein Vater aus dem Gefängnis freikam, hatte Stojan seinen Wehrdienst absolviert, arbeitete in einer Gießerei und machte ein Fernstudium in Theologie. Sein Berufsziel lautete: Pastor. Doch seine Pläne verzögerten sich, als die Polizei in seine Wohnung eindrang und seine Bücher sowie die Predigten, die er geschrieben hatte, vernichtete.

1962 war Stojan endlich mit seinem Fernstudium fertig und nun selbst ein Pastor. Er verlor prompt seine Arbeitsstelle in der Gießerei, worauf er ein theologisches Aufbaustudium begann, wieder als Fernkurs.

Bis 1966 war es ihm (natürlich illegal) gelungen, in den Besitz zweier Bibeln in der Landessprache zu kommen. Dadurch kam er auf die Idee, in seiner Wohnung einen heimlichen Vertrieb für ins Land geschmuggelte Literatur einzurichten. Im Laufe der nächsten zwei Jahrzehnte übersetzte er über zwanzig christliche Bücher aus dem Westen, von so bekannten Autoren wie Corrie ten Boom, David Wilkerson und Billy Graham. Stojan baute im Verborgenen ein regelrechtes Publikationsnetz auf. Die Details dieser Arbeit und wie seine Organisation es schaffte, hinter dem Eisernen Vorhang Tausende von Büchern zu drucken und zu vertreiben, waren im Sommer 1998, als ich ihn kennenlernte, noch Geheimsache.

Er erzählte mir, dass die Geheimpolizei ihn im Visier hatte. Einmal wurde er sogar verhaftet und ins Gefängnis geworfen; aber nur für ein paar Monate, und nicht für Jahre wie sein Vater. Sie hätten ihn länger in Haft gehalten, wenn er bei der Festnahme im Besitz illegaler religiöser Schriften gewesen wäre, doch dabei wurde er nie erwischt.

Mehr als einmal kam Stojan damals mit knapper Not davon. Er erzählte mir einige haarsträubende Beispiele. Einmal, als er wieder unterwegs war, erfuhr er in letzter Minute, dass zu Hause die Polizei auf ihn wartete. Er ließ darauf seine Frau mit den ganzen Büchern, die im Kofferraum seines Autos waren, über Nacht allein im Wald, damit er ganz harmlos mit leeren Händen zu Hause ankommen konnte. Ein anderes Mal saß ein Polizeioffizier buchstäblich auf einem ganzen Stapel Bibeln, die in braunes Packpapier gewickelt waren, während er seine Männer bei einer stundenlangen, ergebnislosen Durchsuchung von Stojans Haus dirigierte. Als ich Stojan zwei volle Tage zugehört hatte, wünschte ich mir, noch einen ganzen Monat zu haben, um weiter von seinen Erfahrungen zu hören.

◆◆◆

Ich merkte, wie ich auf dieser Reise nach Osteuropa eine richtige Entwicklung, ja Steigerung feststellen konnte. In Russland hatte ich Menschen angetroffen, die noch müde und voller Argwohn waren und die ihre persönlichen Geschichten noch versteckten – nicht nur vor der Welt, sondern auch voreinander. In der Ukraine entdeckte ich Christen, die den Frühling der Freiheit feierten. Sie erzählten ihre Geschichten offen und mit großer Freude. Und hier in den ehemaligen sowjetischen Satellitenstaaten, wo die Mauern so gründlich gefallen waren, dass die Bürger wieder die Grenzen ihrer Länder überschreiten konnten, schienen Christen wie Stojan geradezu in der Sonne zu baden.

Sie hatten schon Abstand von dem Vergangenen gewonnen und dachten über das nach, was sie erlebt hatten.

Trotz der so harten Jahrzehnte, die hinter ihm lagen, waren Stojans Geschichten voller Freude und Hoffnung. Er war davon überzeugt, dass in Verfolgungszeiten mehr Menschen zu Christus kommen, weil sie dann erfahren, wie Gott die Seinen in der Not durchträgt und stärkt. Er sagte auch, dass er erkannt hatte: Im Angesicht der Verfolgung ist die Familie die wichtigste Quelle von Glauben und Widerstandskraft. Und er erklärte mir, dass die neue Freiheit merkwürdigerweise neue Herausforderungen mit sich gebracht hatte, die die geistlichen Fronten verwischten.

Als mein Interview mit Stojan sich seinem Ende näherte, wusste ich, dass ich lange brauchen würde, um all die Weisheit und die Erkenntnisse zu verdauen, die dieser eine Mann aus dem Lebensschatz seiner persönlichen Glaubenserfahrungen geschöpft hatte. Als ich Stojan das sagte und ihm dankte, dass er sich so viel Zeit für mich genommen hatte, lächelte er bescheiden und erwiderte: „Ich danke Gott und freue mich in der Gewissheit, dass ich in meinem Land im Gefängnis gelitten habe, damit du, Nik, in Kentucky in aller Freiheit anderen von Jesus erzählen konntest." Die Worte gingen mir durchs Herz. Ich sah Stojan fest an. „Nein!", protestierte ich. „Sag so etwas nicht! Mute mir das nicht zu! Das ist eine so große Schuld, dass ich sie nie zurückzahlen kann!"

Stojan erwiderte meinen Blick und sagte: „Das ist die Schuld des Kreuzes, mein Sohn! Nimm mir diese Freude nicht."

Und er hob seine Stimme zu einem Satz, der prophetisch klang und den ich nie vergessen werde: „Gib nie in der Freiheit das auf, was wir in der schlimmsten Verfolgung nicht aufgegeben haben – unser Zeugnis von der Macht der Auferstehung Jesu Christi!"

◆◆◆

Stojans Worte ließen mich nicht los, als ich in die USA zurück-flog. *Hatte ich vielleicht in der Freiheit das aufgegeben, was er und andere in den schlimmsten Verfolgungen nicht aufgegeben hatten? Konnte das sein?*

Ich hörte sie immer wieder, die Stimmen aus den Interviews. Ich sah die Gesichter wieder vor mir. So viele Geschichten in so kurzer Zeit. Nicht einmal einen Monat hatte ich gebraucht. War das möglich? Mein Kopf war voll von all dem, was ich gese-hen, gehört, erlebt und herausgefunden hatte.

Zu Hause angekommen, schüttete ich natürlich mein Herz aus. Zuerst in meiner Familie, dann bei meinen Kollegen und Partnern und zum Schluss vor den Studierenden, die unsere neue adoptierte Familie geworden waren.

Nur ein paar Wochen nach meiner Rückkehr versammelten sich die Studierenden in unserem Wohnzimmer. Ich versuch-te, ihnen einen Kurzbericht über meine Reise zu geben, aber sie wollten schon bald mehr erfahren. Sie wollten, dass ich ihnen die Geschichten erzählte, die ich gehört hatte. Und ich fing an. Ich erzählte ihnen von Dmitri und seinen Jesusliedern. Von Katja und der Anweisung ihres Großvaters, treu zu sein bis in den Tod. Von dem treuen Diakon, der sein Pferd vor den Schlitten gespannt hatte, um mitten in einem Schneesturm ei-ner darbenden Familie Lebensmittel zu bringen. Und von dem russischen Pastor, der mir klargemacht hatte, dass Verfolgung gerade so normal ist, wie dass die Sonne im Osten aufgeht. Ich sagte ihnen, ich begriffe allmählich, dass für Millionen Christen in aller Welt Verfolgung ein Normalzustand ist.

Zu meinen Erinnerungen gehörten auch einige Geständ-nisse. „Ich weiß nicht", sagte ich den Studierenden, „wie ich es fertiggebracht habe, 45 Jahre alt zu werden, ohne mir über die-se Dinge klar zu werden. Man hätte eigentlich erwarten sollen, dass ich das längst wusste, nach 15 Jahren in Afrika! Und die Bibel studiert habe ich auch, und dort sagt Jesus seinen Jüngern doch schwarz auf weiß, dass sie für ihn leiden werden! Eigentlich sollten uns diese Dinge nicht überraschen – aber irgendwie ist es trotzdem eine Überraschung."

Als Nächstes erzählte ich ihnen von dem ukrainischen Pastor, der mich gefragt hatte, wann ich aufgehört hätte, meine Bibel zu lesen. Und von den jungen russischen Christen, die auf jener Jugendkonferenz in Moskau in den 1950er-Jahren fast die ganzen vier Evangelien aus dem Gedächtnis zusammenbekommen hatten. Die Studierenden machten betroffene Gesichter. Ich glaube, als ich ihnen traurig sagte, dass im ersten Jahrzehnt der neuen Freiheit nach dem Ende des Kommunismus die Kirche in Russland viel von dem verloren hatte, was die Gläubigen in der Sowjetunion unter dem Kommunismus ein Dreivierteljahrhundert lang bewahrt hatten, fragten viele von ihnen sich unwillkürlich, wie das wohl bei *ihnen* war.

Es war schon spät und Zeit, Schluss zu machen. Aber niemand schien Lust zu haben zu gehen, und so erzählte ich weiter. Ich erzählte den Studierenden von Tavian und den 600 Liedern, die er im Gefängnis gedichtet hatte und die jetzt jeden Sonntagmorgen in vielen Kirchen in seinem Land gesungen wurden. Ich sprach von der Macht der Glaubenslieder und wie viele der Christen, die ich interviewt hatte, Lieblingslieder und Lieblingsverse aus der Bibel zitiert hatten, die ihnen in ihren schweren Tagen starke geistliche Kraftquellen gewesen waren.

Ich spielte auch eine Aufnahme von Dmitri und Tavian ab, wie sie ihre Glaubenslieder sangen. Die jungen Leute weinten mit mir.

Ich berichtete ihnen von Stojan und seiner Familie und wie das Leiden seines Vaters und der Glaubensmut seiner Mutter ihm ein geistliches Vermächtnis geworden waren, das sein eigenes erstaunliches Leben geprägt hatte. Und dann berichtete ich ihnen von den letzten Worten, die ich mit Stojan gewechselt hatte. Ich bekannte ihnen, dass ich nicht anders gekonnt hatte, als Gott um Vergebung dafür zu bitten, dass ich in der Freiheit das aufgegeben hatte, was Stojan und so viele andere in der schlimmsten Verfolgung nie aufgegeben hatten – das Vertrauen in die Kraft des Evangeliums.

Es war jetzt noch später, doch die Studierenden machten immer noch keine Anstalten, unser Haus zu verlassen. Ruth und ich gingen schließlich nach oben und ins Bett, während die jungen Leute weiter im Wohnzimmer blieben und sangen, beteten und weinten.

Als sie in der nächsten Woche wiederkamen, brachten sie ihre Freunde mit und baten mich, wieder zu erzählen – die gleichen Geschichten, die sie in der vorigen Woche gehört hatten. Ich merkte: Gott hatte uns etwas Heiliges anvertraut.

Nein, ich hatte nicht alle Antworten gefunden, die ich gesucht hatte; ja, ich war mit neuen Fragen zurückgekommen. Aber dort in Russland und Osteuropa hatte ich eine neue Hoffnung gefunden. Sie war klein, aber sie lebte.

◆◆◆

Als ich nach Tims Tod Afrika verließ, hatte ich mich gefragt, was mein Glaube an Orten wie Mogadischu für einen Sinn hatte – ob er dort überhaupt einen Sinn hatte. Ruth und ich waren nach Somalia gegangen im Gehorsam gegenüber dem Befehl Christi, in alle Welt zu gehen und die Menschen zu Jüngern zu machen, und in dem festen Glauben an das, was die Bibel über die Auferstehungskraft von Jesus sagt. Sechs Jahre danach war ich nach Hause geflüchtet, geplagt von Zweifeln an dieser Kraft und von der bangen Frage, ob nicht vielleicht das Böse doch stärker war als Gott.

Wenn diese Auferstehungskraft in der Welt von heute nicht zu finden war, dann hatte ich ein Problem. Wenn diese Kraft nicht da war, dann musste ich mich wichtigen Fragen stellen,

Fragen, die mich im Innersten trafen: *Was war der Sinn der letzten 15 Jahre meines Lebens gewesen? Und was sollte ich mit dem Rest meines Lebens machen?*

Dann hatten wir unsere „Projektgruppe verfolgte Christen" ins Leben gerufen und konkrete Forschungsziele formuliert, durch die wir lernen wollten, wie man an den besonders christenfeindlichen Orten der Welt Menschen zu Jüngern machen konnte. Das war unser offizielles Ziel gewesen. Aber mir war schon früh klar geworden, dass mein Projekt noch eine viel tiefere, persönlichere Dimension hatte. Ich war mit einer Frage nach Russland geflogen, auf die ich dringend eine Antwort suchte: *Was, wenn das, was die Bibel über die Kraft meines Glaubens sagt, heute nicht mehr stimmt?*

Doch als ich dann von Russland wieder nach Hause kam, war eine andere Frage in meinem Herzen – eine Frage, die aus diesen erstaunlichen, lebensvollen Interviews erwachsen war: *Was, wenn die Auferstehungskraft, die den Jüngern von Jesus im Neuen Testament offenstand, den Christen von heute genauso offensteht?*

Konnte das wahr sein?

Angetrieben von dieser Frage ging meine Reise weiter.

24.

Geheime Treffen

Als wir begannen, verfolgte Christen zu interviewen, wussten Ruth und ich: Wenn wir erfahren wollten, wie der christliche Glaube in schweren Zeiten und an rauen Orten überleben konnte, mussten wir unbedingt auch nach China. Der Entschluss zu diesem Besuch war einfach; die konkrete Planung war sehr viel schwieriger.

Wir hatten nie in China gearbeitet und das Land auch nie besucht. Ich kannte nicht einen einzigen Menschen dort. Wir sprachen in China tätige Organisationen an, in der Hoffnung, auf diese Weise Kontakte nach China knüpfen zu können. Wir brauchten eine Gruppe oder Einzelperson, die das Vertrauen der chinesischen Christen genoss – jemand, der uns Türen öffnen konnte.

Es war eine schwierige Suche, und viele Türen waren verschlossen. Mehrere Personen, von denen wir uns Hilfe erhofft hatten, sagten uns, dass das nicht ging. (Oder sie wollten aus irgendeinem Grunde nicht.) Es war nicht einfach, auch nur unsere Ziele verständlich zu machen, geschweige denn, all die Reisen und persönlichen Kontakte zu organisieren. Wochenlang schrieben Ruth und ich E-Mails, telefonierten und baten um Hilfe.

Schließlich erfuhren wir von einem Mann namens David Chen. In China geboren, hatte er in Nordamerika studiert, wo er Pastor und Theologieprofessor geworden war. Noch besser war, dass er über hundert Reisen nach China gemacht hatte, wo er regelmäßig Theologie- und Bibelkurse für die Leiter von Hausgemeinden durchführte. Dazu hatte er schon sein Leben lang das Wachstum des Christentums in China unter der Herrschaft der Kommunisten studiert.

David eröffnete uns, dass er für den Herbst seinen nächsten Chinabesuch plante. Er versprach mir, mich bei seinen Bekannten einzuführen und sie zu bitten, mit mir zu kooperieren. Falls alles klappte, würden er und ich vielleicht sogar zusammen reisen können.

Wieder einmal bewahrheitete sich der alte Spruch: „Es kommt nicht darauf an, *was* man kennt, sondern *wen* man kennt." Davids Fürsprache öffnete mir die Tür zu einem großen Netzwerk von Christen in ganz China. Auf seine Empfehlung hin erklärten sie sich bereit, mich in ihr Leben (und manchmal auch ihre Häuser und Hausgemeinden) hineinschauen zu lassen. In wenigen Tagen nahmen jetzt die Pläne für eine siebenwöchige Reise durch China konkrete Gestalt an.

◆◆◆

Meine erste Einführung in China und in die chinesische Kultur bekam ich in Hongkong. Bevor ich Amerika verließ, hatte David Chen (den ich später in China treffen würde) mir einen Intensivkurs über die Geschichte Chinas und des Christentums in China gegeben und mir Kontakte zu mehreren Christen in Hongkong verschafft. Sie waren bereit, mit mir über die Situation der Gemeinden in Hongkong zu reden. Im vorangegangenen Jahr, 1997, war die Kontrolle über Hongkong nach über einhalb Jahrhunderten als britische Kronkolonie vertragsgemäß an die Volksrepublik China übergegangen.

Die Christen, die ich in Hongkong traf, berichteten mir, dass es vor diesem lange erwarteten (und von vielen gefürchteten) Machtwechsel viele Spekulationen und Ängste gegeben hatte. Die allgemeine Verunsicherung und Zukunftsangst war so groß gewesen, dass in den Jahren und Monaten vor der Machtübergabe an die Kommunisten im Juli 1997 75 Prozent der evangelischen Pastoren aus Hongkong emigriert waren. Viele von ihnen waren als politische bzw. religiöse Flüchtlinge nach Taiwan gegangen, andere in verschiedene westliche Länder.

Die Laienmitarbeiter und Gemeindeglieder, die in Hongkong geblieben waren, sagten mir, dass die chinesischen Behörden ihre Versprechen bis jetzt gehalten hatten. Sie ließen in der Stadt weiter eine Administration zu, die westlicher und kapitalistischer, weniger autoritär und sogar etwas demokratischer war als auf dem Festland. Das größte Problem für die Christen in Hongkong war, wie sie mit dem plötzlichen Verlust so vieler ausgebildeter und erfahrener Leitungspersonen in den Gemeinden ihrer Stadt fertigwerden sollten. Ich fand es interessant, ja beunruhigend, dass so viele Pastoren Hongkong verlassen hatten.

Noch nie in meinem Leben war ich mir so auffällig fremd, so komplett fehl am Platz vorgekommen wie jetzt, als ich durch die Nebenstraßen von Hongkong schlenderte. Das überraschte mich, und ich fragte mich unwillkürlich, wie es mir in den nächsten Wochen an meinen diversen Reisestationen auf dem chinesischen Festland ergehen würde, von denen keine halb so „westlich" sein würde wie Hongkong.

◆◆◆

Mein unerwarteter Kulturschock verstärkte die Besorgnis, die ich gespürt hatte, als David Chen mir eröffnete, dass es besser wäre, wenn wir separat, jeder für sich, nach China einreisten. Er wusste nur zu gut, dass mit jedem seiner Besuche das Risiko stieg, dass die chinesische Polizei ihn wegen seiner Arbeit mit den Hauskirchen verdächtigen und verhaften würde. Da ich zum ersten Mal nach China reiste, war die Gefahr gering, dass man mich festhielt. Doch falls sie ihn ausgerechnet diesmal erwischten und ich dann bei ihm war oder falls man ein Auge auf ihn warf, weil er zusammen mit einem Amerikaner reiste, könnte es passieren, dass die Polizei den wahren Zweck seines Besuches entdeckte. In diesem Fall wäre ich wahrscheinlich im selben Netz gefangen und man würde mir die Einreise verweigern bzw. mich ausweisen.

„Ich werde dich schon finden", versicherte David mir. „Bis dahin bist du ohne mich sicherer. Die Personen, die dich an deinen ersten Stationen in Empfang nehmen werden, sprechen hervorragend Englisch. Sie werden übersetzen, falls jemand von den Leuten, mit denen sie Interviews organisiert haben, kein Englisch kann. Das junge Paar, das dich in deiner ersten Stadt am Bahnhof abholt, wird dich unter seine Fittiche nehmen. Wenn deine drei Tage dort zu Ende sind, werden sie dir Instruktionen geben, wie du in der zweiten Stadt deine Kontaktpersonen findest."

„Aber wie werde ich sie erkennen?", fragte ich.

David lächelte. „Keine Sorge, sie finden dich schon."

Das reichte mir nicht. „Aber wie werden sie ..."

Davids Lachen unterbrach mich. „Mach dir mal keine Sorgen, Nik, die schaffen das schon!"

◆◆◆

Als ich auf dem Bahnsteig des Hauptbahnhofs von Hongkong stand und auf meinen Zug in die Volksrepublik wartete, kam ich schnell zu dem Schluss, dass halb China gerade einen Besuch in Hongkong gemacht hatte und jetzt nach Hause zurückfuhr, voll bepackt mit schweren Einkaufstaschen. Plötzlich wusste ich, warum David gelacht hatte, als ich wissen wollte, wie meine Gastgeber mich an meinem Zielort erkennen würden. Mit meinem Gardemaß von 1,80 m überblickte ich locker das Meer der Tausenden von schwarzhaarigen Köpfe. So weit das Auge reichte, kein einziger Afrikaner, Europäer oder Latino. Hier in diesem Bahnhof gab es nur zwei: China und mich.

Plötzlich schoss die ganze Menge auf die sich langsam öffnenden Türen des nächsten Waggons zu. Zum Glück war ich unter den Allerersten, die sich in den Zug quetschten. Es gelang mir, einen Sitzplatz zu ergattern, während der Wagen sich so füllte, dass „überfüllt" schon gar kein Ausdruck mehr war.

◆◆◆

Als wir unsere südchinesische Stadt erreichten, leerte sich der Zug so schnell, dass ich keine Chance hatte, mich zu orientieren. Ich folgte einfach dem Menschenstrom, der mich durch das Bahnhofsgebäude trug. Jetzt konnte ich nichts anderes machen, als David Chens Instruktionen zu glauben und zu beten, dass seine Freunde so zuverlässig waren, wie er mir gesagt hatte. Und richtig, nur ein paar Sekunden, und ich spürte, wie jemand mich streifte und eine Hand kurz die meine berührte. Ich drehte mich in die Richtung und sah ein junges chinesisches Paar, das mich ansah und mir stumm bedeutete, ihm hinaus auf die Straße zu folgen. Dort hielten die beiden ein Taxi an, warfen meine Reisetasche in den Kofferraum und bedeuteten mir, auf der Rückbank Platz zu nehmen.

Meine Gastgeber gaben dem Fahrer ihre Instruktionen, und es begann eine eher schweigende 40-minütige Fahrt zu irgendeiner Adresse in der Stadt, die bestimmt noch nicht unser Ziel war. Und richtig, als das Taxi weitergefahren war, führten meine Gastgeber mich durch ein wahres Labyrinth von Straßen. Ein paar Blocks weiter wurden sie langsamer und schauten sichernd die Straße entlang, in beide Richtungen. Niemand war zu sehen. Sie traten rasch durch eine unverschlossene Tür in den winzigen Eingangsflur eines Hauses – wohl ein Mietshaus. Erst als sie mich drei Treppen hoch in ihre Wohnung geführt und die Tür hinter sich geschlossen hatten, löste sich ihre Spannung und sie wurden gesprächig.

Daniel und Lydia Wang erklärten mir, dass sie mich später, wenn es dunkel war, zurück in die Innenstadt bringen würden, in eines der staatlichen „offiziellen" Touristenhotels, wo Besucher aus dem Ausland sich anzumelden und zu übernachten hatten. Bis dann könnten wir uns in ihrer Wohnung unterhalten, wo dies viel besser ging. Lydia servierte Tee und Plätzchen, und wir begannen zu reden.

Die Wangs leiteten eine Hauskirche, die zu einem ganzen regionalen Hauskirchennetzwerk gehörte. So hatten sie David Chen kennengelernt.

Ich erklärte, wie sehr ich David schätzte und dass er mir so wertvolle Hinweise gegeben hatte. Dann erklärte ich, warum ich nach China gekommen war, und gab den beiden ein paar Kostproben von den Geschichten, die ich in Russland und Osteuropa gehört hatte. Ich erzählte auch etwas über mich selbst, einschließlich meiner Jahre in Afrika und natürlich auch meiner Probleme in Somalia und wie diese mich schließlich hierher nach China geführt hatten.

Um mein Verständnis für ihre Situation zu signalisieren, sagte ich den beiden, dass ich sehr wohl begriff, warum sie so vorsichtig waren. In Somalia konnte es einem Christen den Tod bringen, wenn er zusammen mit einem Ausländer gesehen wurde. Ich versicherte Daniel und Lydia, dass ich jegliche Sicherheitsvorkehrungen, die sie für notwendig hielten, gerne befolgen würde und nicht vorhatte, sie unnötig in Gefahr zu bringen.

Sie erklärten mir, dass sie auf dem Weg in ihre Wohnung vorhin deswegen so vorsichtig gewesen waren, weil die Polizei in den letzten Monaten ihre Überwachung der Hauskirchenchristen offenbar verstärkt hatte; mehrere ihrer Glaubensgeschwister hatten berichtet, dass sie beschattet worden waren.

„Glauben Sie, dass uns vorhin jemand gefolgt ist?", fragte ich.

„Wohl eher nicht", erwiderte Lydia. „Aber genau wissen werden wir das erst in ein paar Tagen."

„Wie meinen Sie das?", fragte ich sie.

„Falls uns heute Nachmittag jemand gefolgt ist, wird er uns weiter beschatten, so lange, wie Sie hier sind, um herauszufinden, wer Sie sind und was Sie wollen", erklärte Daniel. „Sie würden so lange ermitteln, bis Sie wieder weg sind, und wenn es danach Probleme gäbe, würden sie wiederkommen und uns verhaften."

Lydia sah mein besorgtes Gesicht und versuchte lächelnd, mich zu beruhigen. „Machen Sie sich mal keine Sorgen. Daniel und ich sind auf dem Weg zum Bahnhof und zurück sehr vorsichtig gewesen. Wir haben niemanden bemerkt und sind ziemlich sicher, dass uns keiner gefolgt ist."

„Und selbst wenn wir auffliegen würden", fügte Daniel hinzu, „wäre das noch lange keine lebensgefährliche Situation wie bei Ihren Freunden in Somalia. Also keine Bange. Hier in China kriegen die meisten Christen, die verhaftet werden – selbst unsere Evangelisten, die des schweren Vergehens der Gründung einer illegalen Hauskirche angeklagt werden –, meistens nicht mehr als drei Jahre Gefängnis."

Er sagte das so beiläufig, als mache er eine Bemerkung über das Wetter. In mir schrillten die Alarmglocken. Ich hatte plötzlich Angst, und das nicht nur um mich selbst. Was, wenn mein Besuch meine Gastgeber ins Gefängnis brachte? „Warum haben Sie mir nicht gesagt, dass ich nicht kommen soll, weil es zu gefährlich für Sie werden könnte?", fragte ich.

„Wir waren bereit, das Risiko einzugehen", erwiderte Daniel.

„Also, wenn ich vorher von diesem Risiko gewusst hätte", sagte ich, „ich weiß nicht, ob ich es eingegangen wäre." Die beiden machten ein überraschtes Gesicht, und ich fing an, ihnen zu erklären, dass ich in Somalia gelernt hatte, wie wichtig es ist, sicherzugehen, dass man, wenn man verfolgt wird, auch wirklich um Jesu willen verfolgt wird. „Ich meine, wenn Sie mit der Obrigkeit in Konflikt kommen, weil Sie zu Jesus beten oder ihn bezeugen, wird Gott dazu stehen. Wenn die Menschen aus Ihrer Umgebung – Ihre Verwandten, Freunde, Nachbarn, vielleicht sogar die Beamten, die Ihren Fall bearbeiten – sehen, was Sie da gemacht haben, und begreifen, dass es aus Hingabe zu Jesus war, kann Gott das zu seiner Ehre gebrauchen. Es kann vielleicht sogar ein paar Leute dazu bringen, über Gott nachzudenken. Aber wenn Sie wegen Ihrer Kontakte zu mir oder sonst jemandem aus dem Westen verhaftet werden, nur weil jemand gesehen hat, wie Sie mich am Bahnhof abgeholt oder mit mir Ihre Straße entlanggegangen sind oder dieses Haus betreten haben – ich weiß nicht, ob Gott das genauso segnen wird."

Ich fuhr fort: „Ich meine, viele Ihrer Bekannten würden das einfach nicht als Verfolgung um Jesu willen wahrnehmen. Wenn Sie während eines Gottesdienstes verhaftet werden, ist der Grund für die Verhaftung klar. Aber für ein Treffen mit einem Ausländer kann es viele Gründe geben. Einige könnten finanzielle Gründe dahinter vermuten. Oder dass Sie vorhatten, das Land zu verlassen. Vielleicht glauben die Leute sogar, dass Sie in irgendetwas Politisches verwickelt sind. Und wie sollte Gott so etwas benutzen können, um Menschen zu Jesus zu führen? Die Bibel versichert uns zwar, dass bei Gott *alles* zum Besten dienen kann, aber ich glaube nicht, dass er es belohnt, wenn wir ihm das durch völlig unnötige Fehler schwerer machen.

In Somalia habe ich gelernt, unter keinen Umständen durch meine Worte, meine Handlungen oder meine Arbeit daran schuldig zu werden, dass andere leiden müssen. Durch eigenes Verschulden in Schwierigkeiten zu geraten, ist *nicht* dasselbe, wie *um Jesu willen* verfolgt zu werden! Wenn ein anderer Mensch meinetwegen leiden muss – vor allem wenn der Grund dafür ist, dass ich mich gedankenlos, naiv oder schlichtweg dumm verhalten habe –, ist das traurig und unnötig. Es wäre nicht recht, ja, es könnte sogar eine Sünde sein."

Daniel und Lydia hörten mir aufmerksam zu. Aber etwas schien sie zu stören. Lydia antwortete als Erste. „Ich kann Sie gut verstehen; was Sie da sagen, ergibt einen Sinn. Aber Sie müssen auch wissen, dass wir niemals jemandem wie Ihnen, einem Besucher, sagen würden, er solle nicht kommen. Das können wir nicht und das machen wir nicht."

Wie meinte sie das? „Und warum nicht?", fragte ich.

„Weil einen Besucher abzuweisen allem widersprechen würde, was wir glauben und was wir sind!" Und sie klärte mich darüber auf, dass in der chinesischen Kultur die Gastfreundschaft einer der höchsten Werte ist. Einen Gast auszuladen ist schier undenkbar und stellt für einen Chinesen den Gipfel der Taktlosigkeit dar. „Die Bitte eines Gastes oder Besuchers abzuschlagen, das kann nie richtig sein."

Plötzlich begriff ich, worum es hier ging. Ich hatte in meiner Arbeit gelernt, sensibel zu sein für die unterschiedlichen Werte in den verschiedenen Kulturen und Völkern. Bei den Chinesen (wie übrigens auch bei den Arabern und vielen anderen muslimischen Kulturen) wurde Gastfreundschaft offenbar sehr groß geschrieben, und wer gegen sie verstieß, machte sich unmöglich.

In diesem Augenblick dämmerte es mir auch, dass diese Fragen ja nicht auf *eine* Kultur beschränkt waren. Als die Wangs weiterredeten, musste ich an Dinge denken, die ich als Kind gelernt hatte, an Erlebnisse in Somalia und an die Geschichten, die ich kürzlich in Osteuropa gehört hatte. Ich wünschte mir plötzlich, ich könnte all diese Menschen in einem Raum zusammenbringen. Konnte man diese Erkenntnisse nicht womöglich von einer Kultur auf die andere übertragen? Wahrscheinlich schon.

Als Lydia mir schilderte, wie wichtig die Gastfreundschaft in ihrer Kultur war, musste ich an ein Erlebnis in Somalia denken, aus dem ich etwas über die unterschiedlichen Werte in verschiedenen Kulturen gelernt hatte.

Unter den Stämmen in Schwarzafrika sind *Beziehungen* ein so hoher Wert, dass sie für viele oft wichtiger sind als die *Wahrheit*. Für den typischen Menschen aus dem Westen ist es genau andersherum, und diese unterschiedliche Perspektive kann zu schweren Missverständnissen, unnötigen Konflikten und manchmal tragischen Folgen führen. Ein Afrikaner wird vielleicht in bestimmten Fällen die Wahrheit beschönigen oder zurechtbiegen oder wichtige Informationen zurückhalten, weil er niemanden vor den Kopf stoßen will. Was die anderen nicht hören wollen, das sagt er womöglich auch nicht.

Ein Nordamerikaner oder Europäer deutet so ein Verhalten leicht als Unzuverlässigkeit, ja als Heimtücke und Mangel an Moral. Doch der Afrikaner findet, dass er gerade die höchste Vertrauenswürdigkeit und Integrität demonstriert hat. Hat er doch das praktiziert, was er von Kind auf als den wichtigeren Wert kennengelernt hat. Für ihn wäre es viel schlimmer gewesen, bewusst etwas zu sagen, womit er die Beziehung hätte belasten oder beschädigen können.

Ich lernte diesen Unterschied zwischen den Kulturen kurz nach Beginn unserer Arbeit in Somalia am eigenen Leibe kennen, als ich den frisch eingestellten Omar Aziz fragte, ob es sicher war, in ein bestimmtes Stadtviertel zu gehen, wo ich an einem Treffen teilnehmen musste. Fand Omar Aziz, die Gefahr sei so groß, dass ich besser nicht hinging? Er erwiderte, dass ich unbesorgt in dieses Viertel gehen könne.

Ich machte mich auf den Weg. Als ich mich meinem Ziel näherte, begann ganz in der Nähe ein heftiges Feuergefecht. Schüsse rechts und links und überall. Ich rannte um mein Leben. Als ich wieder in unserem Hauptquartier war und berichtete, was mir passiert war, sagten mir meine somalischen Mitarbeiter, dass ich nie in dieses Viertel hätte gehen dürfen. „Das ist eine der gefährlichsten Ecken von Mogadischu, das weiß doch jeder."

Ich war außer mir. Als ich Omar Aziz wiedersah, machte ich ihm bittere Vorwürfe, mich um ein Haar umgebracht zu haben. Warum hatte er mich angelogen? Warum hatte er mich so ins Messer laufen lassen?

Seine spontane und empörte Antwort machte mich sprachlos. Er sagte: „Warum soll ich Ihnen die Wahrheit sagen? Ich kenne Sie doch noch kaum!" Für ihn schien die Sache damit erledigt zu sein.

Für Omar Aziz war die Vorbedingung für *Wahrheit*, dass eine *Beziehung* existierte. Ich war in einer Welt aufgewachsen, wo *Wahrheit* die Vorbedingung für jede *Beziehung* war. Für uns beide waren Wahrheit und Beziehung eng miteinander verbunden, aber wir sahen diese Verbindung völlig unterschiedlich.

Sobald wir unsere unterschiedlichen kulturellen „Brillen" begriffen und akzeptierten, begannen wir zu sehen, dass wir ja im Grunde beide dasselbe wollten. Omar Aziz wollte eine Beziehung, die stark und tief genug war, um auch die schwierigste Wahrheit zu vertragen. Und für mich waren Wahrheit und Ehrlichkeit das absolute Fundament für eine gute Beziehung.

Als wir begannen, uns in unserem Wertesystem gegenseitig zu verstehen und zu achten, entwickelte sich zwischen uns eine der tiefsten Freundschaften, die ich je erlebt habe. Ich wusste, dass ich Omar Aziz mein Leben anvertrauen konnte, was ich oft auch tat. Und er wusste, dass er mir sehr viel bedeutete, was ich ihm bei vielen Gelegenheiten bewies. Wir entdeckten: Beziehung und Wahrheit waren beide absolut wichtig – und es war nicht nötig, dass sie miteinander in Konflikt kamen. Wir bekamen beide das, was wir wollten, und unser Leben wurde dadurch reicher.

Diese Erfahrung erzählte ich Lydia und Daniel. Ich sagte ihnen, dass ich glaubte: Wenn man nur offen zueinander war und ein bisschen mehr Verständnis und Sensibilität für die Unterschiede zwischen den Kulturen und Werten hatte, ließen sich die meisten Konflikte aus meiner Sicht vermeiden oder lösen.

Dann fuhr ich fort: „Ich möchte Ihnen einen Vorschlag machen, wie Sie die Tugend der Gastfreundschaft in Ihrer Kultur pflegen können, ohne dabei Ihre eigene Sicherheit oder die anderer in Ihren Hausgemeinden unnötig aufs Spiel zu setzen. Wenn das nächste Mal ein Fremder den Kontakt zu Ihnen sucht …"

„Warten Sie!", unterbrach Lydia mich ganz aufgeregt. „Wir haben Freunde, die das, was Sie uns da sagen, auch hören müssen. Wir rufen sie gerade an und laden sie ein. Dann können Sie uns das allen zusammen sagen."

Ich hörte zu, wie die beiden anfingen, ihre Freunde anzurufen. „Wir haben gerade jemand aus dem Westen zu Gast, der uns ein paar sehr interessante Dinge erzählt hat, die ihr auch mal hören müsstet …"

Bald saßen 15 Mitglieder von Daniel und Lydias Hausgemeinde bei uns in ihrer winzigen Wohnung. Daniel stellte mich ihnen kurz vor und erklärte, woher ich kam und warum ich in China war – nämlich um zu erfahren, wie es kam, dass der christliche Glaube in China trotz Jahrzehnten kommunistischer Herrschaft und der unerbittlichen Verfolgung auf nationaler wie lokaler Ebene nicht nur überlebt hatte, sondern geradezu explodiert war und sich im ganzen Land verbreitet hatte.

Ich versuchte, so rasch wie möglich die Gruppe zu dem Punkt zu führen, wo Daniel, Lydia und ich unser Gespräch unterbrochen hatten. Dabei sagte ich ganz offen, dass ich Angst hatte, durch meine Gegenwart die Sicherheit von Daniel, Lydia und der anderen Männer und Frauen, die jetzt hier zusammensaßen, ja des ganzen Hauskirchennetzwerks aufs Spiel zu setzen. Vielleicht sei Daniels und Lydias Einladung an mich unklug, aber sie hätten mir klargemacht, dass sie niemals einen Gast abweisen würden. Ich wiederholte, was ich über den Unterschied zwischen dem Verfolgtwerden durch Unbedachtheit und dem Verfolgtwerden um Jesu willen gesagt hatte.

Dann schlug ich ihnen vor, was in meinen Augen eine Lösung sein könnte: Wenn das nächste Mal ein Fremder anfragte, ob er sie oder ihre Hausgemeinden besuchen könne, und der Zeitpunkt gerade schwierig, gefährlich oder sehr unpassend war, könnten sie einer ganz einfachen Strategie folgen. Sie könnten der betreffenden Person mitteilen, dass sie ihnen sehr willkommen war und sie sie gerne zu Gast hätten, dass es aber gerade nicht der beste Augenblick für solch einen Besuch war und was der Grund dafür war. Sie könnten ihr vorschlagen, sich später wieder zu melden, wenn die Lage vielleicht günstiger war und sie sicherstellen konnten, dass der Besuch auch sinnvoll und fruchtbar würde. Und bis es so weit war, würden sie Gott bitten, allen Beteiligten bei ihrer Planung zu helfen.

Mit so einer Strategie würden sie ihren kulturellen und christlichen Werten folgen und echte Gastfreundschaft praktizieren. Sie würden dem potenziellen Gast einen praktikablen Plan vorlegen, der keinen vernünftigen Menschen vor den Kopf stoßen konnte, und das, ohne ihre eigene Sicherheit oder die ihrer Gemeinden unnötig aufs Spiel zu setzen. Sie müssten einen Fremden nie abweisen; sie würden stattdessen sagen: „Nicht jetzt."

◆◆◆

In den nächsten drei Tagen wurde ich durch das, was ich von diesen Hausgemeindechristen lernte, noch mehr ermutigt. Ich hörte wunderbare Geschichten, wie Menschen zu Christus gekommen waren und wie Gott durch diese Hauskirchenbewegung wirkte.

Am meisten profitierte ich von dem, was diese Menschen mir über das Leben der Christen im kommunistischen China berichteten. Von mehreren meiner Interviewpartner erfuhr ich, dass es dem kommunistischen Regime eigentlich ziemlich egal war, was seine Bürger *glaubten*. Bei der so langen und brutalen antireligiösen Verfolgung der Regierung ging es nicht so sehr um den Glauben als vielmehr um die *Kontrolle* des Staates über die Bürger.

Ich hatte natürlich von Chinas „Ein-Kind-Politik" gehört. Jetzt erklärten mir meine neuen Freunde, dass die Durchsetzung dieser Politik mittels Zwangsabtreibungen nur *ein* Beispiel für den Versuch der Regierung war, alle Lebensbereiche des Einzelnen zu kontrollieren. Die Regierung bestimmte, wo die Menschen wohnten und ob sie in eine andere Gegend umziehen konnten oder nicht. Die Regierung bestimmte, wo die Kinder zur Schule gingen. Die Schulbehörden bestimmten, ob und wo jeder Schüler seine Schulausbildung fortsetzen konnte. Die Regierung bestimmte, welchen Beruf jemand ergriff, wo er Arbeit bekam und sogar, wie hoch sein Gehalt war.

Ein junges Paar, das heiraten wollte, brauchte dazu zunächst die Genehmigung des Vorgesetzten am Arbeitsplatz (2003 wurde diese Vorschrift abgeschafft; d. Übers.) und musste dann bei den Behörden eine Heiratserlaubnis beantragen. Auch für die Gründung einer Familie brauchte man die Zustimmung sowohl der zuständigen Stelle am Arbeitsplatz als auch der örtlichen Verwaltung.

Sämtliche Schwangerschaften mussten den Behörden gemeldet werden und vorab genehmigt sein. Eine unerwartete oder ungeplante Schwangerschaft, selbst wenn es die erste des Paares war, wurde manchmal durch Abtreibung beendet. Hatte eine Frau das eine Kind, das ihr gesetzlich zustand, bekommen, wurden alle folgenden Schwangerschaften automatisch durch eine von den Behörden verfügte Zwangsabtreibung beendet. Viele Arbeitgeber verlangten von allen weiblichen Angestellten in gebärfähigem Alter regelmäßige Schwangerschaftstests, um nicht genehmigten Schwangerschaften frühzeitig auf die Spur zu kommen.

Frauen, die eine Reiseerlaubnis in eine andere Provinz beantragten, mussten zuerst auf eigene Kosten einen Schwangerschaftstest durchführen lassen, um sicherzustellen, dass sie die Reise nicht unternahmen, um am Reiseziel heimlich ein nicht genehmigtes Kind zur Welt zu bringen. Ein solcher Schwangerschaftstest konnte mehr als ein Monatsgehalt kosten.

Jede Frau, der es gelang, dem wachsamen Auge der Schwangerschaftspolizei zu entgehen, und jede Familie, die sich der „Ein-Kind-Politik" verweigerte, zahlte dafür einen hohen Preis. Da die Regierung nur einen Kinderausweis pro Familie ausstellte, hatte ein zweites oder drittes Kind schlicht keine offizielle Identität. Für die Regierung existierte es nicht. Es konnte in keine Schule gehen und keinen Arbeitsplatz bekommen.

Offensichtlich konnte eine Regierung, die das Leben ihrer Bürger so umfassend kontrollierte, niemals einen allmächtigen Gott anerkennen! Jede Religion, die von ihren Anhängern verlangte, einem (sichtbaren oder unsichtbaren) Wesen zu gehorchen und zu dienen, das über der Regierung stand, stellte die Macht der Regierung infrage. Eine derartige Bedrohung konnte unmöglich toleriert werden.

Ich merkte plötzlich, wie brisant es in China war, auch nur den Satz „Jesus ist Herr" auszusprechen. Der Glaube der Christen traf den Machtanspruch des kommunistischen Regimes ins Mark.

◆◆◆

In einem anderen Interview lernte ich etwas anderes, sehr Wichtiges.

Als das Regime einen Hauskirchenpastor und Vater von sieben Kindern inhaftierte, stellte es gleichzeitig seine Frau unter Hausarrest. Sie durfte ihre Wohnung nur noch verlassen, um auf dem Straßenmarkt ihres Dorfes einzukaufen. Da sie jedoch kein Geld besaß, um überhaupt etwas einzukaufen, schien dieses kleine Zugeständnis belanglos zu sein. Sie war vollständig abhängig von der Fürsorge anderer Mitglieder ihrer Hauskirche. Und diese erwiesen sich als treue Versorger. Bei ihren Marktbesuchen trug sie einen weiten Kittel mit vielen Taschen. Wenn sie langsam durch die Menge und zwischen den Ständen hindurchging, spürte sie, wie hier etwas an ihr zupfte und dort jemand an ihr vorbeistrich. Am Ende ihres Spazierganges über den Markt wieder zu Hause angelangt, waren ihre Manteltaschen mit Tomaten, Zwiebeln und anderen Lebensmitteln gefüllt. Manchmal war in einer Tasche etwas Geld. Wenn sie nach Hause kam, hatte sie immer gerade genug, um ihre achtköpfige Familie über den nächsten Tag zu bringen.

Wenn die Kinder besonders viel Hunger hatten, fand ihre Mutter manchmal ein Huhn vor der Haustür. Und als eines Tages ihr Ältester eine Arbeitsstelle in der nahen Stadt angeboten bekam, stand auf einmal ein Fahrrad neben ihrer Haustür, mit dem der Junge zu seiner Arbeit fahren konnte.

Dieses Netzwerk von Hausgemeinden hatte keine „richtigen" Kirchengebäude mit Bänken und dergleichen, in denen man sich sonntagmorgens zum Gottesdienst versammeln konnte. Die Christen wollten sie auch gar nicht. Aber sie wussten, was es hieß, einander zu lieben und sich umeinander zu kümmern. Sie wussten, was es bedeutete, eine Gemeinde zu sein.

Ich fand, dass ihr Beispiel anderen Christen ein Vorbild sein konnte. Das war es auch und zwar viel schneller, als ich erwartet hatte.

25.

Nur die Kleider auf dem Leib

Von Südchina flog ich in eine Großstadt in einer anderen Provinz, wo zwei von Davids Freunden mich am Flughafen abholten. Als ich auf die Rückbank ihres Wagens schlüpfte, zog einer von ihnen ein Handy hervor, um kurz irgendwo anzurufen: „Unser Gast ist da. Wir bringen ihn um Nr. 7 zu Punkt 4."

Nachdem er aufgelegt hatte, erklärte er mir, dass ihre Hauskirchenbewegung für organisatorische Telefongespräche ein System von Nummerncodes entwickelt hatte, die ständig gewechselt wurden. Sie benutzten Personen- und Ortsnamen nur, wenn es unumgänglich war. Falls die Polizei seine Telefonate an diesem Tag mithörte, wäre sie genauso schlau wie vorher. Da der Empfänger seines Gesprächs den gleichen Code benutzte, wusste er jetzt genau, wann wir wo ankamen.

Es war spät am Nachmittag. Als wir uns in den lebhaften Verkehr auf einer der Hauptstraßen eingefädelt hatten, wurde unser Fahrer langsamer und hatte es nicht mehr eilig. Ich hatte jede Menge Zeit, meine Gastgeber kennenzulernen, während wir bis in die Nacht hinein scheinbar wahllos hin und her durch die Stadt und um sie herum fuhren. Schließlich hielten wie am Rande eines Plattenbauviertels irgendwo in der Innenstadt an. Wohin das Auge sah, ragten 15-stöckige graue Betonquader in den Sternenhimmel.

Meine Gastgeber führten mich im Laufschritt durch die Schatten, um eine Ecke herum zur Rückseite eines der Wohntürme. Sie sausten durch eine Hintertür und dann ein Treppenhaus hinauf. In einem der Flure blieben sie vor einer Tür stehen und klopften leise.

Die Tür öffnete sich, und sieben Hauskirchenpastoren und Evangelisten hießen mich willkommen. Vier von ihnen, so erfuhr ich bald, waren gerade aus dem Gefängnis entlassen worden und extra ein paar Tage länger in der Stadt geblieben, um sich mit mir zu treffen; danach würden sie endlich nach Hause fahren, zurück zu ihren Familien. Einer der Männer sprach passabel Englisch und übersetzte für mich, als ich in den folgenden Tagen die anderen interviewte.

◆◆◆

Da in diesem Stadtbezirk keine Ausländer wohnen durften, konnte ich die nächsten vier Tage die Wohnung nicht verlassen, während meine chinesischen Freunde nach Belieben kommen und gehen konnten. Sie machten Spaziergänge an der frischen Luft oder gingen in einen nahe gelegenen Laden, um die Zutaten für die einfachen Mahlzeiten zu besorgen, die sie auf einem einflammigen Gaskocher zubereiteten.

Die vier Strafentlassenen genossen ihre Freiheit sichtlich. Ihre Geschichten waren erstaunlich, besonders die von Pastor Chang. Der 83-Jährige war vor drei Tagen aus dem Gefängnis gekommen. Sein ganzes Erwachsenenleben hatte er mit dem Predigen und Lehren des Evangeliums verbracht und einen hohen Preis dafür gezahlt. Er war alt genug, um sich noch an die frühen Tage des Kommunismus zu erinnern, als Maos neue Regierung versuchte, alles Christliche und Westliche in China auszurotten.

Über Nacht hatte man die ausländischen Missionare ausgewiesen, Kirchen geschlossen oder in Bordelle oder Kneipen umgewandelt. Tausende Gläubige und Gemeindegründer wie Pastor Chang waren verhaftet und in Arbeitslager und brutale Umerziehungsprogramme gesteckt worden.

Pastor Chang war nicht weniger als drei Mal ins Gefängnis

gekommen – das erste Mal, als er Christ geworden war, das zweite Mal, weil er andere zum Glauben an Jesus geführt und eine Gemeinde gegründet hatte, und das dritte Mal, weil er eine Hauskirchenbewegung geleitet hatte.

Dieser Umgang mit Christen war in China normal – so normal, dass Christen im Gefängnis meistens auf andere Christen stießen, worauf sich bald kleine Gruppen von Gläubigen zu Gemeinschaft und Bibelstudium trafen. Sie machten einander Mut, ihren Glauben unter ihren Mitgefangenen weiterzugeben und in den verschiedenen Abteilungen des Gefängnisses weitere kleine Gemeinden zu gründen. Kurz: Es gab eine große Gemeindegründungsbewegung *innerhalb* der chinesischen Gefängnismauern!

Dort in den Gefängnissen wurden zahllose Neubekehrte heimlich zu Jüngern von Jesus ausgebildet. Nach ihrer Entlassung kehrten sie in ihre Heimatorte zurück, die über das ganze Land verstreut waren, und schlossen sich dort entweder der nächsten Hauskirche an oder halfen, eine neue zu gründen. Diese Hauskirchenbewegung glich mittlerweile einem Flächenbrand, der ganz China erfasst hatte.

David Chen hatte mir bereits einen exzellenten Überblick über die Geschichte des Christentums in China gegeben, und ich hatte mich selbst in das Thema vertieft, sodass ich, wie ich fand, mit den großen historischen Linien wohlvertraut war. Aber hier durfte ich nun erleben, wie dieses Wissen gleichsam Fleisch und Blut annahm, während ich mir die Erlebnisse einzelner Christen schildern ließ. Sie selbst waren Teil der schnellsten Ausbreitung des christlichen Glaubens in der Geschichte der Menschheit.

Pastor Chang hatte nicht nur die brutale Vernichtungskampagne seiner Regierung gegen das bisherige Vordringen des Evangeliums in China überlebt, er hatte auch miterleben dürfen, wie während seines Dienstes die Zahl der chinesischen

Christen sich vervielfachte. Es kam der Punkt, wo das Regime die Pastoren gar nicht so schnell inhaftieren konnte, wie neue dazukamen. Darauf änderte die kommunistische Partei ihre Strategie und schuf die staatlich kontrollierte „Patriotische Drei-Selbst-Kirche", um so die Ausbreitung dieser „ausländischen Religion" in den Griff zu bekommen. Doch es war schon zu spät. Anfang der 1960er-Jahre hatten die Untergrund-Hauskirchen sich so ausgebreitet, dass das Feuer des Heiligen Geistes sich nicht mehr löschen ließ. Selbst die erneute Inhaftierung der führenden Köpfe, wie Pastor Chang, vermochte den Vormarsch des christlichen Glaubens nicht aufzuhalten.

Als nach der kommunistischen Machtergreifung das Christentum in China verboten worden war, gab es schätzungsweise einige Hunderttausend chinesische Christen; sie waren die Frucht von fast einem Jahrhundert Arbeit europäischer und amerikanischer Missionare. Zu Beginn von Maos Kulturrevolution (1966) gab es, nach über 15 Jahren kommunistischer Verfolgung, mehrere Millionen Christen, die sich heimlich in Hausgemeinden im ganzen Land trafen. 1983 war ihre Zahl trotz massivster Verfolgungen während der Kulturrevolution Schätzungen zufolge auf 10 Millionen angewachsen.

1998, zur Zeit meines Besuchs und nach fast 50 Jahren Unterdrückung durch das Regime, wusste niemand genau, wie viele Christen es in China gab. Viele Experten schätzten, dass es über 100 Millionen waren, und täglich wurden es mehr.

Mein Reiseplan sah Treffen mit führenden Personen aus vier verschiedenen Hauskirchengruppen vor, die nach eigenen Angaben jeweils über 10 Millionen Mitglieder hatten. Die sieben Männer, die ich in dieser Wohnung sprach, gehörten alle zu einer dieser Bewegungen.

Pastor Chang hatte die ganze Entwicklung miterlebt. Wie der Apostel Paulus hatte er gelernt, in allen Lebenslagen zufrieden zu sein. Ob im Gefängnis oder in Freiheit, er predigte das Evangelium und zeigte jedem, der es wollte, wie er ein Jünger von Jesus werden konnte. Und noch in einem zweiten Punkt war er wie Paulus: Er widmete sein Leben der Schulung und Begleitung junger Christen, so wie Paulus es bei Timotheus gemacht hatte.

Die übrigen sechs Männer in der Wohnung, die zwischen 20 und 50 Jahre alt waren, waren lauter „Timotheusse" von Pastor Chang – Männer, die er zu Christus geführt und jahrelang weiter begleitet hatte. Mit sichtlicher Freude sprach er über seine eigene Glaubensreise und wie sein Lebensweg und die Wege dieser anderen Männer sich gekreuzt hatten. Zwei Tage lang hörte ich zu, wie Pastor Chang leise eine Geschichte nach der anderen von Gottes Treue, Schutz und Fürsorge über die vielen Jahre seiner geistlichen Reise erzählte.

Was mich bei Pastor Chang noch mehr beeindruckte als die Details seines bemerkenswerten Lebens, war sein Verhalten an den folgenden Tagen, als er zuhörte, wie ich seine geistlichen Schützlinge interviewte. Er hockte in einer Ecke des Raumes und hörte mit geschlossenen Augen zu. Von Zeit zu Zeit summte er etwas, was sich wie ein Anbetungslied anhörte, aber ohne dabei in seiner Aufmerksamkeit nachzulassen. Wieder und wieder kommentierte er die Worte seiner jungen Freunde mit einem zufriedenen Lächeln oder stolzen Nicken.

Ich fühlte mich zurückversetzt in die Zeit des Alten Testaments, als der Prophet Elia seinen Mantel an seinen jungen Nachfolger Elisa übergab. Dieser alte Mann, der erst seit ein paar Tagen aus dem Gefängnis entlassen war, besaß nichts als die Kleider an seinem Leib und eine Extragarnitur Unterwäsche. Er hatte kein Zuhause und keine lebenden Verwandten mehr, zu denen er hätte zurückkehren können. Er hatte vor, den Rest seiner Tage wie die alten Apostel zu verbringen, als Wanderprediger, der durch die Lande zog, von einer Hauskirche zur nächsten, um die Christen dort im Glauben zu stärken und sich von ihnen und von Gott versorgen zu lassen. Er würde dies so lange tun, bis er womöglich das nächste Mal verhaftet wurde.

Pastor Chang hatte ein hartes Leben hinter sich. Er hatte nichts Greifbares vorzuweisen für all seine Mühen. Aber er strahlte mehr Zufriedenheit, mehr inneren Frieden und mehr Lebensfreude aus als alle anderen, die ich bisher kennengelernt hatte.

Die beiden Männer, die mich vom Flughafen abgeholt und hierher gebracht hatten, kamen jeden Tag vorbei, um nach uns zu sehen. Ich dankte ihnen jedes Mal überschwänglich, dass sie diese Interviews möglich gemacht hatten, bei denen ich so viel hörte und lernte.

Vier Tage lang konnte ich mich ausgiebig mit Pastor Chang und dreien seiner Schüler unterhalten. Ich fühlte mich wie im Himmel, aber meine chinesischen Freunde schienen zu spüren, dass die mehr als beengten Verhältnisse in dieser Wohnung, die ich ja nicht verlassen konnte, ihren Tribut von mir forderten. Ich widersprach ihnen nicht; nach vier Nächten fast ohne Schlaf war ich ziemlich am Ende meiner Kräfte.

David Chens Freunde sagten mir: „Wir möchten, dass Sie auch noch die drei anderen Männer interviewen, die gerade aus der Haft entlassen worden sind. Aber das machen wir nicht mehr hier. Wir besorgen Ihnen ein Zimmer in einem der Touristenhotels im Stadtzentrum; dort können Sie dann die nächsten Interviews machen." Ich war dankbar für den Tapetenwechsel und für die Aussicht, wieder richtig auszuschlafen.

◆ ◆ ◆

Der Mann an der Rezeption des Hotels machte einen wachsamen Eindruck. Seine einzige Aufgabe schien es zu sein, jeden zu beäugen, der durch die Eingangstür kam. Besonders schienen ihn Chinesen zu interessieren, die mit einem der ausländischen Hotelgäste sprachen.

Ich hatte meine Gastgeber gefragt, ob es nicht riskant für die drei Strafentlassenen war, am folgenden Tag zu mir ins Hotel zu kommen. Sie hatten mir versichert, dass in der ganzen Stadt niemand die Männer kannte oder identifizieren konnte. Sie würden schon bald in ihre verschiedenen Heimatorte in der Provinz weiterreisen und nicht lange genug hier sein, um bei der örtlichen Polizei Verdacht zu erregen. Nein, für die nächsten paar Tage sei das Risiko gering. Ich war dankbar, dass sie so dachten, denn meine neue Unterkunft war um einiges bequemer als die vorherigen.

Ich hatte gedacht, dass ich mit jedem der drei separat sprechen würde. Stattdessen wurde es ein einziges Interview, das zwei Tage dauerte und mit allen dreien gleichzeitig stattfand.

Die drei (sie waren all in den Dreißigern) wollten zusammen interviewt werden, weil ihre Geschichten so ähnlich waren. Eines der Dinge, für die sie am dankbarsten waren, war, dass sie alle zur gleichen Zeit verhaftet worden waren. Sie hatten auch das gleiche Strafmaß bekommen und waren in dasselbe Gefängnis gesteckt worden. Die gemeinsame Inhaftierung, so berichteten sie, hatte sich als wunderbarer Segen Gottes erwiesen. Und zu guter Letzt waren sie sogar zusammen entlassen worden, vor weniger als einer Woche.

Wenn ich einem der drei eine Frage stellte, ergänzten die beiden anderen seine Antwort mit ihren eigenen Gedanken. Manchmal führte der eine den Satz des anderen zu Ende, und sie zogen einander fleißig auf, korrigierten fehlerhafte Erinnerungen und lachten aus vollem Herzen über Dinge, die komisch gewesen waren.

Ihre Geschichten erinnerten mich an etwas, das ich schon in Somalia gesehen und in mehreren Interviews in Russland und anderen osteuropäischen Ländern bestätigt gefunden hatte: Die seelischen Schikanen schlagen oft tiefere Wunden und hinterlassen größere Narben als körperliche Misshandlungen.

Diese Männer waren seelisch wie körperlich misshandelt worden. Aber sie waren nicht darunter zerbrochen, was zu einem großen Teil an der Kraft lag, die ihre Freundschaft ihnen gab. Vor ihrer Verhaftung hatten sie gemeinsam als Gemeindegründer gearbeitet, und danach hatten sie die Jahre der Gefangenschaft und Misshandlung um Christi willen gemeinsam durchlebt und gemeinsam Hunderte Mitgefangene zu Jesus geführt. Und jetzt, keine Woche nach ihrer Freilassung, saßen sie hier in meinem Hotelzimmer und führten mir gemeinsam einige der Folterungen vor, die sie in ihrer Haft erlitten hatten. Sie taten dies leichthin und mit einer großen Portion Humor, ja sie erklärten mir, dass ein gesunder Sinn für Humor ein probates Mittel gegen körperliche Misshandlungen war. Aber mir war klar, dass hinter ihren jetzt lächelnden Gesichtern tiefe Schmerzen verborgen lagen.

Für ihren denkwürdigsten „Sketch" baten sie mich, mir eine asiatische Toilette in der Mitte meines Hotelzimmers vorzustellen. (Das fiel mir nach ein paar Tagen in China leicht.) Dann packten zwei der Männer den dritten an seinen Handgelenken und Ellenbogen und bogen seine Arme zurück und nach oben. Darauf zwangen sie ihr Opfer, sich mit dem Gesicht nach unten immer näher zu der „Toilette" zu beugen. Sie drehten an seinen Armen, wie jemand, der die Zimmerantenne an einem uralten Fernseher einstellte.

„Sehen wir mal, was für 'nen Empfang du heute kriegst", spotteten sie. Und sie verrenkten die Arme des „Häftlings" weiter, sodass sein Gesicht immer näher zu dem Abortloch im Fußboden kam. Wenn in der Toilette Exkremente waren, riefen die Wärter aus: „Mann, heute ist dein Glückstag! Heute gibt's *Farb*fernsehen!" War nur Urin in der Toilette, hieß es: „So ein Mist, heute senden sie nur Schwarz-Weiß!" Unter weiteren Bemerkungen dieser Art drehten sie weiter an der „Antenne", bis der Häftling endlich in die Knie ging und sie seinen Kopf in das Toilettenloch drücken konnten.

Was sie da vorführten, konnte ich kaum glauben, so unmenschlich war es. Aber dass sie dabei lachen konnten – obwohl sie erst seit ein paar Tagen aus dem Gefängnis heraus waren –, war irgendwie beruhigend. Folter und Humor, sie scheinen nicht zusammenzupassen, aber Humor ist ein starkes Indiz für seelische Gesundheit. Wenn unsere Mitarbeiter in Somalia mit dem seelischen Stress nicht mehr fertig wurden, war eines der klarsten Anzeichen dafür gewesen, dass ihr Sinn für Humor nicht mehr funktionierte. Wenn jemand nichts mehr komisch finden konnte, war klar, dass er eine Auszeit brauchte, um Hilfe für seine angeschlagene Seele zu suchen.

Aber halt: Diese drei Männer hatten jahrelang diese Grausamkeiten durchgemacht, ohne sich eine Auszeit zur Heilung und Erholung nehmen zu können. Drei lange Jahre Folter und Misshandlung, ohne jede Möglichkeit, sich dem zu entziehen. Aber jetzt, wo sie jemandem von ihrem Martyrium erzählen konnten, taten sie das mit einem gesunden, heilenden Humor. Ihre Verfolger hatten die Seelen dieser Glaubensmänner brechen, ihren Mund zum Schweigen bringen wollen. Sie hatten es nicht geschafft. Sie waren als Menschen aus dem Gefängnis herausgekommen, deren Geist stark und deren Glaube voller Leben war.

Nach Jahren körperlicher und seelischer Grausamkeiten waren diese drei Freunde mit einer für alle sichtbaren und ansteckenden Freude hinaus in die Freiheit gegangen. Ihr Glaubenszeugnis war eines der Hoffnung und des Humors. Ihr Leben war ein Beweis für die Kraft, die in der Gemeinschaft des Glaubens liegt.

26.

Die Macht des Gefängnisses

Ich verließ die Provinz und flog zu meinem nächsten Ziel, einer weiteren größeren Stadt. Mir war von Anfang an klar gewesen, dass ich mich im Blick auf die Sicherheitsvorkehrungen ganz und gar auf meine chinesischen Kontakte (und auf Gott) würde verlassen müssen. Die Kultur des Landes war mir völlig fremd, und wenn ich gefährliche Fehler vermeiden wollte, hielt ich mich am besten an die Menschen, die mir halfen. Meine größte Angst war, dass ich, ohne es zu wollen, einheimische Christen in Gefahr brachte. Dass jemand durch meine Dummheit ins Gefängnis kam – der bloße Gedanke war mir unerträglich. Aber es war nicht immer einfach, anderen Menschen blind zu vertrauen.

Ich war nicht wenig überrascht, als mein Kontaktmann in dieser nächsten Stadt mich in meinem Hotelzimmer anrief und bat, in ein wenige Straßen entfernt liegendes Restaurant zu kommen, wo er und mehrere seiner gläubigen Freunde mich erwarteten. Bis jetzt war ich in China nicht ein Mal in der Öffentlichkeit aufgetreten; meine Kontakte hatten mich eher versteckt.

Ein kurzer Spaziergang brachte mich zu dem Restaurant. Als ich am Empfang meinen Namen nannte, führte man mich eine Treppe hoch und einen kurzen Gang entlang zu der offen stehenden Doppeltür eines separaten Speisezimmers, in dem zehn oder zwölf Personen in zwei oder drei Gruppen herumstanden und sich unterhielten.

Als ich eintrat, hieß einer der Männer (offenbar mein Gastgeber) mich willkommen. Er erklärte mir, dass er mich heute Abend einer kleinen Runde von Evangelisten und Gemeindegründern aus der örtlichen Hauskirchenbewegung vorstellen wollte. Er bat mich, zuerst ein wenig über mich selbst zu erzählen und warum ich diesen Besuch machte. Danach dürfte ich gerne Fragen an die Gruppe stellen, und bevor wir wieder auseinandergingen, könnte ich mich mit jedem, der wollte und konnte, zu einem privaten Interview verabreden. Viel Zeit hatte ich allerdings nicht, denn in weniger als 48 Stunden würde ich nach Peking weiterreisen.

Das klang gut. Mein Gastgeber stellte mich jedem der anderen vor und dann setzten wir uns, um zu essen. Einer der jüngeren Männer (er mochte um die 25 sein) bat mich gleich um einen Termin; wir machten einen noch für denselben Abend aus.

Kaum waren wir außer Hörweite dieses jungen Hauskirchenleiters, als mein Gastgeber mir zuflüsterte: „Aus dem wird Gott noch etwas Großes machen. Aber bis dahin sollten Sie nicht zu viel darauf geben, was er Ihnen sagt; er war noch nicht im Gefängnis." Dies war eine Einstellung, der ich in China noch öfters begegnen sollte. Das persönliche Vertrauen und die geistliche Wertschätzung, die einem Christen entgegengebracht wurden, waren oft direkt proportional zu dem Leiden, das er schon für seinen Glauben durchgemacht hatte und das so etwas wie der Gütestempel seiner Frömmigkeit war. Vielleicht am bemerkenswertesten an dieser Einstellung war die Annahme, dass Leiden und Verfolgung unweigerlich zum Christsein dazugehörten.

Unser Gastgeber sprach ein paar einleitende Worte. Er dankte allen für ihr Kommen und beschrieb kurz, wie der Abend verlaufen würde. Darauf entspann sich eine 20 Minuten lange Diskussion, ob man laut ein Tischgebet sprechen sollte oder nicht. Einer der Befürworter, ein Mann mittleren Alters, setzte sich schließlich durch. Wir senkten alle die Köpfe und schlossen die Augen, während er aufstand, sein Gesicht zum Himmel hob, seine Stimme noch ein paar Dezibel lauter klingen ließ, als habe er Angst, dass Gott vielleicht schwerhörig war, und nicht ein Tischgebet, sondern eine wahre Tischgebets*predigt* begann.

Nach den ersten zwei oder drei Sätzen hörte ich ein Geräusch neben mir. Ich schaute verstohlen hoch und sah, wie unser Kellner im Flur verschwand. Dem Geräusch seiner Schritte nach zu urteilen, sprintete er förmlich davon. Kurz darauf kamen andere Schritte auf unser Speisezimmer zu, die gesetzter, aber immer noch schnell waren.

Unser Tischbeter betete derweil weiter. Er betete mit Inbrunst und war noch lange nicht fertig. Jetzt hörten die Schritte draußen abrupt auf. Ich lugte in die Richtung und sah, wie in der offenen Türe ein offiziell aussehender Mann – sicher der Geschäftsführer des Restaurants – stand und mit überrascht-besorgter Miene zuhörte. Noch bevor das Ende des Tischgebets auch nur in Sicht war, schloss er die Doppeltür zum Gang und postierte einen Wächter neben ihr. Den Rest des Abends blieben die Türen verschlossen, außer wenn unsere Kellner kamen.

Die nächsten 30 Minuten debattierte die Runde angeregt darüber, ob Christen immer ein Tischgebet sprechen sollten, zu Hause und in der Öffentlichkeit. Stand diese Hauskirchenbewegung womöglich kurz vor einer Spaltung wegen der Tischgebetsfrage? Schließlich fragten meine Tischgenossen mich um Rat: „Wie denken Sie darüber?"

Ich fragte sie, ob ein lautes Tischgebet in einem Restaurant zu Aktionen gegen die Christen führen konnte und ob dies dann wirklich eine Verfolgung um Jesu willen wäre oder lediglich eine Reaktion auf ein öffentliches Tischgebet. Darauf ging die Diskussion (auf Chinesisch, natürlich) lange und ausgiebig weiter, bis die Gemüter sich offensichtlich beruhigten. Hatten sie jetzt eine gemeinsame Linie in der Frage des Tischgebets in Restaurants gefunden? Ich weiß es bis heute nicht, denn sie haben es mir nicht erzählt.

Nach dem Essen war es Zeit für mich, ein paar Worte zu meiner Person zu sagen. Ich gab den Männern einen kurzen Überblick über meine persönliche und geistliche Reise. Wie immer, wenn ich einen persönlichen Draht zu potenziellen Interviewpartnern suchte, sprach ich auch kurz über meine Erlebnisse in Somalia. Ich erwähnte die Frustration und die Fragen, mit denen ich kämpfte, und erklärte, wie mein Erleben in Somalia mich zu ihnen geführt hatte und warum ich mit ihnen sprechen wollte. Ich suchte Rat und Ermutigung für Christen in aller Welt, die in Verfolgung lebten. Und um ihnen einen Begriff davon zu geben, was ich bisher auf meiner Pilgerreise gelernt hatte, erzählte ich ihnen ein paar der Geschichten, die ich in meinen bisherigen Interviews gehört hatte.

Als ich fertig war, gab ich jedem der Männer ein paar Minuten, um mir seine eigene Lebensgeschichte zu erzählen. Danach sagte ich ihnen, dass sie mir jetzt gerne ihre Fragen stellen konnten.

Es wurde eine sehr lebendige und ergiebige Runde, in der mir mehrere Dinge besonders auffielen. Nach dem, was diese Hauskirchenleiter mir da erzählten, waren die meisten von ihnen mindestens einmal für ihren Glauben drei Jahre ins Gefängnis gekommen. Dies war mir bereits auf meinen ersten beiden Stationen aufgefallen. Interessanterweise schien keiner dieser chinesischen Christen wegen ihrer Gefangenschaft besonders verbittert darüber zu sein, und die, die noch nie in Haft gewesen waren, schienen keine besondere Angst davor zu haben, dass es eines Tages auch sie treffen könnte.

Nein, diese Christen waren keineswegs verfolgungssüchtig, aber sie schienen das Thema mit einer gewissen Gelassenheit zu sehen. Ihre Einstellung war nicht so sehr: „Falls ich je verfolgt werden sollte", sondern: „Wenn es so weit ist." Ich musste an das denken, was jener alte russische Pastor mir gesagt hatte. Auch hier in China schien Verfolgung etwas genauso Normales zu sein wie der morgendliche Sonnenaufgang im Osten.

Fast jeder Christ, den ich in China traf, war entweder selbst schon für seinen Glauben im Gefängnis gewesen oder kannte andere, denen das passiert war. Er wusste von vielen Brüdern und Schwestern im Glauben, die Verfolgung erlebt hatten und mit tieferen inneren Wurzeln, einem reiferen Glauben und einer größeren Wertschätzung der Gemeinschaft mit anderen Gläubigen herausgekommen waren. Auch ihre Beziehung zu Christus war viel stärker geworden. Einer der Hauskirchenpastoren sagte mir auf den Kopf zu: „Wissen Sie, was das Gefängnis für uns ist? Es ist unsere theologische Ausbildungsstätte. Was für Sie in Ihrem Land Bibelschule und Theologisches Seminar sind, ist für uns hier in China das Gefängnis."

Was für eine Erkenntnis! Sie ließ mich die tiefe Weisheit, die ich bei Pastor Chang gespürt hatte, besser verstehen. Er hatte drei dieser „Seminare" mit Bestnoten absolviert.

Unwillkürlich musste ich an meine eigene Ausbildung denken – und sie mit dem vergleichen, was ich hier hörte.

◆◆◆

Am selben Abend kam es zu einem zweiten hochinteressanten Austausch. Es fing ganz harmlos an, mit einer Routinefrage, die sich bei vielen Begegnungen auf meiner Chinareise als guter Türöffner für Gespräche erweisen sollte. Ich fragte die Runde: „Wenn ich Ihre Dörfer und Städte besuchen und die nichtgläubigen Verwandten, Freunde und Nachbarn Ihrer Gemeindemitglieder fragen würde: ‚Was für Leute sind diese Christen? Was können Sie mir über sie sagen?', was für eine Antwort würde ich da kriegen?"

Mehrere der Männer begannen gleichzeitig zu reden. Aber die Antwort, die mir förmlich in die Ohren sprang, war die eines Mannes, der sagte, dass die Nachbarn seiner Gemeinde wahrscheinlich antworten würden: „Die Christen? Das sind die, die die Toten auferwecken!"

„Waas?", platzte ich heraus.

Mehrere der Männer, vor allem der älteren, nickten lächelnd. Ich war platt.

Und dann, wie um die Aussage ihres Bruders zu bestätigen,

begannen sie, eine Geschichte nach der anderen aus ihren eigenen Gemeinden zu erzählen – Heilungswunder, übernatürliche Phänomene, Dinge, die sich nur durch ein persönliches Eingreifen Gottes erklären ließen. Diese Wunder schienen wie Kilometersteine auf dem persönlichen Glaubensweg dieser Christen zu sein. Dies waren die Begebenheiten, die ihnen für immer Gottes Macht demonstriert hatten, die Geschichten, die Nichtgläubige ins Reich Christi hereingezogen hatten.

Diese erstaunlichen Beispiele erinnerten mich nicht nur daran, wer Gott ist, sie halfen mir auch, zwei und zwei zusammenzuzählen. Was ich da hörte, passte perfekt zu dem, was ich bereits in der ehemaligen Sowjetunion vermutet hatte und was mir jetzt zusehends zur Gewissheit wurde: *In vielen Ländern der islamischen Welt oder eben China demonstriert Gott heute seine Macht, und er benutzt dabei die gleichen Zeichen und Wunder, die er in der neutestamentlichen Urgemeinde getan hat.*

Das lernte ich von diesen verfolgten Christen. Und es dämmerte mir, dass ich noch mehr zu lernen hatte – wie viel, davon hatte ich noch keine Ahnung.

27.

„Machen Sie sich so klein wie möglich!"

Als ich in der nächsten Stadt ankam, sah ich einen Mann, der mir mit der Hand ein Zeichen machte. Das dachte ich jedenfalls; die Geste war so verhalten, dass ich nicht sicher sein konnte. Er schaute ein, zwei Mal in meine Richtung, während ich eine Reihe geparkter Autos entlangging. Ansonsten zeigte er keinerlei Willkommenssignale. Keiner der anderen Männer, die um ihn herumstanden, drehte auch nur den Kopf in meine Richtung. Vielleicht warteten sie doch auf jemand anderes?

Ich war mir plötzlich nicht mehr so sicher, dass der Mann mir zugewinkt hatte. Nein, ich hatte nicht den Eindruck, in Gefahr zu sein, aber – was, wenn ich meine Kontaktperson nicht fand?

Ich war gerade auf dem Flughafen der nächsten chinesischen Großstadt gelandet, deren Namen ich weder lesen noch aussprechen konnte. Wenn ich ihn heute in einem Atlas sähe, ich würde ihn wahrscheinlich nicht wiedererkennen. Ich kannte keine Menschenseele dort und wusste auch nicht, wer mich am Flughafen abholen sollte. Wenn ich es mir recht überlegte, wusste niemand in der großen weiten Welt, wo ich in diesem Augenblick war, vielleicht noch nicht einmal ich selbst.

Schlimmer noch: Ich wusste auch nicht, wie ich Ruth oder sonst jemanden zu Hause in den USA hätte kontaktieren sollen. Wahrscheinlich hätte die nächste Hauskirche mich willkommen geheißen, aber die hätte ich erst einmal finden müssen. Doch andererseits war es recht unwahrscheinlich, in einem Land mit 1,3 Milliarden Einwohnern lange allein zu bleiben.

Schließlich nahm ich meinen Mut zusammen und ging auf die Männer zu, die neben dem Kleinbus standen. Ich war nicht direkt argwöhnisch, aber schon neugierig gespannt. Was würde jetzt kommen?

Da drehte der Mann, den ich als Erstes gesehen hatte, sich zu mir. „Dr. Ripken?", fragte er leise. Die übrigen Männer begannen ohne Umschweife, in den Wagen zu steigen. Ich dachte: *Das ist bestimmt der Mann, den David geschickt hat. Woher soll der sonst meinen Namen kennen?* Aber was sollte das Grübeln? Jetzt gab es kein Zurück mehr.

Ich nickte und streckte meine Hand aus. Der Mann nickte zurück und lächelte höflich. Wir schüttelten uns kurz die Hand, während er sich vorstellte. Er musterte kurz den Parkplatz, dann nahm er meine Reisetasche. „Die geb ich Ihnen wieder, wenn Sie drin sind." Er zeigte auf die offene Tür des Wagens. „Setzen Sie sich ganz hinten rein."

Ich stieg ein. Die übrigen Mitfahrer, die schon saßen, lächelten mir ihr Willkommen zu. Unter allgemeinem Händeschütteln schob ich mich langsam zwischen ihnen zur hintersten Sitzbank des Zwölf-Personen-Busses durch. Die Männer machten jetzt einen richtig freundlichen Eindruck; ich hoffte immer noch, dass sie keine Agenten der Geheimpolizei waren.

Da war mein Platz, und da kam auch schon meine Tasche. Ich war mir immer noch nicht sicher, ob ich unter Freunden war. Ein paar Sekunden, und ich fühlte mich schon viel besser, als der Anführer der Gruppe sich auf den Fahrersitz schob, ein Handy am Ohr, und ich hörte, wie er sagte: „Unser Gast ist da. Ich hab zuerst die anderen abgeholt. Wir verlassen jetzt Punkt 2 und dürften um Nr. 7 Punkt 11 erreichen." Es war der gleiche Geheimcode, den ich schon früher mitbekommen hatte. Ich atmete leichter.

Doch die Entspannung hielt nicht lange an. Der Fahrer drehte sich zu mir um und sagte in entschuldigendem Ton: „Wir werden 18 Stunden unterwegs sein, bevor wir morgen unser Ziel erreichen. Machen Sie sich bitte so klein wie möglich, am besten legen Sie sich hin. Wir können es nicht gebrauchen, dass die Polizei Sie sieht. Sie können sich unterwegs gerne ausruhen oder schlafen, wenn Sie wollen."

„Okay", erwiderte ich so aufgeräumt wie möglich. Ich versuchte, mich so bequem hinzulegen, wie es ging, während wir aus dem Parkplatz herausfuhren. 18 Stunden halb liegend auf der Rückbank eines Kleinbusses kauern und die ganze Zeit nicht aus dem Fenster sehen dürfen … Das konnte heiter werden!

Als ich das letzte Mal mit David Chen sprach, hatte er mir gesagt, dass er mich an meinem nächsten Ziel erwarten würde, und hinzugefügt, dass dieses Ziel ganz anders sein würde als die Großstädte, in denen ich bis jetzt gewesen war. „Ländlich" und „malerisch". Sehr sogar.

Es blieb mir wohl nichts anderes übrig, als mich auf seine Worte zu verlassen. Aus meiner Position auf der Rückbank konnte ich nur den Himmel sehen sowie die Baumwipfel, die Hausdächer und die Spitzen der Laternenpfähle, an denen wir vorbeifuhren. Dazu hörte ich das Geräusch der Reifen auf dem Asphalt, das Hupen, Rattern und Quietschen um uns herum; ich nahm unser langsames Tempo und immer neues Anhalten wahr und mir war klar, dass wir noch in der Stadt sein mussten. Aber mehr wusste ich nicht.

Normalerweise hätte ich diese Zeit genutzt, um meine Mitfahrer etwas kennenzulernen, aber wie die Dinge lagen, mussten längere Gespräche wohl warten. Und so überließ ich mich stattdessen meinen Gedanken.

Ich dachte daran zurück, wo in China ich schon überall gewesen war, versuchte, mir die Gesichter der Christen vorzustellen, die ich kennengelernt und interviewt hatte. Es waren bereits zu viele, um sich an alle zu erinnern.

Schon jetzt war klar, dass mein Chinabesuch die anstrengendste Reise meines Lebens war. Und ich hatte einiges Unerwartete zum Thema „Kulturschock" dazugelernt – Dinge, an die ich eigentlich schon früher hätte denken sollen, aber die ich jetzt jeden Tag hautnah erlebte. Erstens: Je größer die Unterschiede zwischen zwei Kulturen, umso größer auch der Kulturschock für den Reisenden. Und zweitens: Je größer der Kulturschock, umso mehr Kraft braucht man, um durch den nächsten Tag zu kommen.

Klingt irgendwie logisch, oder? Aber auf allen meinen Reisen hatte ich nie so einen Kulturschock erlebt wie in China. Ich war in West- und Osteuropa gewesen, in Afrika und zahllosen anderen Ländern, aber China – das war irgendwie eine andere Welt.

Trotz meiner Erfahrung und Sprachbegabung gelang es mir nur selten, in den Gesprächen einzelne Wörter zu erkennen und zu verstehen. Straßenschilder, Firmen- und Reklameschilder, Zeitungsschlagzeilen, ja sogar Speisekarten waren Bücher mit sieben Siegeln. Es hatte mir immer Spaß gemacht, die typischen Speisen eines Landes auszuprobieren, doch auf dieser Reise hatte ich Dinge gegessen, die meinem Auge, meiner Nase, meinen Geschmacksnerven und meinen Fingern gänzlich unbekannt waren.

Pausenlos musste ich mich auf etwas Neues einstellen, sodass der Tag schier kein Ende nehmen wollte. Die körperliche Anstrengung war ungeheuer. Doch gleichzeitig war ich von dem, was ich jeden Tag sah und hörte, so überwältigt und in Beschlag genommen, dass das Ergebnis eine ständige Achterbahn zwischen innerer Begeisterung und totaler körperlicher Erschöpfung war. An manchen Tagen lebte ich nur von Adrenalin, und abends hatte ich oft den Eindruck, dass mein innerer Motor mit den allerletzten Benzintropfen lief.

Biblisch ausgedrückt: Mein Geist war willig, aber mein Fleisch war schwach.

Jetzt, zusammengekauert auf der hintersten Bank eines Kleinbusses mit lauter Fremden und vor mir eine 18-Stunden-Fahrt, erkannte ich, dass wir bei der Planung dieses Trips nicht nur übersehen hatten, was für einen Stress der Kulturschock mit sich bringen würde. Vor lauter Eifer, so ökonomisch und effizient wie möglich zu sein, hatten wir völlig überschätzt, was ich an einem Tag an Reisen und Begegnungen überhaupt schaffen konnte. Wir hatten die Entfernungen, die Unterschiede in Landschaft und Klima und 100 andere logistische und gesundheitliche Hürden, die sich dem Reisenden in China entgegenstellen, sträflich unterschätzt.

Es war einfach gewesen, Linien auf eine Landkarte zu malen, und immer noch relativ einfach, Bus-, Eisenbahn- und Flugzeugtickets zu reservieren. Was wir dabei ganz vergessen hatten, war, dass China fast exakt genauso groß ist wie die gesamten Vereinigten Staaten.

◆◆◆

Die Fröhlichkeit und das häufige Lachen meiner Mitfahrer zeigten mir, dass sie sich offenbar gut kannten. Sie schienen das Zusammensein auf dieser Fahrt zu genießen, was man von mir, dem ausländischen Gast, der nicht zu ihrem Kreis gehörte, zunächst nicht sagen konnte.

Ich spürte einmal mehr, wie es war, ein Fremder in einem fernen Land zu sein. Einsamkeit, Fremde – seit meiner Ankunft in China war ich dieses Gefühl nicht losgeworden. Auch nicht das Gefühl, bei allem, was ich tat, beobachtet zu werden. Dazu noch dieses unterschwellige, aber stets präsente Gefühl: Wenn eines meiner Treffen schiefgehen sollte, kämen meine Gastgeber ins Gefängnis, weil sie mit mir zusammen gewesen waren. Ich hatte nicht so sehr Angst um meine eigene Sicherheit; mich würde die Polizei halt ins nächste Flugzeug setzen, das in die USA flog. Aber die Vorstellung, was meinen Gastgebern alles geschehen konnte, kam mir vor wie ein Bleigewicht um meinen Hals.

◆◆◆

Endlich wurde der Bus schneller. Ich sah jetzt fast nur noch Baumwipfel und hin und wieder ein Gebäude oder eine Straßenlaterne. Aha, jetzt waren wir aus der Stadt heraus. Bestimmt erwarteten meine Gastgeber nicht von mir, mich die ganzen 18 Stunden von den Fenstern wegzuducken! Ich richtete mich vorsichtig auf, um zu sehen, wo wir gerade waren. Falls unser Fahrer das im Rückspiegel mitbekam, sagte er nichts, und ich glaubte, ich wusste auch, warum. Auf der langsamen Fahrt durch die von Menschen überfüllte Stadt war er sehr vorsichtig gewesen. Jetzt, wo er auf der offenen Landstraße und sehr viel schneller fuhr, war es unwahrscheinlich, dass jemand durch die getönten Scheiben sehen konnte, dass ich kein Chinese war. Ich blieb wachsam und war jederzeit bereit, wieder auf Tauchstation zu gehen, aber ich merkte doch, wie meine Anspannung sich lockerte. Dass ich jetzt aufrecht sitzen und mitbekommen konnte, was draußen (und drinnen) vorging, war definitiv gut für mein seelisches Wohlbefinden.

Oder doch nicht ganz? Der Blick nach draußen enthüllte mir ein weiteres Merkmal der chinesischen Kultur, das nicht einfach zu verdauen war. Die chinesische Vorstellung vom persönlichen Territorium eines Menschen schien auf der Landstraße nicht viel anders zu sein als auf den überfüllten Bürgersteigen oder Märkten. Solange man sich nicht gerade gegenseitig anrempelte, schien jeder zu glauben, Platz satt zu haben. Jetzt, wo ich aufrecht sitzen konnte, sah ich, dass wir eine zweispurige Landstraße entlangfuhren, auf der in beiden Richtungen ein steter Strom von Fahrzeugen unterwegs war, und das mit über 100 Stundenkilometern. Jedes Mal, wenn wir einem anderen Bus oder Lastwagen begegneten, schossen die Außenspiegel der beiden Fahrzeuge im Zentimeterabstand aneinander vorbei. Meine Reisegenossen, einschließlich des Fahrers, focht das nicht an; sie lachten und plauderten munter weiter. Was für mich die Horrorfahrt meines Lebens war, schien sie nicht im Geringsten zu stören. Ich legte mich schnell wieder hin; das war sicherer – oder fühlte sich jedenfalls so an.

Bald darauf merkte ich, wie unser Bus noch einmal schneller wurde. Ich hob vorsichtig den Kopf und schaute nach vorne. Aha, jetzt waren wir auf einer Art vierspurigen Autobahn. Wir fuhren mindestens 140 Stundenkilometer und die Straße sah neu, glatt und sicher aus. Ich lehnte mich zurück. Ein bisschen Schlafen wäre jetzt nicht schlecht. Doch bevor ich einnicken konnte, schwenkte der Wagen plötzlich so heftig zur Seite und wieder zurück, dass ich mich an der Rückenlehne vor mir festhalten musste, um nicht von meinem Rücksitz auf den Boden zu rutschen. Diesmal hob ich nicht den Kopf, um nach vorne zu schauen; vielleicht war das besser so.

Als der Bus vielleicht eine Minute später wieder einen plötzlichen Schlenker machte, setzte ich mich so weit auf, dass ich durch die Heckscheibe nach hinten sehen konnte. Wir waren gerade an einem zweirädrigen Eselskarren vorbeigefahren, der hoch mit irgendwelchem Gemüse beladen war und von einem traditionell gekleideten Bauern gelenkt wurde.

Unser Fahrer lachte und redete gerade so schnell, wie er fuhr. Er schien so schnell zu fahren, wie die Hauskirchen wuchsen.

Nach einiger Zeit verließen wir die „Autobahn" und fuhren auf der Landstraße weiter. Es wurde dunkel. Wir verließen die Landstraße und fuhren ein paar Kilometer auf unbefestigten Straßen weiter, bis wir in eine lange Einfahrt einbogen und hinter einem zweistöckigen Bauernhaus, das von der Straße aus nicht zu sehen war, anhielten. Unser Fahrer klärte mich auf: „Wir übernachten bei Freunden. Morgen früh fahren wir weiter und sind dann bis zum Abend da."

Eine Frau mittleren Alters, die uns erwartet zu haben schien, öffnete die Tür, hieß uns willkommen und servierte uns Tee. Dann führte sie uns nach oben in das schönste und mit Abstand größte Wohnhaus, das ich seit meiner Ankunft in China kennengelernt hatte.

Früh am nächsten Morgen, noch vor Sonnenaufgang, stand ich auf, wusch mich rasch und zog mich an. Ich wollte den anderen nicht im Weg sein, wenn sie aufstanden. Auf Zehenspitzen schlich ich die Treppe hinunter und in die Küche. Es kam gerade genug Tageslicht durch das Fenster, dass ich den uniformierten Mann am anderen Ende des Raumes wahrnahm. Wir erstarrten beide. Seine Uniform sagte mir nichts, aber die ganze Art, wie er da stand, strahlte Autorität aus. Ich verharrte reglos und starrte ihn an, während er geradewegs durch mich hindurchzuschauen schien, auf irgendetwas, das hinter mir war. Es war gerade so, als ob ich nicht da war, was mir auch lieber gewesen wäre.

Keiner von uns sagte ein Wort oder machte eine Geste. Dann drehte sich der andere auf dem Absatz um, nahm etwas von dem Schränkchen hinter ihm und verschwand durch die Tür nach draußen. Kurz darauf kam von dort das Geräusch eines startenden Motors und das Knirschen des Schotters auf dem Weg, als ein schwerer Wagen langsam zur Straße rollte.

Mein Herz hämmerte immer noch und mir zitterten die Knie, als ein paar Minuten später unser Fahrer in die Küche kam. Ich berichtete ihm, was mir gerade passiert war, und fragte ihn, ob er wusste, wer der Mann war. Anstatt mir direkt zu antworten, sagte er mir, dass sie vergessen hatten, mich anzuweisen, nicht so früh am Morgen alleine nach unten zu gehen. Ich versicherte ihm, dass ich nicht vorgehabt hatte, ihn oder die anderen in Gefahr zu bringen. Doch er schien sich mehr Sorgen um den Mann zu machen, den ich gesehen hatte.

Er klärte mich auf, warum der Offizier mich nicht angesprochen, ja nicht einmal direkt angeschaut hatte. So konnte er, sollte er je auf die Szene angesprochen werden, ehrlich sagen, dass er an jenem Morgen in seinem Haus keinen Ausländer gesehen oder mit ihm gesprochen hatte. „Er ist ein sehr guter Freund und Unterstützer unserer Hauskirchenbewegung", sagte der Fahrer. „Wir wissen, dass wir sicher sind, wenn wir hier übernachten, weil niemand bei den Behörden auf die Idee käme, dass so ein hochrangiger Offizier Christ ist. Aber er und seine Familie gehen damit, dass sie uns ihr Haus als Unterschlupf benutzen lassen, ein hohes Risiko ein."

◆◆◆

Der zweite Reisetag war nicht viel anders als der erste. Der Hauptunterschied war: Als wir um die Mittagszeit durch eine große Stadt fuhren, sahen wir so viele ausländische Touristen auf den Bürgersteigen, dass meine Begleiter fanden, ich könne ruhig zusammen mit ihnen zum Mittagessen in ein Restaurant gehen.

Ich war so erschöpft, dass ich irgendwann am Nachmittag einschlief. Erst als die Sonne fast unterging und das Rollen des Busses sich anders anfühlte, wurde ich wieder wach. Ich setzte mich auf und sah, dass wir eine lange zweispurige Schotterstraße entlangfuhren. Zu beiden Seiten standen sattgrüne Bäume, deren Geäst an manchen Stellen ein Dach bildete, das den Himmel fast verdeckte.

Sieben oder acht Kilometer nur Bäume, dann kam plötzlich eine Lichtung und Dutzende von Feldern. Mitten drin lag ein Gehöft, das von einer gut drei Meter hohen, weiß gekalkten Mauer umgeben war.

Unser Bus folgte weiter der Schotterstraße. Als wir wieder zu einer Mauer kamen, öffnete sich ein altes, rostiges Tor und unser Fahrer fuhr in ein Gehöft, wie es für diese Gegend Chinas typisch war. Es war kein Bauern*haus*, wie wir es kennen, sondern eine Ansammlung einzelner „Räume", die entlang der Innenseite der Mauer gebaut waren. Die Mauer entpuppte sich als eine einfache, aber solide Konstruktion aus größeren und kleinen Steinen, bei der etwa jeden Meter zur besseren Verankerung lange Holzstangen in den Boden getrieben waren; das Ganze war weiß getüncht. Das Gehöft sah nicht halb so hochsicherheitsmäßig aus wie die in Somalia, sondern eher heimelig; dies war ein Ort, wo Menschen wohnten.

Da war auch schon David Chen und er war nicht allein. Mit ihm begrüßten mich etwa 170 seiner engsten Hauskirchenfreunde. Sie saßen oder standen in kleinen Gruppen beisammen, unterhielten sich und hoben neugierig die Köpfe, als wir kamen.

David stellte mich ein paar der leitenden Brüder vor, dann half er bei der kurzen „Schlossführung", die die Gastgeber mir bieten wollten, als Dolmetscher. Das von der Mauer eingefasste Gelände war vielleicht 1000 Quadratmeter groß und bestand aus festgetretenem Lehm und Gras. Direkt an die Mauer waren eine offene Küche und mehrere andere Räume angebaut. Da die Räume nicht miteinander verbunden waren, musste man, um vom einen in den anderen zu gelangen, immer erst hinaus in den Hof gehen.

Ich überflog mit den Augen die kleinen Räume, dann den Hof mit all den Menschen und fragte: „Wo schlafen die ganzen Leute hier?" David übersetzte mir die Antwort eines meiner Begleiter: „Na, hier draußen, wo sie gerade sind."

Meine Gastgeber müssen die Überraschung auf meinem Gesicht registriert haben, denn sie fügten rasch hinzu: „Aber Sie schlafen in diesem Zimmer hier. Und wenn wir draußen im Hof unsere Schulungen haben, können Sie da drinnen Ihre Interviews machen." Und sie führten mich in meine Unterkunft. Das Zimmer war winzig, aber für mich reichte es gut. „Aber jetzt kommen Sie erst einmal mit", sagten meine Gastgeber, „damit wir Sie den drei Pastoren vorstellen können, die das Zimmer mit Ihnen teilen werden." Ich war froh, dass es nur drei waren!

◆◆◆

David Chen hatte mir gesagt, dass diese Hauskirchenbewegung eine der größten und gleichzeitig buntesten im ganzen Land war. Viele ihrer Mitglieder und Leiter waren, wie die, die mit mir im Kleinbus gekommen waren, Stadtbewohner – Menschen, die gebildet und mit dem modernen Leben (nun ja, dem modernen Leben in China) vertraut waren. Doch ein anderer, nicht geringer Teil dieser Bewegung war sozusagen in den hintersten Provinzen gewachsen, die in vielen Bereichen noch auf das 20. Jahrhundert warteten; hier gab es so manchen Gemeindeleiter, der von der großen weiten Welt nicht viel wusste.

Auf die neugierigen Blicke während des Abendessens war ich nach dem, was David mir da erzählt hatte, noch einigermaßen vorbereitet gewesen. Aber als ich nach dem Essen der Gruppe offiziell vorgestellt wurde, geschah es. Einer der Pastoren hob die Hand, um eine Frage zu stellen: „Gibt es in anderen Ländern auch Menschen, die Jesus kennen, oder ist er bis heute nur in China bekannt?"

Was für eine Frage! So etwas hatte ich noch nie gehört. Mehrere lange Sekunden überlegte ich, wie ich meine Antwort beginnen sollte, dann erzählte ich der Gruppe, übersetzt von David, dass Millionen Amerikaner und noch viel mehr Menschen in der übrigen Welt Jesus kannten und ihm nachfolgten. Und ich fuhr fort, dass viele dieser Christen auch von den chinesischen Christen und ihren Hauskirchen wussten, ja sogar für sie beteten.

„Halt, warten Sie!", riefen meine Zuhörer. Sie konnten es kaum fassen, was ich da sagte. Ein Mann fragte: „Wollen Sie damit sagen, dass es in Ihrem Land Menschen gibt, die wissen, dass wir an Jesus glauben? Und die wissen, dass einige von uns um ihres Glaubens willen leiden? Wollen Sie uns sagen, dass sie uns nicht vergessen haben und für uns beten?"

Ich erwiderte: „Ja, genauso ist es! Wir haben euch immer geliebt, wir haben euch nie vergessen, und seit Langem schon beten wir für euch." Es war ein heiliger Augenblick, als diese Christen staunend erkannten, dass es in aller Welt Glaubensbrüder und -schwestern gab, die von ihnen wussten, an sie dachten und für sie beteten.

Eine der jüngeren Frauen in der Gruppe fragte: „Wenn Jesus auch in anderen Ländern bekannt ist, werden die Gläubigen dann dort auch verfolgt, wie wir hier?"

Zur Antwort berichtete ich der Runde vom Los der Christen in zwei sehr streng islamischen Ländern. Die ganze große Versammlung in dem Hof wurde merkwürdig still. Noch vor zwei Minuten hatten sie geklatscht und gerufen und Fragen gestellt. Jetzt saßen sie auf einmal wie Statuen da.

Ich versuchte, sie aufzumuntern mit Beispielen von bekehrten Muslimen, die Freunde von uns waren und die unter den widrigsten Umständen einen starken, Mut machenden Glauben gezeigt hatten. Immer noch war die Runde still. Als ich ein paar dieser Geschichten erzählt hatte, fühlte ich mich selbst halb tot.

Ich flüsterte David zu: „Du, ich kann nicht mehr. Für heute Abend hab ich nichts mehr zu sagen." Und ich trat von dem kleinen Podium in der Mitte des Hofes herunter und zog mich in mein Übernachtungszimmer zurück.

Am nächsten Morgen um sechs Uhr weckte mich lautes Geschrei draußen auf dem Hof. Mein erster Gedanke war: *Das ist die Geheimpolizei!*

Doch als meine Augen sich ans Tageslicht gewöhnt hatten, sah ich: Was diesen Lärm machte, war keine Polizeihundertschaft. Es waren die chinesischen Hauskirchenleiter und Evangelisten, die überall auf dem Boden saßen oder lagen und wie von Sinnen (so kam es mir jedenfalls vor) schrien und tobten. Einige rissen sich an den Haaren oder Kleidern.

Dahinten war David! Ich sprintete zu ihm. „Mein Gott, was ist hier los?"

Er erwiderte: „Sei still und hör zu!"

„Du weißt doch, dass ich kein Wort Chinesisch kann", protestierte ich. „Was soll das heißen: ‚Hör zu'?"

Er wiederholte: „Sei einfach still, Nik!" Und bevor ich weiter protestieren konnte, nahm er mich beim Arm und fing an, mit mir in diesem schreienden und weinenden Tohuwabohu herumzugehen. Und weil ich jetzt still war, hörte ich tatsächlich zwei Wörter, die ich kannte. Es waren die Namen der beiden muslimischen Länder, die ich am Abend zuvor erwähnt hatte. Immer wieder riefen die Betenden sie, voller Inbrunst und Schmerz.

Als David anhielt und mich anschaute, liefen ihm die Tränen übers Gesicht. Er sagte: „Was du ihnen gestern Abend über Christen erzählt hast, die *wirklich* verfolgt werden, hat sie so gepackt, dass sie Gott versprochen haben, ab jetzt jeden Morgen eine Stunde eher aufzustehen, um für diese Konvertiten in _____ und _____, die du erwähnt hast, zu beten – so lange, bis Jesus überall in diesen beiden Ländern bekannt ist."

In diesem Augenblick begriff ich, warum die Zahl der Christen in China von ein paar Hunderttausend auf möglicherweise hundert Millionen gestiegen war …

(David nannte natürlich die Namen der beiden muslimischen Länder. Heute, über ein Jahrzehnt später, kann ich sie aber aus Sicherheitsgründen immer noch nicht nennen. Wenn die Polizei in diesen Ländern oder, noch schlimmer, al-Qaida oder andere Dschihadisten, diese Zeilen lesen und die Namen sehen würden, würden sie die Christen in diesen Ländern aufspüren und ausrotten oder ihre Erwähnung als Vorwand zum Töten von politischen Gegnern benutzen.)

28.

„Können Sie uns sagen, wie man sich auf das Gefängnis vorbereitet?"

Die meisten der Begegnungen und Interviews, die ich bisher in China mit Christen gehabt hatte, waren Einzelgespräche gewesen. Im Vorfeld der Reise hatte ich einiges über die gnadenlose Verfolgungsstrategie des kommunistischen Regimes gegenüber den Christen gelesen und wusste von den Sicherheitsproblemen, mit denen ich auf meiner Reise vielleicht konfrontiert sein würde. Deshalb hatte ich mir in meinen kühnsten Träumen nicht vorstellen können, dass ich so eine Gelegenheit haben würde wie jetzt hier: Über 170 leitende Personen aus der Hauskirchenbewegung auf einmal, und alle waren sie bereit, sich mit mir zusammenzusetzen und zu reden. Ich war begeistert!

Doch vielleicht noch begeisterter über die Gelegenheiten, die dieses Treffen bot, waren die übrigen Teilnehmer. Bei der Planung meines Besuchs hatte David mir erklärt, dass die Mitglieder der Hauskirchen in China, was das Thema „Sicherheit" anging, mehrere strikte Regeln befolgten. In Jahrzehnten der Unterdrückung hatten sie gelernt, dass sie meist unentdeckt blieben, wenn sie sich nur in Gruppen von nicht mehr als etwa 30 Personen trafen sowie höchstens drei Tage hintereinander. Das war der Grund dafür, warum die Gemeinden vor Ort sich im Laufe der Woche zwar regelmäßig, aber zu wechselnden Zeiten trafen. Aus demselben Grund teilte sich eine Gemeinde, sobald sie auf mehr als 30 Mitglieder angewachsen war, gewöhnlich in zwei Gruppen zu 15 Personen auf. Die „30 Personen und drei Tage"-Regel wurde so strikt wie möglich eingehalten. Denn Versammlungen, die größer waren oder länger dauerten, wurden viel leichter entdeckt.

Ich hatte David natürlich versichert, dass ich mich gerne nach jeglichen Sicherheitsmaßnahmen richten würde, die er und seine Kontaktpersonen vor Ort für notwendig hielten. Er hatte mir darauf geantwortet, dass er bereits für eine Hauskirchenkonferenz verplant war und dass dies vielleicht meine beste und sicherste Chance wäre, eine größere Zahl chinesischer Christen auf einmal und am selben Ort kennenzulernen. Die Gelegenheit klang so verlockend, dass ich ihm gesagt hatte, ich sei bereit, einen guten Teil der Geldmittel, die ich für mein Projekt zusammengebracht hatte, für die Deckung der Verpflegungs- und Fahrtkosten dieser Konferenz zur Verfügung zu stellen.

Erst später erfuhr ich, dass dieser unerwartete Geldsegen die

Organisatoren der Konferenz auf die Idee gebracht hatte, diese größer und länger zu gestalten – eine ganze Woche lang. Selbstverständlich würden sie strikteste Sicherheitsvorkehrungen treffen (indem man zum Beispiel als Tagungsort ein abgelegenes Gehöft wählte), aber sie fanden, dass dies eine so einmalige Gelegenheit zur Schulung und gegenseitigen Ermutigung darstellte, dass sie das erhöhte Risiko wert war. Noch nie zuvor in der Geschichte dieser Hauskirchenbewegung, so versicherte David mir, waren so viele Pastoren und Leiter zur Schulung, zum Gottesdienst und zur Gemeinschaft zusammengekommen. Und ich durfte dabei sein! Ich konnte es kaum erwarten, mit den Interviews zu beginnen, als mein erster voller Tag auf der Konferenz begann.

Während an diesem Morgen die Schulung im Hof anfing, zog ich mich mit acht Konferenzteilnehmern in mein „Gästezimmer" zurück. Sie wussten, dass ich jeden einzeln interviewen würde, aber die anderen wollten dabei sein und zuhören. Dagegen hatte ich nichts.

❖❖❖

Die ersten drei Lebens- und Glaubensgeschichten, die ich an diesem Morgen hörte, gaben mir neue Energie. Der Forscher in mir erwachte zu neuem Leben. Jeder der drei Männer war mindestens einmal zu einer Gefängnisstrafe verurteilt worden. Alle hatten sie viel für ihren Glauben gelitten und enorme Herausforderungen erlebt und bewältigt. Aber viel wichtiger als all dies war ihnen zu berichten, wie sie in ihrer Hauskirchenbewegung Gottes Macht erlebt hatten. Er hatte ihre Bewegung atemberaubend schnell wachsen lassen, und vor allem darüber wollten sie reden. Die Zahl der Gläubigen war von einigen wenigen 100 auf Millionen angewachsen.

Als ich so dasaß und zuhörte, dämmerte mir die geistliche

Bedeutung dessen, was in China geschah. Unter den Christen außerhalb Chinas war all das kaum bekannt, aber hier ging es um etwas noch nie Dagewesenes. Diese Pastoren waren in ein Klima der Unterdrückung hineingeboren worden. In diesem Klima hatten sie ihr ganzes bisheriges Leben verbracht – und trotzdem hatten sie und ihre Kollegen draußen im Hof die größte geistliche Erweckung seit Menschengedenken erlebt; und nicht nur das, sondern sie hatten daran mitwirken dürfen. Gott gebrauchte diese treuen, mutigen Jesusjünger und noch zahllose andere wie sie, um das Evangelium weiter, schneller und unter mehr Menschen zu verbreiten als je zuvor in der Menschheitsgeschichte. Das Gemeindewachstum in den vergangenen 50 Jahren der kommunistischen Herrschaft in China war noch stärker als das der alten Kirche in den ersten Jahrhunderten nach Christus.

Es war ein gewaltiges Wirken des Heiligen Geistes, das zu Lebzeiten vieler Christen in der Welt geschehen war – und die meisten von uns hatten es nicht einmal mitbekommen.

Jedes der Interviews war spannend, inhaltsreich und erhellend. Jedes dauerte etwa drei Stunden, und selbst das reichte bei Weitem nicht. Ich hasste es, wenn ich ein Gespräch beenden musste – und konnte es gleichzeitig kaum erwarten, was der Nächste mir zu erzählen hatte. Es waren bewegende, schier unglaubliche Geschichten. Wie in der ehemaligen Sowjetunion hatte ich den Eindruck, als ob die Seiten der Bibel sich geöffnet hätten und die alten Heiligen wieder über die Erde gingen – und ich war mitten unter ihnen!

Doch gleichzeitig fragte ich mich unwillkürlich: *Wie soll mein Leben weitergehen nach diesen gewaltigen Zeugnissen von der Macht Gottes?* Der Gedanke an Somalia brach mir das Herz. *Das ist es, was Somalia braucht,* betete ich stumm. *Wie sehr dieses Land doch so einen brennenden Glauben braucht! Oh Somalia, Somalia – wie Gott sich danach sehnt, dich um sich zu sammeln, wie eine Henne ihre Küken unter ihre Flügel nimmt!* (vgl. Matthäus 23,37.)

Gegen Ende dieses ersten Tages bekam ich einen Schock. Ich hatte drei unglaubliche Interviews hinter mir, die neun lange Stunden gedauert hatten. Die Gemeindeleiter, die dabei zugehört hatten, steckten die Köpfe zusammen, und dann informierte mich einer von ihnen in gebrochenem Englisch: „Es tut uns sehr leid, Dr. Ripken, aber wir haben miteinander gesprochen und beschlossen, dass wir keine solchen Interviews mehr machen."

Mir blieb fast das Herz stehen. „Aber", protestierte ich, „das können Sie doch nicht machen … Ich lerne doch so viel von Ihnen."

Die Worte fehlten mir. Was hatte ich da nur getan oder gesagt, das diese Leute beleidigt hatte? In was für kulturelle Fettnäpfchen war ich getreten? Statt zu protestieren, sollte ich mich vielleicht besser entschuldigen. „Aber die Geschichten, die wir heute gehört haben, sind doch so wichtig und Mut machend. Es gibt auf dieser Konferenz doch sicher andere, mit denen ich noch reden kann." Ich war nicht bereit, mich so schnell geschlagen zu geben; diese Gelegenheit durfte ich mir nicht entgehen lassen!

Mein Gegenüber lächelte und drehte sich zu David Chen, der während der Interviews für mich übersetzt hatte. David erwiderte sein Lächeln, und dann lächelte er mich an, während er übersetzte: „Er sagt, du hast ihn nicht verstanden. Er sagt, sie finden diese Interviews prima; du holst so viel aus ihnen heraus, so viele Details und Erlebnisse, die sie noch nie gehört hatten. Diese Gespräche sind so lehrreich für sie. Sie möchten, dass du den Rest der Interviews draußen auf dem Hof machst, vor allen Konferenzteilnehmern; dann können alle zuhören und haben etwas davon."

Und sie führten mich nach draußen, wo ich auf einem kleinen Podium Platz nehmen musste. Einer der Pastoren erklärte der Gruppe etwas genauer, warum ich diese Reise machte, wie ermutigend und informativ die Interviews gewesen waren, die wir an diesem Tag gemacht hatten, und dass man beschlossen hatte, bei den restlichen Interviews sollten alle dabei sein. (David übersetzte flüsternd.)

Für mein erstes „öffentliches" Interview rief der Pastor, der gerade gesprochen hatte, zwei Brüder nach vorne, denen erst kürzlich, nachdem sie die üblichen drei Jahre für „religiöse Verbrechen" abgesessen hatten, leitende Funktionen übertragen worden waren.

Drinnen in der Stille des Zimmers hatte ich gerade drei Interviews gemacht, die mich alle an die Pionierzeit der Apostelgeschichte erinnert hatten. Jetzt, vor 170 Zuhörern, sprach ich mit zwei Männern, aus denen ich nicht recht klug wurde. Bei den Christen, mit denen ich bisher gesprochen hatte, hatte mich ihre Weisheit und Reife beeindruckt. Mein erster Eindruck von diesen beiden war nicht gerade positiv. Sie schienen mir geistlich nicht besonders reif zu sein; dies hier, so fand ich, waren die oberflächlichsten Christen, die mir in China begegnet waren.

Heute ist mir das peinlich, aber ich kam rasch zu dem Urteil, dass ich zwei geistliche Nullen vor mir hatte. Sie schienen kaum zu wissen, wer Jesus war. Nach ganzen zehn Minuten fragte ich mich, wie ich das Interview beenden konnte. Dass es hier draußen vor all den Menschen stattfand, machte es noch peinlicher. Ich stellte noch ein paar Fragen, die alle nichts brachten, dann komplimentierte ich die Männer vom Podium. Sie gingen durch die Menge zu einem Baum in der hintersten Ecke des Hofes, wo sie sich gemeinsam niederließen.

Meine nächsten Interviewpartner waren ein Geschwisterpaar (der Bruder war Pastor, die Schwester Evangelistin). Dieses Interview lief viel besser, auch wenn es immer noch nicht mit denen mithalten konnte, die ich in dem kleinen Zimmer gemacht hatte. Ich war nicht zufrieden.

Hinter mir lag ein anstrengender 15-Stunden-Tag. Als ich mit dem Bruder und der Schwester fertig war, hatte ich nur noch einen Gedanken: ausruhen. Ich verabschiedete mich mit einem allgemeinen „Dankeschön" und stieg vom Podium hinunter, um in mein Zimmer zu gehen. Einer der Pastoren sprang auf und fragte: „Wo gehen Sie hin, Dr. Ripken?"

Ich schaute unsicher meinen Übersetzer an und sagte: „Ich? – Äh, nirgends."

Der Mann fuhr fort: „Sie haben schon so viel von uns gehört und gelernt. Jetzt sind Sie an der Reihe. Wir möchten, dass *Sie uns* etwas beibringen!"

„Und woran denken Sie da?", fragte ich.

Der Pastor sagte: „Nun, Sie haben doch studiert, oder?"

Ich nickte.

Er fuhr fort: „Und Sie reisen durch die weite Welt, um sich mit Christen über das Thema Verfolgung zu unterhalten."

Ich nickte wieder.

„Dann könnten Sie uns vielleicht helfen. Wir sind hier 170 leitende Leute aus den Gemeinden, meist Evangelisten und Gemeindegründer, dazu ein paar Pastoren. Bisher sind nur etwa 40 Prozent von uns wegen ihres Glaubens verhaftet und ins Gefängnis gesteckt worden, was bedeutet, dass 60 Prozent das Gefängnis noch vor sich haben. Könnten Sie uns bitte sagen, wie man sich auf das Gefängnis vorbereitet? Was müssen wir tun, um bereit zu sein, wenn man uns wegen unseres Glaubens einsperrt?"

Ich habe mich immer als jemanden betrachtet, der gebildet ist. Ich habe jahrelang studiert und bin ziemlich belesen. Aber ich habe nie ein Seminar darüber besucht, wie man sich aufs Gefängnis vorbereitet, ja, ich wüsste nicht, wo man das studieren könnte. Ich schickte ein stummes Gebet zum Himmel: *Gott, eben noch war ich unzufrieden darüber, wie diese Interviews gelaufen sind. Bitte vergib mir! Jetzt brauche ich wirklich deine*

Hilfe! Ich habe diesen Menschen absolut nichts zu diesem Thema zu bieten, außer du gibst mir die richtigen Worte!

Ich stieg zurück aufs Podium und erzählte dieser Versammlung von Hausgemeindeleitern und Evangelisten einfach die Geschichten, die Gott mir in diesem Augenblick ins Gedächtnis rief – eine Auswahl aus den Glaubenszeugnissen, die ich von Christen in Russland, in der Ukraine, im ehemaligen Ostblock und in anderen Gegenden Chinas gehört hatte. Ich erzählte ihnen von einer anderen Geheimkonferenz – der epochalen Jugendkonferenz in Moskau in den 1950er-Jahren. Ich berichtete ihnen, was ich über Christen gelernt hatte, die das Wort Gottes im Herzen bewahrten. Ich erzählte von Dmitri und seinen 17 Haftjahren und wie er seine auswendig gelernten Bibelverse als Opfer für Jesus aufgeschrieben und jeden Morgen sein Anbetungslied gesungen hatte.

Während ich erzählte, beobachtete ich die Gesichter dieser Hauskirchenchristen. Sie waren ganz Ohr. Ich spürte förmlich, wie der Heilige Geist hier in diesem Bauernhof wehte und wirkte und wie diese Pastoren und Evangelisten echte biblische Erkenntnisse und Prinzipien aus diesen Geschichten herauszogen.

Während ich mitten in meiner letzten Geschichte war, hörte ich plötzlich ein Geräusch. Ich schaute auf. Dahinten in der Ecke, da war etwas.

Es waren die beiden Brüder, deren Interview vorhin so enttäuschend verlaufen war. Sie waren aufgestanden und wedelten mit den Armen. Was hatten die nur? Am besten nicht darum kümmern. Hoffentlich störten sie die anderen nicht.

Sie begannen, sich einen Weg durch die Menge zu bahnen, hin zum Podium. Ich überlegte hektisch, wie ich sie stoppen könnte, aber mir fiel nichts ein. Als sie näher kamen, sah ich, dass sie weinten. Ich trat instinktiv zur Seite. Als sie auf das Podium stiegen, schluchzten sie und zitterten am ganzen Leib. Dann sagten sie vor der versammelten Gruppe: „Hört diesen

Mann an! Hört ihn an! Was er euch erzählt, ist wahr! In der Verfolgung könnt ihr nur das vermehren, was ihr schon habt!"

Und dann schütteten sie den Schwestern und Brüdern, die da vor ihnen saßen, ihr Herz aus. Es klang wie ein Schuldbekenntnis: „Ihr habt uns geehrt und zu Gemeindeleitern gemacht, weil wir drei Jahre im Gefängnis waren. Aber ihr habt uns nie nach unserer Geschichte gefragt. Als ihr ins Gefängnis kamt, haben die meisten von euch dort ihren Glauben weitergegeben, das Wort Gottes gepredigt und Hunderte, wenn nicht sogar Tausende zu Jesus geführt. Ihr habt dort Dutzende Gemeinden gegründet und eine Bewegung angefangen, die dann über die Gefängnisse hinausgewachsen ist. Gott hat euch wunderbar gebraucht.

Aber als sie uns verhaftet haben, wussten wir kaum, wer Jesus ist! Wir wussten nicht, wie man betet, wir kannten die Bibel nicht, wir kannten nur wenige Glaubenslieder. Das müssen wir euch heute bekennen und euch um Vergebung bitten. In den drei Jahren im Gefängnis haben wir unseren Glauben nicht *einem* Menschen weitergesagt. Wir haben ihn versteckt. Aber als sie uns dann freigelassen haben, habt ihr uns zu Leitern gemacht, weil wir im Gefängnis gewesen waren. Wir haben gegenüber Jesus schmählich versagt, dort im Gefängnis. Könnt ihr uns bitte vergeben?

Hört auf diesen Mann! Hört auf diesen Mann! Was er euch sagt, ist wahr: Ihr könnt im Gefängnis nur das austeilen, was ihr dorthin mitgenommen habt. Ihr könnt in der Verfolgung nur das vermehren, was ihr schon hattet."

Mir fiel nichts ein, was ich dem hätte hinzufügen können. Ich bat Gott stumm um Vergebung dafür, dass ich so verärgert gewesen war über mein Interview mit diesen beiden Männern. Gott hatte gewusst, was er tat, als er sie nach vorne zu mir geschickt hatte.

◆◆◆

So erbaut und radikal verändert ich mich auch innerlich fühlte durch all das, was ich hier erlebte und lernte – körperlich war ich fix und fertig nach den vier Wochen, die ich kreuz und quer durch China gereist war, bevor ich zu dieser Konferenz kam. Flüge, Zugfahrten, Busse und heimliche Autofahrten – all das hatte ich erlebt. Man hatte mich über Provinzgrenzen geschmuggelt und in konspirativen Wohnungen versteckt. An vielen Tagen war ich mit den Hühnern aufgestanden und hatte bis nach Mitternacht meine Interviews gemacht.

Ich war erschöpft. Aber ich wusste, dass dies eine heilige Gelegenheit war, und irgendwie schaffte ich es, an dem Tag bis zum Abendessen noch mehrere ergiebige Interviews hinter mich zu bringen – nur um anschließend von den Konferenzleitern zu hören, dass sie jetzt, wo sie den ganzen Tag die Interviews mit mir machten, die Schulung, für die sie eigentlich gekommen waren, eben am Abend machen mussten. Und sie fragten David und mich, ob wir an den restlichen Abenden der Konferenz ein paar Bibelstunden halten könnten. David entschied sich für den Römerbrief, ich wählte das Lukasevangelium.

Es war eine Ehre und gleichzeitig eine Lektion in Demut: die Geschichten und die Botschaft des Wortes Gottes vor diesen mutigen und treuen Hauskirchenleitern auszulegen, deren Leben und Dienst mir so ein unvergesslicher Anschauungsunterricht waren. Aber noch bewegender war eine Szene, die ich später in dieser Woche erlebte.

Als ich eines Morgens aus meinem Zimmer kam, sah ich, wie einige Männer zwischen den im Hof versammelten Konferenzteilnehmern herumgingen und dabei Bücher zerrissen und die losen Seiten unter die auf dem Boden sitzenden Männer und Frauen verteilten. Als ich näher kam, merkte ich schockiert, dass die Bücher, die sie da zerrissen, Bibeln waren.

David, der meine Reaktion sah, kam herbeigelaufen, um mich aufzuklären: „Nur sieben der Hauskirchenleiter auf dieser Konferenz besitzen eine eigene Bibel. Gestern Abend haben ein paar von uns sich zusammengesetzt und beschlossen, dass nach Ende der Konferenz jeder der Teilnehmer mindestens ein Buch der Bibel dabeihaben sollte, wenn er zurück in seine Stadt, Dorf oder auf seinen Hof geht. Deswegen sind wir jetzt dabei, alle hier zu fragen, über welche biblischen Bücher sie noch nicht predigen konnten, und jeder kriegt mindestens ein neues Buch."

Ich stellte mir vor, wie sich die, die etwa das erste Buch Mose, die Psalmen oder das Johannesevangelium mit nach Hause nehmen konnten, freuten, und bedauerte ein wenig den Gemeindeleiter, der nur den Philemonbrief ergatterte.

❖❖❖

Der Glaube und das Beispiel dieser chinesischen Gemeindeleiter hatten mich nicht nur inspiriert, sondern auch zutiefst ins Fragen gebracht. Noch heute, 15 Jahre danach, betrachte ich meine Chinareise, vor allem aber diese Woche, als einen der größten Schlüssel- und Wendepunkte meines ganzen geistlichen, persönlichen und beruflichen Lebens.

Ich hatte damals den Eindruck, dass diese Konferenz mein Leben und meine Arbeit für immer verändern würde. Aber noch waren sie nicht vorbei, die Konferenz und meine anderen Abenteuer in China.

29.

Geistliches Feuer und unbändige Freude

Etwa zehn Prozent der Teilnehmer an der Hauskirchenkonferenz waren Frauen. Sie faszinierten mich. Mir war klar, dass jeder, der eine Hausgemeinde leitete, ein großes Risiko einging – warum waren diese Frauen dazu bereit? Ja, mehr noch: Wie waren sie zu diesen Leitungsfunktionen gekommen? Wie hatten sie Jesus kennengelernt? Ich war ganz gespannt darauf, auch ihre Geschichten zu hören.

Meine Interviews in der großen Runde gingen weiter. Die ganze Versammlung hörte außerordentliche Geschichten. Doch daneben achtete ich auch darauf, mir Zeit für das Gespräch in kleineren Gruppen zu nehmen – während der Mahlzeiten und Pausen. Schon bald entdeckte ich, dass all diese Christen starke Persönlichkeiten waren, geistlich reif und mit einer außergewöhnlichen Gabe, über ihren Glauben zu reden. Vor allem die Frauen waren leidenschaftliche Evangelistinnen, die geistliches Feuer in sich trugen. Ich glaube, sie hätten drei Stunden lang ununterbrochen von Jesus reden können, ohne auch nur einmal eine Pause zu machen. Ihre Leidenschaft und Begeisterung waren wahrlich erstaunlich.

Ich erfuhr, dass die anwesenden Frauen in der ganzen Provinz sowie in den Nachbarprovinzen Gemeinden gegründet hatten. Als ich sie nach den größten Herausforderungen für die Hauskirchenleiter und Pastoren fragte, beeilten sie sich, mir zu erklären, dass sie keine Gemeindeleiter und Pastoren seien. „Alle Frauen auf dieser Konferenz", sagten sie, „sind Evangelistinnen und Gemeindegründerinnen." Ich begriff allmählich besser, was diese Bezeichnungen bedeuteten. Bis jetzt hatte ich angenommen, dass die gefährlichste Position, die ein Christ in China haben konnte, die des Leiters oder Pastors einer Hausgemeinde war; aber nachdem ich diesen Frauen zugehört hatte, kam ich ins Grübeln.

Nach ihren Geschichten zu urteilen, war in einer Hauskirchenbewegung die Aufgabe eines Evangelisten oder Gemeindegründers vielleicht noch gefährlicher als die des Gemeindeleiters. Evangelist oder Gemeindegründer sein hieß ja, Nichtgläubige anzusprechen und ihnen von Jesus zu erzählen. Es hieß, ständig neu auf Menschen zuzugehen und sich jedes Mal neu zu überlegen, ob man dieser Person vertrauen konnte. Es war ein Risiko, bei dem man sich immer wieder ganz auf die Leitung des Heiligen Geistes verlassen musste. Diese Frauen gaben ihren Glauben mit Leidenschaft weiter, obwohl sie wussten, wie viel sie dabei riskierten.

Ich fragte sie, wie sie zu Evangelistinnen und Gemeindegründerinnen geworden waren. Sie erwiderten: „Das war einfach das Naheliegendste."

Ich fragte sie, wie sie das meinten. Sie erklärten mir: „Wenn eine neue Gemeinde gegründet worden ist, kommen ihre Leiter oft ins Gefängnis. Darauf treten andere in ihre Fußstapfen, die dann manchmal auch verhaftet werden. Aber jedes Mal, wenn jemand ins Gefängnis kommt, tritt jemand anderes an seine Stelle. Wir tun einfach das, was wir gelernt haben: Wir nehmen Gottes Wort und bringen es unter die Leute. Wo Menschen die Botschaft annehmen, entstehen neue Gemeinden. Das scheint die Methode zu sein, wie Gott seine Kirche wachsen lässt."

Ich staunte, wie einfach und klar diese Strategie war – und mit was für einer Selbstverständlichkeit diese Frauen ihr folgten. Titel, Positionen, Strukturen und Gemeindeordnungen schienen ihnen völlig egal zu sein. Sie wollten die Geschichte von Jesus unter die Menschen bringen; alles andere schien sie nicht zu interessieren.

Ich musste unwillkürlich an die vielen Kirchen und Denominationen zu Hause in den USA denken, die sich darüber streiten, wer in der Kirche in welchen Dingen führen oder bestimmen darf. Diese chinesischen Christen hatten begriffen: Das einzig wirklich Wichtige ist, dass Jesus unter die Leute kommt. Ich war sicher: Wenn es in den Hauskirchen in China je zu Streitigkeiten darüber käme, wer welche Funktion ausüben durfte, würde der Streit darum gehen, wer am schnellsten und entschlossensten hinaus in die Welt trat, um den Verlorenen das Evangelium zu bringen und Menschen für Jesus zu gewinnen. Diese Frauen schienen weder Zeit noch Lust zu haben, an irgendwelchen Diskussionen über Gemeindeämter teilzunehmen.

◆◆◆

Am Ende dieser Woche, nach meinen letzten Interviews in der großen Runde der Konferenzteilnehmer, war ich zutiefst dankbar für alles, was ich von diesen Hauskirchenleitern und Evangelistinnen gehört und gelernt hatte. So unterschiedlich unsere Kulturen und unsere persönliche Glaubensbiografie auch sein mochten – ich spürte ein festes Band der Einheit, ein tiefes Einssein mit diesen Brüdern und Schwestern im Glauben. Es drängte mich, ihnen mein Herz zu öffnen, ihnen zu zeigen, wie sehr ich sie schätzte und achtete.

Was ich diesen dort versammelten Hauskirchenchristen gerne sagen wollte, war etwa dies: „Wie können wir weiter voneinander lernen? Wie können ich und andere aus der Kirche im Westen sich an eure Seite stellen und vielleicht sogar zusammen mit euch Gott dienen und missionieren?"

Das war es, was ich eigentlich sagen wollte. Und hätte sagen sollen. Aber nach einer Woche unablässigen Einsatzes und zu wenig Schlaf konnte ich einfach nicht mehr, und was aus meinem Mund herauskam, war: „Wie kann ich euch helfen?"

Kaum waren die Worte heraus, wusste ich, wie meine Zuhörer sie verstehen und wie sie reagieren würden. Sie hörten darin ein finanzielles Hilfsangebot, und einer der Hauskirchenleiter hatte auch gleich eine Idee, was sie mit dem Geld, das ich ihnen da (wie sie dachten) anbot, machen würden.

„Dr. Ripken", sagte dieser Mann, „zurzeit sind 400 unserer Pastoren und Leiter im Gefängnis. Ihre Familien leiden Not; viele haben nicht die Mittel für Schulgeld, Miete, Nahrung oder Kleidung. Sie haben nichts. Jetzt, wo Sie unsere Geschichten gehört haben, könnten Sie sie vielleicht den Menschen in Ihrem Heimatland weitererzählen, damit sie uns kennenlernen? Vielleicht könnten Sie bei der Gelegenheit eine Kollekte sammeln für diese Not leidenden Familien, wo der Mann und Vater im Gefängnis ist, damit wir besser für sie sorgen können."

Es war eine ernüchternde Bitte, und nach all dem, was ich gehört und gesehen hatte, hatte ich Lust zu antworten, dass ich bereit war, dies zu meiner Lebensaufgabe zu machen. Ich würde diesen treuen Gemeindemitarbeitern versprechen, ihre Geschichten weiterzuerzählen, wo immer ich ging und stand. Wo in der Welt gab es Christen, deren Not größer und deren Sache gerechter war? Was konnte besser sein, als wenn die Kirchen im Westen diesen verfolgten Gemeinden zu Hilfe eilten? Selbstverständlich würde ich alles tun, um meinen Brüdern und Schwestern hier zu helfen, für die Frauen und Kinder dieser Treuen zu sorgen, die so viel für den Herrn geopfert hatten …

Ich ließ meinen Blick über diese Versammlung mutiger chinesischer Christen schweifen und öffnete den Mund, um ihnen zu sagen, dass ich, wenn ich wieder in den USA war, in der Tat ihre Geschichten weitererzählen würde.

Aber es kamen keine Worte heraus.

Ich setzte ein zweites Mal dazu an, ihnen zu versichern, dass ich alles in meiner Macht Stehende tun würde, um ihre Sache zu meiner Sache zu machen.

Aber wieder brachte ich kein Wort heraus.

Ein dritter Versuch. Wieder öffnete ich den Mund, doch die Worte blieben aus.

Aus irgendeinem Grund konnte ich plötzlich nicht reden. So etwas war mir noch nie passiert. Der Heilige Geist hatte mir den Mund verschlossen.

Ich schickte ein stummes Gebet zum Himmel: *Herr, rede; dein Knecht hört.*

Und Gott gab mir die Worte, die ich diesen Hauskirchenleitern und Evangelistinnen sagen sollte.

Ich erkannte die Stimme Gottes, weil dies nicht das erste Mal war, dass ich sie gehört hatte. Doch als ich merkte, was ich diesen Menschen da sagen sollte, begann ich stumm, mit Gott zu diskutieren. Ich versuchte, ihm klarzumachen, warum diese Botschaft falsch war. Aber es half nichts, er befahl mir, sie auszurichten.

Ich schaute in die Runde dieser mir so lieb gewordenen Gesichter und fragte: „Wie viele Christen gibt es in eurer Hauskirchenbewegung?" Die Frage musste ihnen komisch vorkommen, denn wir hatten uns schon etliche Male über die Zahl unterhalten. Einer der Pastoren antwortete geduldig: „Wie wir schon einmal gesagt haben – wir sind 10 Millionen."

„Wir sind nur kurze Zeit zusammen gewesen", sagte ich langsam. „Ihr kennt mich ja noch gar nicht richtig, und mir ist sehr klar, dass ich keinerlei Autorität für euch oder eure Gemeinden habe. Ich bin nicht euer Pastor, ich bin keiner von euren Leitern …"

Ich holte Luft. „Ich weiß, dass ich eigentlich kein Recht habe, das zu sagen, was ich jetzt sagen werde. Aber ich habe den Eindruck, dass Gott gerade in mein Herz hineingesprochen hat, damit ich nicht das sage, was ich eigentlich vorhatte, sondern etwas ganz anderes. Wenn mein Eindruck stimmt und wenn dies wirklich eine Botschaft von Gott ist, dann sollten wir sie uns gut anhören."

Ich holte wieder Luft, um meinen Mut zusammenzuneh-men, und dann sagte ich es: *„Wenn ihr 10 Millionen seid und diese 10 Millionen nicht für 400 Familien sorgen können, habt ihr dann das Recht, euch Leib Christi, Gemeinde oder Jünger von Jesus zu nennen?"*

Stille. Ich schaute in die Runde und sah 170 Gesichter, die mich in eisigem Schweigen anstarrten.

Ich hatte gesagt, was ich sagen musste. Innerlich hoffte ich, dass Gott mir nicht noch mehr auftragen würde. Was jetzt? Mir fiel nichts Besseres ein, als mich an die hintere Seite des kleinen Podiums zurückzuziehen. Jetzt hatte ich diese lieben Menschen beleidigt, schockiert, vor den Kopf gestoßen …

Ich ließ mich auf die Bank sinken und starrte vor mich hin. Mehrere Minuten vergingen. David Chen zeigte mir ein Stück-chen moralische Unterstützung, indem er sich neben mich setzte.

Ich weiß nicht, wie viele Minuten vergingen. Mir kam es wie eine Ewigkeit vor. Dann bemerkte ich, dass eine der Frau-en anfing zu weinen. Jetzt weinten noch mehrere andere, und schließlich schien die ganze Gruppe in Tränen aufgelöst zu sein. Das ging vielleicht eine halbe Stunde so.

Dann erhob sich einer der Pastoren und wischte sich die Trä-nen ab. Er stieg aufs Podium, blieb vor mir stehen und sagte: „Dr. Ripken, Sie haben recht. Wenn Sie nach Hause gehen, soll-ten Sie und Ihre Frau weiter das tun, wozu Gott Sie berufen hat. Und wir hier werden weitermachen mit dem, wozu Gott uns berufen hat. Sie haben völlig recht. Wenn wir 10 Millionen sind und es nicht fertigbringen, für 400 Familien zu sorgen, dann haben wir nicht das Recht, uns Jünger von Jesus oder seine Ge-meinde zu nennen. Sie haben recht, und wir nehmen Ihre Wor-te als Gottes Worte an. Und jetzt gehen Sie zurück nach Hause und machen Ihre Arbeit, und wir bleiben hier und machen un-sere. Wir *werden* für diese 400 Familien sorgen!"

Es war ein guter, gnädiger Abschluss. Die Hausgemeindeleiter und Evangelistinnen verschlossen sich weder dem Boten noch seiner Botschaft. Sie nahmen meine harten Worte als Botschaft von Gott an und beschlossen, sich mit doppelter Kraft für die unter ihnen einzusetzen, die so leiden mussten.

◆◆◆

Wie schon in Osteuropa hatte ich während meines Besuchs in China nur wenig Gelegenheit, das Erlebte zu verdauen, wenig Zeit zum Nachdenken über das, was ich gerade gehört und gelernt hatte. Meistens brauchte ich meine ganze Energie, um einfach durch den Tag zu kommen. Würde ich es je schaffen, das, was ich da sah, richtig zu verstehen und mir einen Reim darauf zu machen?

Wir hatten bei der Planung meiner Reise dieses Problem geahnt (nun ja, ein klein wenig) und einen mehrstündigen Besuch in einer von Chinas beliebtesten Touristenattraktionen eingeplant. Dort hatte ich immer schon einmal hingewollt. Aber als wir vor Ort ankamen, war ich schlicht zu erschöpft für irgendwelche Besichtigungen und wollte nur noch eines: ausruhen.

Diese Ruhepause gab mir gerade die nötige Zeit, um anzufangen, die vielen hingekritzelten Notizen durchzugehen, die ich mir seit Hongkong gemacht hatte. Es war ein echtes Geschenk, endlich etwas Zeit zu haben, um meine Erlebnisse Revue passieren zu lassen. Ich suchte nach Auffälligkeiten und zugrunde liegenden Mustern, verglich meine ersten Beobachtungen mit den späteren und fügte die verschiedenen Menschen und Orte, die ich auf meiner Reise gesehen hatte, zu einem Gesamtbild zusammen.

Mir waren diverse kulturelle Unterschiede (manche klein, manche gewaltig) zwischen den Christen und Gemeinden in Osteuropa und denen in China aufgefallen. Das hatte ich nicht anders erwartet. Doch hinter den offensichtlichen Gegensätzen spürte ich eine unbestimmte Abweichung in der Grundeinstellung, die ich nicht recht in Worte fassen konnte. Da war irgendetwas – aber was?

Die unerschütterliche Treue der Christen, die in der ehemaligen Sowjetunion jahrzehntelang unterdrückt worden waren, hatte mich tief beeindruckt. Aber die Leiden der Vergangenheit lasteten immer noch schwer auf vielen der Überlebenden. Zehn Jahre nach dem Zusammenbruch des Kommunismus waren sie immer noch argwöhnisch, erschöpft und tief verletzt, war der Schmerz ihres Leidens nach wie vor sehr präsent. Die chinesischen Christen, die ich in demselben Jahr (1998) kennenlernte, kamen mir dagegen erstaunlich gelassen, optimistisch, fast schon fröhlich vor.

Diese chinesischen Christen lebten nach wie vor unter dem Damoklesschwert, für die Ausübung ihres Glaubens ins Gefängnis zu kommen. Es war eine Gefahr, der sie nur durch ständige Wachsamkeit und penible Sicherheitsvorkehrungen begegnen konnten. Jedes Mal, wenn sie sich zum Gottesdienst versammelten oder mit einem ausländischen Christen trafen, begaben sie sich in höchste Gefahr. Doch trotz alledem schienen die Christen in China immer fröhlich zu sein. Ich erlebte nie, dass einer von ihnen die Gefahr herunterspielte. Sie waren sich der Realitäten ihres Lebens schmerzlich bewusst. Und doch waren sie voll von einer schier unbändigen Freude.

Ich hatte diese Freude auf dem Gesicht des alten Pastor Chang gesehen, als er in seiner Ecke saß und lächelnd vor sich hin summte, während ich seine jungen Schüler interviewte. Ich hatte sie in der Begeisterung und Vitalität der jungen Studierenden gespürt, mit denen ich mich in Peking unterhielt. Sie nahmen das, was ihre Hingabe an Christus sie kosten konnte, nicht nur als unvermeidliches Risiko hin, sondern stürzten sich mit Leib und Seele in das wunderbare Abenteuer der Nachfolge. Ich hörte diese Freude in den Stimmen der Evangelistinnen, die Gott so dankbar für ihre Berufung waren, und ich sah sie Fleisch und Blut annehmen in jenen drei Freunden, die über die erlittene Folter lachen und mich mit diesem Lachen anstecken konnten.

◆◆◆

Ich erinnerte mich, wie meine allerersten chinesischen Kontakte in Südchina mir den Hauptgrund für die Christenverfolgung in ihrem Land erklärt hatten. Was Jesus verkündigt hatte und was die Christen glaubten, war den Kommunisten eigentlich egal. Ihnen ging es um etwas ganz anderes – um die politische Loyalität. Jede Loyalität gegenüber etwas oder jemand anderem als dem Staat betrachteten sie als ernste Bedrohung der Autorität und Kontrolle der Regierung. Sie begriffen sehr gut, was für ein Sicherheitsrisiko die Menschen darstellten, die Christus als den Herrn verkündeten – einen Herrn, der nicht bereit war, seine Herrschaft mit dem Staat oder irgendeiner anderen Macht zu teilen.

Am Ende meines Chinabesuchs verstand ich die Lage der Christen in China viel besser. Und ich sollte sie noch besser verstehen, nachdem ich an der allerletzten Station meiner Reise führende Brüder aus einer anderen großen Hauskirchenbewegung interviewt hatte. Ich fragte sie, wann und wie die Menschen einem totalitären Unterdrückerstaat ernsthaft gefährlich werden konnten. Sie antworteten mit dem folgenden Szenario:

Die Geheimpolizei bedrängt einen christlichen Hausbesitzer, der seine Räume einer Hausgemeinde zur Verfügung stellt. Die Beamten sagen zu ihm: „Diese Versammlungen müssen aufhören! Wenn Sie sie nicht unterbinden, werden wir Ihr Haus konfiszieren und Sie auf die Straße werfen."

Die Antwort des Hausbesitzers? Wahrscheinlich wird er antworten: „Sie wollen mein Haus? Und meinen Hof? Da müssen Sie sich an Jesus wenden, denn dem habe ich mein Haus gegeben."

Die Polizisten werden nicht recht klug aus dieser Antwort. Sie sagen: „Wir wissen nicht, wie man zu Ihrem Jesus kommt, aber

Ihre Adresse kennen wir! Wenn wir Ihnen Ihr Haus wegnehmen, haben Sie und Ihre Familie kein Dach mehr über dem Kopf!"

Darauf erwidert der Hausbesitzer: „Dann werden wir Gott nicht nur um das tägliche Brot bitten, sondern auch um das tägliche Dach."

„Wenn Sie so weitermachen, setzt es Prügel!", schäumen die Verfolger.

„Dann bitten wir Jesus, unsere Blessuren zu heilen."

„Und dann lochen wir euch alle ein!"

Die Antwort des Christen ist vorhersehbar: „Wenn wir ins Gefängnis kommen, werden wir unseren Mitgefangenen die Gute Nachricht von Jesus weitergeben, der sie frei macht. Wir werden dort im Gefängnis neue Gemeinden gründen."

„Wenn ihr das versucht, töten wir euch!", drohen die frustrierten Polizisten.

Worauf der Hausgemeindechrist folgerichtig antwortet: „Dann kommen wir in den Himmel und werden für immer bei Jesus sein."

◆◆◆

Auf meinem Rückflug von Osteuropa nach Hause hatte ich mich gefragt, ob die Kraft der Auferstehung, die das Neue Testament beschreibt, auch heute noch präsent und den Christen zugänglich war. Ich verließ China mit der Überzeugung, dass die Antwort darauf „Ja" lautete. Ich hatte von Millionen chinesischer Gläubiger gehört, die diese Kraft erlebt hatten und auf sie bauten. Ich hatte die Auferstehungskraft in ihren Worten gehört, in ihren Seelen gespürt und ihre überdeutlichen Spuren im Leben und Dienst so vieler Menschen gesehen, die nach wie vor in diesem Land um ihres Glaubens willen verfolgt wurden.

Der Forscher in mir wollte diese Auferstehungskraft noch besser verstehen. Der Christ in mir wollte sie persönlich erfahren.

30.

Träume und Visionen

Mit der Hilfe unserer „Projektgruppe verfolgte Christen" sowie aufgrund eigener Nachforschungen hatten Ruth und ich wie erwähnt eine Liste von 45 Ländern zusammengestellt, in denen Christen unserer Einschätzung nach ernsthaft verfolgt wurden. Als wir die Routen für meine ersten beiden Reisen im Sommer und frühen Herbst 1998 fertig erstellt hatten, stand auch die Planung für meine weiteren Reisen in andere Teile der Welt. Nach Russland, Osteuropa und China würde ich Südostasien besuchen, anschließend den indischen Subkontinent und seine Nachbarländer sowie Zentralasien, und schließlich in die islamisch dominierten Länder zurückkehren, wo das ganze Unternehmen begonnen hatte – in die Länder am Persischen Golf, den Nahen Osten, zum Horn von Afrika und nach Nordafrika.

Wie sich zeigte, kamen einige Umstände so günstig zusammen, dass ich auf meiner Rückreise von China nach Hause einen weiteren Zwischenstopp einlegen konnte. So verbrachte ich ein paar Tage in einem großen, streng islamischen Land. Eigentlich hatten wir Besuche in muslimischen Ländern erst für das folgende Jahr vorgesehen, aber diese Gelegenheit schien wie eine offene Tür, die ich, wie wir fanden, nutzen musste.

Während ich dort war, kam einem 43 Jahre alten Konvertiten zu Ohren, dass sich in seinem Land ein Besucher aus dem Westen aufhielt, der herausfinden wollte, wie Muslime zu Jesus fanden und mit welchen Problemen diese Neubekehrten konfrontiert waren, wenn sie ihren Glauben in einer antichristlichen Umgebung lebten. Ich weiß bis heute nicht, woher er wusste, dass ich da war und wo er mich finden konnte.

Pramana war 29 Stunden unterwegs gewesen, um zu mir zu kommen. Er hatte sein ganzes Leben in einem entlegenen, ländlichen Winkel dieses Dritte-Welt-Landes verbracht und war noch nie mit einem Bus gefahren oder auf einer asphaltierten Straße unterwegs gewesen. Aber er spürte mich in meinem Quartier in einer der großen Städte des Landes auf. Dort sagte er mir, als wäre es das Selbstverständlichste von der Welt: „Ich habe von Ihnen gehört und möchte Ihnen meine Geschichte erzählen."

Dieser Mann gehörte zu einer ethnischen Gruppe von 24 Millionen Menschen, in der es, soweit bekannt, außer ihm ganze drei Christen und keine einzige Gemeinde gab. Die einzige Religion, die er in seiner Kindheit und Jugend kennengelernt hatte, war eine Art Volksislam. Pramana konnte kein Arabisch. Trotzdem hatte er, aufgewachsen in einer Kultur mit mündlicher Überlieferung, den ganzen Koran auswendig gelernt, so ähnlich wie man einen magischen Text auswendig lernt. Die Geschichte von Mohammed kannte er natürlich, aber von jemandem, der Jesus hieß, hatte er nie gehört; er war auch nie einem Christen begegnet und wusste nicht, was die Bibel war.

„Vor fünf Jahren", berichtete er mir, „war ich am Ende. Meine Frau und ich stritten uns ständig; ich war drauf und dran, mich scheiden zu lassen. Meine Kinder gehorchten mir nicht, meine Tiere kümmerten dahin und vermehrten sich nicht, und meine Ernte verrottete auf dem Feld. Ich ging also zum Imam der nächsten Moschee, um mir helfen zu lassen."

Der Imam, der gleichzeitig der Medizinmann des Ortes war, sagte Pramana: „Okay, Sohn, mach Folgendes: Geh und kaufe ein weißes Huhn und bring es mir, damit ich es für dich opfere. Danach geh zurück in dein Dorf und meditiere und faste drei Tage und drei Nächte. Am dritten Tag wirst du die Antwort auf all die Probleme bekommen, die du mit deiner Frau, deinen Kindern, deinen Tieren und Feldern hast."

Pramana tat alles, was der Imam ihn geheißen hatte. Er besorgte das Huhn, ging zurück in sein Dorf und meditierte, fastete und wartete. Was dann geschah, schilderte Pramana so: „In der dritten Nacht, nach Mitternacht – ich werde es nie vergessen –, kam eine Stimme ohne Körper zu mir und sagte: ‚Suche Jesus. Suche das Evangelium!'"

Der Muslim hatte nicht die leiseste Ahnung, was diese Worte bedeuteten. War *Jesus* eine Frucht? Oder ein Fels oder Baum? Aber die „Stimme ohne Körper" sagte ihm noch mehr: „Steh auf, geh über den Berg und dann die Küste entlang zur Stadt XY (in der er nie im Leben gewesen war). Frühmorgens, wenn du die Stadt erreichst, wirst du zwei Männer sehen. Frage sie, wo die YZ-Straße ist. Sie werden dir den Weg zeigen. Geh die Straße entlang und suche die Nummer X. Wenn du sie gefunden hast, klopf an die Tür und sag dem, der dir öffnet, warum du gekommen bist."

Pramana wusste nicht, dass man dem Heiligen Geist auch Widerstand leisten kann, also tat er einfach das, was die Stimme ihm befohlen hatte, und machte sich auf den Weg, ohne auch nur seiner Frau zu sagen, dass er fortging, geschweige denn, wohin. Er sollte zwei volle Wochen unterwegs sein, in denen die Seinen nicht wussten, wo er war.

Er wanderte über den Berg und die Küste entlang und erreichte bei Anbruch des folgenden Tages die Stadt, die die Stimme genannt hatte. Tatsächlich begegnete er dort zwei Männern, die ihm sagten, wo die Straße war, die er suchte. Er ging die Straße entlang, bis er das Haus mit der richtigen Nummer fand. Da klopfte er an die Tür. Sofort öffnete ein älterer Mann: „Ja, bitte?"

Pramana erklärte: „Ich bin auf der Suche nach Jesus und dem Evangelium." Die Hand des Alten schoss aus dem dunklen Flur nach vorne. Er packte Pramana am Hemd, zog ihn ins Haus und knallte die Tür hinter ihm zu. Dann ließ er ihn los und rief aus: „Für wie blöd haltet ihr Muslime mich, dass ihr meint, ich falle auf so was herein?"

Der schockierte Wanderer entgegnete, ganz verdattert. „Wie soll ich Sie für blöd halten? Ich kenne Sie doch gar nicht! Ich bin hier, weil …" Und dann erzählte Pramana dem Alten seine Geschichte.

Der Geist des lebendigen Gottes hatte diesen jungen Muslim durch die nächtliche Stimme, der er gehorcht hatte, zu der Wohnung eines der insgesamt drei Christen in seinem 24 Millionen Menschen starken Stamm geführt! Der alte Mann war entgeistert; er erklärte seinem jungen Besucher das Evangelium und führte ihn zu Christus. Die nächsten zwei Wochen unterwies er ihn in seinem neuen Glauben.

Das war nun fünf Jahre her. Jetzt hatte Pramana wieder eine Reise gemacht – um mich zu finden und mir seine schier unglaubliche Geschichte zu erzählen. 29 Stunden war er unterwegs gewesen, um mir zu berichten, wie Jesus sein Leben neu gemacht hatte. Es hatte in den letzten fünf Jahren für ihn Segnungen wie Prüfungen gegeben, aber es war überdeutlich, dass er ein anderer Mensch geworden war.

Ich besorgte ihm ein Zimmer in dem großen Hotel, in dem ich gerade wohnte, und die nächsten drei Tage verbrachten wir mit einem der bemerkenswertesten Interviews, die ich je geführt hatte. Ich versuchte, ihm Mut zu machen, und er machte mir Mut. Sein echter und wachsender Glaube berührte mich tief. Es grenzte an ein Wunder, dass sein Glaube in dieser dem Christentum so feindlichen Umgebung wachsen konnte, wo er so gut wie keine Gemeinschaft mit anderen Jüngern von Jesus hatte.

◆◆◆

Schon vor diesem Treffen mit Pramana und einigen Christen aus anderen ethnischen Gruppen in seinem Land spürte ich:

Die ungeheure Menge an Fakten und Informationen, die ich in China zusammengetragen hatte, waren immer noch überwältigend für mich. All diese Namen, Orte, Daten, Erinnerungen, Bilder, Geschichten, Bandaufnahmen, Notizen, Fotos, Gedanken, Details, Beobachtungen ... Nicht zu vergessen die Gefühle, die ich im Herzen trug. Auf dem Heimflug fragte ich mich, wie ich diesen gewaltigen Berg je abtragen und das Gehörte und Gesehene verarbeiten und verstehen sollte.

Schon jetzt, im Herbst des Jahres 1998, spürte ich immer deutlicher, dass ich das Wichtigste, was ich auf meiner Pilgerreise lernen würde, nicht den Zahlen und Fakten entnehmen würde, sondern den persönlichen Geschichten. Schon jetzt hatte ich viele Lebenszeugnisse gehört, die mich tief verändert hatten, und ich ahnte, dass die bevorstehenden Reisen mir noch mehr solcher Zeugnisse bringen würden.

Schon die bisherigen Geschichten waren persönlich genug gewesen, um mich anzusprechen. Meine Seele war müde geworden von den Jahren als Schaf unter Wölfen mit all ihrem Tod, den Zerstörungen, Zweifeln und Enttäuschungen. Diese Geschichten aber waren stark genug, um in mir wieder ein Licht der Hoffnung anzuzünden.

◆◆◆

Nach Hause zurückgekehrt, saß ich wieder mit Ruth und den Studierenden zusammen. Gemeinsam versuchten wir, das auszuwerten, was ich erlebt hatte. Diese jungen Leute besuchten uns jetzt seit über einem Jahr und gehörten sozusagen zur Familie dazu.

Unsere Gemeinde, die Menschen auf dem College und unsere eigenen Familien waren die Segenswerkzeuge in Gottes Hand, um die Wunden, die Somalia und Tims Tod uns zugefügt hatten, langsam zu heilen. Nicht zuletzt die Art, wie die Studierenden uns in ihr Leben hineinließen, uns liebten und uns ein Stück Familie und Gemeinde wurden, war für uns geradezu lebensrettend.

Die schönsten Stunden waren die, wo wir einfach zusammensaßen, voreinander das Herz öffneten, über unser Leben austauschten und beteten. Wir erzählten den jungen Leuten unsere Geschichten und baten sie, uns ihre zu erzählen. Woche um Woche erlaubten sie uns, ganz offen darüber zu reden, was Gott in unserem Leben tat, und gerne hörten wir, wie er in ihrem Leben handelte.

In unserem ersten Jahr auf dem Campus hatten wir viele Geschichten aus unseren Jahren in Afrika erzählt und die entsprechenden Fragen der Studierenden beantwortet. Wir hatten von dem geistlichen Hunger erzählt, den wir in Malawi angetroffen hatten, von den Problemen der Arbeit unter der Apartheid in Südafrika und natürlich den Hungersnöten, der Gewalt und dem nackten Leid des Bürgerkriegs in Somalia. Und von unserm eigenen Schmerz, als Tim gestorben war.

Die Tiefe unserer Beziehung zu den Studierenden machte es nur natürlich, dass ich ihnen während unseres zweiten Jahres auf dem Campus von dem erzählte, was ich auf meinen Erkundungsreisen zu verfolgten Christen erlebt und an wahren Geschichten gehört hatte. Der Austausch mit diesen so verständnisvollen Zuhörern gab mir die Gelegenheit, das Erlebte und Gehörte zu einem Gesamtbild zusammenzufügen, ja mehr noch: es zu analysieren und zu verdauen. Als ich so mit diesen jungen Christen sprach und versuchte, meine Eindrücke in Worte zu kleiden, erschloss sich mir der tiefere Sinn hinter all den Geschichten. Gleichzeitig merkte ich, wie nachhaltig sie auf andere wirken konnten.

Im College sprach sich bald herum, dass wir uns jede Woche trafen. Die Studierenden, die kamen, luden ihre Freunde ein, und schließlich versammelten sich 90 junge Leute in unserem Haus, sodass wir die Möbel aus dem Wohnzimmer räumen mussten, damit alle Platz hatten. Ich erzählte ihnen die Geschichten meiner Interviewpartner, und anschließend tauschten wir uns darüber aus, was sie für uns bedeuteten.

Zunächst erzählte ich den Studierenden von den verschiedenen chinesischen Christen, denen ich begegnet war. Dann erklärte ich ihnen das phänomenale Wachstum der Hauskirchenbewegung, die in nur zwei Generationen und unter einer kommunistischen Diktatur den Leib Christi in China schneller hatte wachsen lassen als in all den Jahrhunderten zuvor.

Ich berichtete ihnen von Pramana und wie die Stimme des Heiligen Geistes ihn angewiesen hatte, Jesus und das Evangelium zu suchen. Wie er der Stimme gehorcht und in eine fremde Stadt, eine bestimmte Straße und ein ganz bestimmtes Haus gegangen war, und wo er den einen Mann fand, der ihn im christlichen Glauben unterweisen konnte. Viele meiner Zuhörer bemerkten sofort die Parallele zu der Geschichte von der Bekehrung des Saulus; er war zu Hananias geführt worden, der ihn dann im Evangelium unterwies (Apostelgeschichte 9).

Diese Parallele gab mir die Gelegenheit, den Studierenden etwas zu bekennen. Ich musste an ein Leitmotiv meines Lebens denken. Zum ersten Mal hatte ich es als Student in diesem College gespürt. Dann war es im Theologiestudium wieder aufgelebt, genau wie später während meiner Jahre im Pastorendienst. Und als ich schließlich als Missionar hatte ausreisen können, um die Liebe und die Botschaft von Jesus in die Welt hinauszutragen, hatte mich der Gedanke immer noch begleitet. In all diesen Situationen war ich jemand gewesen, der die Bibel studierte bzw. andere in ihr unterwies. Ich hatte nie daran gezweifelt, dass die biblischen Geschichten, in denen Gott durch Träume und Visionen zu den Menschen sprach oder Kranke heilte und Tote auferweckte, wahr waren. Ich glaubte das alles, ganz fest sogar. Das Problem war nur: Ich hatte Gottes Wort, vor allem das Alte Testament, die ganze Zeit über nur als heiliges Geschichtsbuch betrachtet, als Dokumentation dessen, was Gott in ferner Vergangenheit getan hatte.

Ich glaube, das war der Grund, warum die Begegnungen und Interviews der letzten Monate mich so tief bewegten. Was diese verfolgten Christen da erlebt hatten, warf mich schier um. Wenn ich ihre Geschichten hörte, konnte ich nur zu *einem* Schluss kommen: *All das, was Gott zu biblischen Zeiten getan hatte, tat er auch heute noch!* Die Fakten sprachen eine deutliche Sprache. Zumindest unter Menschen, die ihm treu an die härtesten Orte der Welt folgten, tat Gott heute noch das, was er immer getan hatte.

Interessanterweise hatten die Orte, die ich besuchte, sehr oft etwas von der Welt an sich, die Paulus bei seinen Reisen vorgefunden hatte. Die meisten Menschen, die dort wohnten, wussten nichts von Jesus. Viele hatten sein Evangelium der Liebe und Gnade noch nie gehört und noch nie Gelegenheit gehabt, die Gemeinde Christi in ihrer Mitte zu sehen oder zu erleben. Und trotzdem gelang es Gott, sich Menschen wie Pramana zu zeigen, die ihn unbewusst suchten, und das explosive Wachstum der christlichen Gemeinde in der Apostelgeschichte wiederholte sich heute in China und in vielen, vielen anderen Ländern, die dem Christentum feindlich gesinnt waren.

Ich hatte der Missionsgesellschaft, die Ruth und mich ausgesandt hatte, ganz ehrlich gesagt, dass ich mich nach all dem Bösen, was ich in Somalia gesehen hatte, manchmal gefragt hatte, ob Gott überhaupt wusste, wie die Menschen heute leiden mussten. Kannte er dieses Elend überhaupt? Und hatte er die Macht, etwas dagegen zu tun? Waren all die biblischen Geschichten, die ich so liebte, womöglich nur das – schöne Geschichten aus einer vergangenen Zeit?

Ich brauchte irgendeine Bestätigung, dass Gott von den Somalias in unserer Welt wusste und dass sie ihm nicht egal waren. Ich wollte so gerne glauben, dass er etwas tun konnte gegen das Elend in diesem ostafrikanischen Land. Ich brauchte Gewissheit – die Gewissheit, dass er nicht nur ein Gott der Vergangenheit war, der *damals* lebendig gewesen war und gehandelt hatte, sondern dass er noch heute, hier und jetzt seine Macht und Liebe demonstrierte.

Die Geschichten, die ich hörte, retteten mir das Leben. Sie zeigten mir: Jawohl, Gott ist auch heute da, in unserer kaputten Welt. Er wirkt. Er tut das, was er immer getan hat. Die Glaubenszeugnisse, die ich da hörte, fachten meine Hoffnung und meinen Glauben zu neuem Leben an.

◆◆◆

Eine andere wichtige Erkenntnis, die uns in unserer Gruppe beschäftigte, hatte mit dem Thema „Verfolgung" zu tun. Mir war mittlerweile klar, dass Christen sehr unterschiedliche Vorstellungen von Verfolgung haben. Die Art etwa, wie der durchschnittliche Christ in den USA die Bedeutung von Verfolgung sieht, unterscheidet sich sehr von der Perspektive der Glieder der chinesischen Hauskirchen. In Nordamerika vermag sich zum Beispiel kaum jemand vorzustellen, dass ein Gefängnisaufenthalt das beste Theologiestudium oder Predigerseminar sein kann. Aber diese kühne These kann sich auf Fakten berufen. Die Gläubigen in China haben etwas gelernt, was Jesus eindeutig lehrt: Verfolgung kann den Glauben eines Menschen verändern. Vor der Verfolgung sah der Glaube so und so aus, danach sieht er oft ganz anders aus, ja, der Christ selbst ist ein anderer Mensch geworden – und diese Veränderung kann interessanterweise ein Grund zur Freude sein!

Das sollte uns nicht überraschen. Wenn wir uns die Geschichte der Jünger im Neuen Testament anschauen, sehen wir, wie ihr Leben und ihr Glaube verwandelt wurden. Aus einem ängstlichen Haufen, der weglief und sich versteckte, wurde bis zu Pfingsten eine mutige Schar, die bereit war, in der Öffentlichkeit für Jesus einzustehen, ja für seinen Namen zu leiden. Und wo nahm diese Wandlung von lähmender Furcht hin zu mutiger Freiheit ihren Anfang? *In der Auferstehung von Jesus!* Es war eine Verwandlung, die erstaunlich schnell geschah; in kurzer Zeit wurden die ersten Jünger zu völlig neuen Menschen.

Was ich in den Geschichten der Christen in Osteuropa und China hörte, war die gleiche Verwandlung wie in den biblischen Berichten über die ersten Christen: Gläubige, die durch Verfolgung und Leiden eine Stärkung, Vertiefung und Reifung ihres Glaubens erfuhren und buchstäblich zu anderen Menschen wurden.

Bald sollte ich noch mehr Beispiele dafür kennenlernen.

❖❖❖

Die nächste Etappe meiner Pilgerreise war eine sorgfältig geplante Tour nach Südostasien.

Ich werde nie vergessen, wie ich auf meiner ersten Zwischenstation mit einem Christen aus diesem Land durch die Straßen einer größeren Stadt spazierte und mich mit ihm unterhielt. Wie schon mehrfach zuvor war ich so überwältigt von der bewegenden Geschichte, die ich da hörte, dass mein Gehirn abschaltete. Nach einer Weile merkte ich: Mein Begleiter redete immer noch – aber ich wusste nicht, worüber. Ich entschuldigte mich wortreich dafür, dass ich gerade nicht zugehört hatte.

Mein neuer Freund beruhigte mich: „Ist schon gut, Nik, das habe ich gemerkt. Aber ich habe gerade nicht mit dir geredet, sondern mit dem Herrn, um zu hören, was wir mit diesem Tag machen sollen."

In diesem Augenblick fasste ich einen Entschluss: So wollte ich auch Jesus kennenlernen! So wollte ich auch mit ihm gehen!

❖❖❖

An meinem letzten Morgen in diesem südostasiatischen Land bekam ich einen Anruf von dem Mann, mit dem ich als Nächstes hatte sprechen wollen. Er sagte: „Ich habe den Eindruck, dass ich beschattet werde; ich muss unseren Termin leider absagen."

Meine Gastgeber schlugen mir vor, einfach ein paar Stunden eher zum Flughafen zu fahren. Also gut. Wir fuhren durch die Stadt Richtung Flughafen. Plötzlich drückte unser Fahrer das Gaspedal durch und brauste durch ein wahres Labyrinth von Nebenstraßen und Gassen. Ich bekam es mit der Angst zu tun. Was ging hier vor?

Schließlich klärte mich der Fahrer auf. „Entschuldigen Sie, Dr. Ripken, aber erst heute Morgen habe ich erfahren: Einer unserer Kirchenleiter, ein Mann mit viel Erfahrung darin, trotz Verfolgung Jesus unter die Leute zu bringen, ist möglicherweise früher als geplant von einer Reise zu den Stämmen im Bergland zurückgekehrt. Gerade habe ich gemerkt, dass wir nicht weit von seiner Wohnung entfernt sind, und deshalb fahre ich jetzt dort vorbei, damit Sie sich mit ihm treffen können – falls er da ist."

Bald hielten wir an und gingen in ein heruntergekommenes altes Wohnhaus, wo wir in den dritten Stock stiegen und vor einer Tür anhielten. Noch bevor wir klopfen konnten, öffnete sie sich und vor uns stand der Prediger, den wir besuchen wollten.

Er begrüßte uns mit den Worten: „Der Heilige Geist hat mir gesagt, dass ihr heute Morgen kommt." Er führte uns in sein winziges Wohnzimmer, wo der Tisch schon für vier Personen gedeckt war, und wir setzten uns, um gemeinsam zu frühstücken.

◆◆◆

Ich weiß schon nicht mehr, wie oft ich so ein perfektes Timing erlebt habe. Woher wusste dieser Mann, dass zum Frühstück vier Personen da sein würden? Wenn Sie ihn (wie ich) gefragt hätten – er hätte schlicht geantwortet: „Der Herr hat es mir gesagt."

Offenbar ist Gott nach wie vor höchst aktiv in seiner Welt, und immer noch redet er mit denen, die mit ihm gehen. Dieser Christ *wusste,* dass wir kommen würden; Gott hatte es ihm gezeigt. Und so hatte er den Frühstückstisch für vier gedeckt.

Ich sehnte mich nach so einer innigen Beziehung zu Gott und hungerte danach, so beten zu können.

31.

Der gefährlichste Mann, der mir je begegnet ist

Noch bevor ich die erste Station meiner geplanten Südostasienreise erreichte, erhielt ich eine sorgfältig formulierte E-Mail von einem europäischen Arzt, der an der Grenze zwischen zwei zentralasiatischen Ländern lebte und arbeitete. Dort gab es gerade viel Gewalt und Unruhen. Er schrieb mir: „Dr. Ripken, über einen Freund, mit dem ich vor ein paar Jahren in Somalia eng zusammenarbeitete, habe ich von Ihrem Projekt gehört. Ich glaube, Gott will, dass Sie nach _____ kommen." (Er nannte den Namen seiner Grenzstadt.) Ruth hatte bereits meine sämtlichen Flugtickets besorgt und mein Reiseprogramm war voll. Ich antwortete dem Arzt, dass ich nicht nur Vietnam und Thailand, sondern auch Kambodscha, Laos und Birma (Myanmar) besuchen würde, und fügte hinzu: „Dies sind die letzten Länder, die ich noch für dieses Jahr eingeplant habe. In Ihre Gegend werde ich Ende des nächsten Jahres kommen, haben Sie also bitte noch Geduld. Ich werde dann gerne auf Ihre Einladung zurückkommen und mich wieder bei Ihnen melden."

Auf dem Weg nach Bangkok machte ich einen Zwischenstopp auf den „Killing Fields" von Kambodscha, wo die Massenmorde an der Zivilbevölkerung durch die Roten Khmer stattgefunden hatten. Nur sehr wenige Christen hatten die Terrorherrschaft der Roten Khmer überlebt. Von Bangkok aus reiste ich für ein paar Tage ins Gebiet der Karen im „Goldenen Dreieck" weiter, wo Thailand, Laos und Myanmar aufeinanderstoßen. Von dort aus begab ich mich weiter nach Myanmar (Birma). Als ich einige Tage später nach Bangkok zurückkehrte, erhielt ich eine zweite E-Mail von dem erwähnten Arzt. Sie war dringlicher formuliert als die erste: „Ich glaube, Sie sollten wirklich schon jetzt kommen."

Ich antwortete, etwas weniger höflich als das erste Mal: „Es tut mir leid, aber ich komme erst nächstes Jahr zu Ihnen." Und ich begab mich zur nächsten Station meiner Südostasientour. Kurz bevor ich dort eintraf, bekam ich einen Anruf: Die 18 Pastoren, die ich hatte interviewen wollen, waren alle verhaftet worden und zurzeit im Gefängnis. Mein Kontaktmann in diesem Land sagte: „Dies ist kein guter Zeitpunkt für Ihren Besuch, außer Sie wollen viel länger bleiben als geplant!" Ich wollte dieses Land schon gerne besuchen, aber als freier Mann und nicht im Gefängnis.

Merkwürdig. Was sollte das bedeuten? War es vielleicht am Ende ein Zeichen? Ich änderte meine Pläne sofort und kehrte nach Bangkok zurück, wo ich – meine Überraschung hielt sich in Grenzen – die nächste E-Mail von dem hartnäckigen Arzt erhielt.

Diesmal antwortete ich noch ungnädiger. Ich wollte nicht unhöflich klingen, aber ich hatte meine Pläne und ich war überzeugt von ihnen. Ich schrieb dem Arzt: „Bitte hören Sie mit Ihren Anfragen auf; ich werde Ihr Land bei dieser Reise nicht aufsuchen!"

Ein paar Tage danach verließ ich Bangkok, um ins nächste Land weiterzureisen. Unterwegs erhielt ich einen Anruf von einer Kontaktperson vor Ort, die mich informierte, dass mehrere der Pastoren, die mit mir reden wollten, einen Autounfall gehabt hatten. Mehrere andere lagen im Krankenhaus, und wieder andere wurden gerade strikt überwacht. Mein Kontaktmann sagte: „Es tut mir leid, aber es ist gerade gar kein guter Zeitpunkt mehr für einen Besuch. Wir melden uns bei Ihnen, wenn es wieder geht."

Erneut kehrte ich nach Bangkok zurück. Dort erwartete mich die vierte E-Mail von dem europäischen Arzt. Er nahm kein Blatt vor den Mund: „Ich glaube wirklich, Gott will, dass Sie hierher kommen – und zwar jetzt."

Plötzlich war ich seiner Bitte nicht mehr so abgeneigt. Die Ereignisse der letzten Tage, diese plötzlich verschlossenen Türen … Ich gab meinen Widerstand auf, schluckte meinen Stolz herunter und rief den Doktor an. Ich sagte ihm, wer ich war, und dann murmelte ich: „Mein Terminkalender hat sich verändert. Es sieht plötzlich so aus, als ob ich doch die nächsten ein, zwei Wochen Zeit hätte. Ich glaube, ich komme bei Ihnen vorbei."

Dann flog ich in die Hauptstadt seines Landes und von dort weiter zu einer kleineren Stadt, wo ich in ein kleineres Flugzeug stieg, das vor den Toren einer Grenzstadt auf einer unbefestigten Landebahn aufsetzte. Als ich aus dem Flugzeug ausstieg, sah ich als Erstes einen europäisch aussehenden Mann, der wohl der Arzt sein musste. Neben ihm standen fünf Männer in der traditionellen muslimischen Kleidung, die ebenfalls auf diesem entlegenen Wüstenflugplatz auf meine Maschine gewartet zu haben schienen.

Der Doktor und ich begrüßten uns. Ich fragte ihn: „Wer sind Ihre Freunde?"

Er sah mich überrascht an. „Ja, kennen Sie die nicht?"

„Nein", erwiderte ich. „Bis vor einer halben Minute habe ich ja noch nicht mal Sie gekannt."

Der Arzt schaute rasch über die Schulter. „Also, Dr. Ripken, wenn Sie diese Männer nicht kennen – und ich kenne sie auch nicht –, dann haben wir ein ernstes Sicherheitsproblem. Sie haben mir gesagt, dass sie hier sind, um sich mit Ihnen zu treffen. – Aber jetzt muss ich gehen. Hier ist meine Handynummer. Wenn alles glattgeht, rufen Sie mich an, damit ich wiederkommen und Sie abholen kann."

Sprach's, drehte sich um und ging.

Als meine Erstarrung sich löste, merkte ich, dass ich betete. Ich sehe mich als jemanden, der es gewohnt ist, mit Risiken und Gefahren umzugehen, und mir war klar, was ich jetzt *nicht* machen durfte: mit diesen fünf Männern mitgehen. Während ich mit meiner schweren Reisetasche Kurs auf das kleine Empfangsgebäude nahm, überlegte ich bereits, wie schnell ich den Rückflug buchen konnte. Die Männer folgten mir. Sie zogen an meiner Kleidung, damit ich stehen blieb. Ich tat mein Bestes, sie zu ignorieren. Schließlich sagte einer von ihnen in gebrochenem Englisch: „Sir, stop! Please, stop! Wir folgen Jesus."

Ich blieb sofort stehen und drehte mich zu den Männern um. Dann hörte ich mir an, was sie zu sagen hatten. Es klang echt, sodass ich mich wider alle Regeln der Vernunft entschloss, meinen noch namenlosen neuen „Freunden" in eine kleine Wohnung zu folgen, die sie in der Stadt gemietet hatten. Ich spürte deutlich, dass Gottes Hand über unserer Begegnung lag.

Wir setzten uns auf den Fußboden; Möbel gab es keine. Die fünf lächelten mich schweigend an. Sie schienen alle Zeit der Welt zu haben. Was jetzt? Am besten stellte ich mich wohl vor. Ich fing an, wobei ich meine Worte vorsichtiger als sonst wählte. Zuerst sagte ich etwas darüber, wo ich überall gewesen war, an was für einem Projekt ich arbeitete und warum ich mit Christen in verschiedenen Ländern der Erde sprechen wollte. Ich spekulierte sogar ein wenig darüber, warum es mich in diesen entlegenen Winkel der Erde verschlagen hatte.

Einer der fünf sprach Englisch. Er übersetzte mich für die anderen. Als er fertig war, begannen sie alle zu lachen.

Was sollte *das* jetzt? Ich fragte sie, was sie daran so lustig fanden.

Sie schüttelten lächelnd die Köpfe und erwiderten: „Sie denken, Sie wissen, warum Sie hier sind. Wir möchten Ihnen gerne erzählen, warum Sie wirklich hier sind."

Und sie erzählten mir kurz ihre Geschichten. Jeder von ihnen hatte Träume oder Visionen gehabt, die ihn geistlich ins Fragen gebracht hatten. Jeder hatte auf wunderbare Weise eine Bibel in die Hand bekommen. Jeder hatte, nachdem er die Bibel mehrere Male durchgelesen hatte, aus eigenem Antrieb beschlossen, Jesus nachzufolgen. Alle waren sie von ihren Familien verstoßen worden und hatten schließlich aus ihrem Heimatland flüchten müssen. Sie hatten sich zu dieser kleinen Grenzstadt durchgeschlagen, wo sie sich kennengelernt und erstaunt festgestellt hatten, dass sie alle fünf erst vor Kurzem Christen geworden waren.

Sie wussten nicht recht, wie es weitergehen sollte, aber sie hatten angefangen, sich in dieser winzigen Wohnung im zweiten Stock eines Mietshauses zu treffen, jede Nacht von Mitternacht bis 3 Uhr, in der Hoffnung, so unbemerkt zu bleiben. Heimlich lasen sie das Wort Gottes und versuchten, einander geistlich aufzubauen und Mut zu machen.

Vor zwei Monaten hatten sie angefangen, so zu beten: „Oh Gott, wir haben keine Ahnung! Wir sind als Muslime aufgewachsen und erzogen worden. Wir wissen, wie man als Muslim unter Muslimen lebt, ja sogar, wie man als Kommunist unter Muslimen lebt, aber nicht, wie man unter Muslimen Jesus nachfolgt. Bitte, Herr, schicke uns jemand! Schicke uns jemand, der sich mit Verfolgung auskennt, der weiß, was andere Christen tun, und der uns lehren und Mut machen kann."

Mir liefen Schauer über den Rücken, als sie mir berichteten, was erst vor wenigen Stunden geschehen war, als sie wieder in

diesem gemieteten „Obergemach" zusammensaßen. (Ich musste unwillkürlich an den Beginn der Apostelgeschichte denken;
Kapitel 1,13-14.) „Heute Morgen um halb zwei waren wir wieder
hier und beteten, als der Heilige Geist zu uns sprach und uns
anwies, zum Flughafen zu gehen und den ersten Weißen, der
aus dem Flugzeug stieg, anzusprechen. Denn das sei der Mann,
den er uns schicke, um unsre Fragen zu beantworten."

Sie lächelten mich wieder an. „Darum sind Sie also hier. Und
jetzt können Sie das tun, wozu Gott Sie hierher gerufen hat.
Aber bevor Sie anfangen, uns zu unterweisen, haben wir noch
eine Frage: Wo sind Sie in den letzten zwei Monaten gewesen
und was haben Sie gemacht?"

Ich schüttelte verlegen den Kopf und bekannte: „Tja ... ich
bin Gott ungehorsam gewesen. Ich habe wochenlang alles versucht, um nicht hierherkommen zu müssen. Bitte vergebt mir!"

Und das taten sie auch. Es folgten mehrere großartige Tage,
in denen wir viel voneinander lernten. Ich hörte mir die persönlichen Glaubenszeugnisse dieser Männer an und fragte sie
genauer, wann und wie sie Jesus kennengelernt hatten und seine
Jünger geworden waren.

Einer der fünf erzählte mir: „Ich träumte von einem blau-
en Buch. Dieser Traum ließ mich nicht mehr los. ‚Suche dieses
Buch‘, lautete die Anweisung. ‚Lies diese Bibel!‘ Ich fing heimlich an zu suchen, aber so ein Buch schien es in meinem ganzen
Land nicht zu geben. Dann ging ich eines Tages in einen Koran-
laden, wo ein Meer von grünen Büchern auf den Regalen stand.
Und dann sah ich ganz hinten ein Buch, das eine andere Farbe
hatte. Ich ging zu dem Regal und zog es heraus. Es war dick und
blau – es war eine Bibel! Eine Bibel in meiner eigenen Sprache!
Und so kaufte ich in diesem islamischen Buchladen eine Bibel,
nahm sie mit nach Hause und las sie fünf Mal. So habe ich Jesus
kennengelernt."

Einer seiner Freunde berichtete: „Ich träumte davon, Jesus zu finden, aber wusste nicht, wo ich ihn suchen sollte. Dann ging ich eines Tages über den Markt, als ein Mann, den ich noch nie gesehen hatte, zu mir trat und sagte: ‚Der Heilige Geist hat mir gesagt, das hier soll ich Ihnen geben.' Mit diesen Worten reichte er mir eine Bibel und verschwand in der Menge. Ich habe ihn nie mehr gesehen, aber die Bibel, die er mir gab, habe ich drei Mal ganz durchgelesen, und so habe ich Jesus kennengelernt und bin sein Jünger geworden."

Bei jedem der fünf war es, mit kleinen Unterschieden, dieselbe Geschichte. Jeder von ihnen war auf wunderbare Weise in den Besitz einer Bibel gelangt. Jeder hatte das Evangelium von Jesus gelesen. Alle hatten sie beschlossen, Jesus nachzufolgen.

Als sie fertig waren, drängte es mich, die Apostelgeschichte aufzuschlagen. Ich begann, die Geschichte von Philippus und dem Kämmerer aus Äthiopien zu lesen. Ich las sie plötzlich mit anderen Augen; zum ersten Mal in meinem Leben fragte ich mich: *Wie, um alles in der Welt, hatte ein Äthiopier – ein Eunuch, Farbiger und Ausländer – in Israel in den Besitz einer Jesaja-Schriftrolle kommen können?*

Zur Zeit der ersten Christen gab es nur handgeschriebene Bibeln und Bibelteile. Sie waren selten und sehr teuer, und die Juden hatten sehr strikte Regeln, wer die heiligen Schriften auch nur berühren durfte und wo man sie öffnen und lesen durfte. Dass dieser äthiopische Hofbeamte ein biblisches Buch auch nur anfassen, geschweige denn lesen und besitzen konnte, war ein Ding der Unmöglichkeit – aber als Philippus den Mann auf der Straße nach Gaza in seinem Wagen sieht, ist der Beamte gerade in Jesaja 53 vertieft. Als ich an diesem Abend seine Geschichte wieder las, fand ich es plötzlich das reinste Wunder, dass dieser Fremde aus Äthiopien mit einem Teil der jüdischen Bibel zurück nach Hause reiste. Es war so ungeheuerlich, dass ich stumm eine Frage zum Himmel schickte: *Wie ist dieser Mann damals an dein Wort gekommen?*

Und der Heilige Geist antwortete mir: *Das mache ich jetzt schon ziemlich lange. Wenn du mein Wort in die Welt trägst, sorge ich dafür, dass es in die richtigen Hände kommt.*

Was für eine wunderbare, geheimnisvolle Partnerschaft zwischen Gott und uns! Wir wissen nicht, wer oder was diesen äthiopischen Beamten auf seine Pilgerreise nach Israel schickte. Wie gelangte das Wort Gottes – und ausgerechnet dieser Teil des Wortes Gottes – in seine Hände? Warum war er just in diesem Augenblick auf der leeren Straße und las in diesem Kapitel des Propheten Jesaja?

Ich musste zugeben, dass ich auf keine dieser Fragen eine Antwort wusste. Aber nachdem ich mit so vielen verfolgten Christen gesprochen hatte, war mir klar, dass Gott eine ganze Reihe kleiner Wunder getan haben musste, damit es zu dieser Begegnung zwischen dem Äthiopier und Philippus kam. Gottes perfektes Timing ließ sie genau an der richtigen Stelle und im richtigen Augenblick geschehen. Und jetzt, fast 2.000 Jahre später, war das Gleiche passiert, als ich aus dem Flugzeug stieg und fünf ehemalige Muslime vor mir standen, die auf wunderbare Weise zu Jesus gefunden hatten. Ich hatte nicht vorgehabt, an diesem Tag eine Gebetserhörung zu sein, aber genau das war ich in diesem Moment.

Als ich an diesem Abend in der Apostelgeschichte las, war es ein völlig neues Erlebnis. Zwei Gedanken blieben in meinem Herzen haften: *Das hat Gott damals getan,* und: *Das tut Gott heute.* Auf einmal war die Welt von heute gar nicht mehr so verschieden von der Welt der Bibel.

Jahre später, als ich noch mehr Lebensgeschichten gehört hatte, erkannte ich: Was diese fünf Freunde mir damals erzählten, war eigentlich gar nicht so ungewöhnlich. Wieder und wieder haben Christen, die aus dem Islam konvertiert sind und die aus vielen verschiedenen Ländern und Kulturen kommen, mir von Träumen und Visionen berichtet und wie sie auf wundersame Weise in den Besitz einer Bibel kamen, die sie dann etliche Male durchlasen. Und wie es sie beim Lesen zu Jesus zog und sie beschlossen, ihm nachzufolgen. Bei vielen dieser inneren Pilgerreisen gab es einen Philippus, der auf wunderbare Weise exakt zur richtigen Zeit am richtigen Ort war und dem Suchenden genau die Worte sagte, die ihn endgültig zu Jesus brachten.

◆◆◆

Der europäische Arzt verhalf mir noch zu einer Reihe weiterer Begegnungen. Zum Teil fanden sie in größeren Städten in Nachbarländern statt.

Ein Mann erklärte sich zu einem Interview bereit, falls wir uns in einem sicheren Haus treffen konnten; ich durfte weder sein Gesicht sehen noch versuchen, seinen Namen in Erfahrung zu bringen. Natürlich akzeptierte ich seine Bedingungen; ich hatte gelernt, bei den Sicherheitsvorkehrungen auf die zu hören, die das Risiko trugen.

Also befolgte ich seine Instruktionen und begab mich in die genannte Stadt. Ich fand das Mietshaus, stieg drei Treppen nach oben, klopfte an eine Tür und trat in ein kleines, nicht möbliertes Wohnzimmer. Ich sah nur die Silhouette des Mannes. Er stand ganz im Schatten in der hintersten Ecke, hinter einer großen Zimmerpflanze. Von der Decke hing eine einsame Glühbirne herunter, die mich so blendete, dass ich noch weniger sah.

Das waren die Regeln.

Ich konnte den Mann kaum erkennen, aber gut hören, sodass ich mir Notizen machen konnte. Er eröffnete mir, dass ich das Gespräch auf Band aufnehmen durfte. Ich durfte jedoch nicht versuchen herauszufinden, wer er war oder wo er wohnte, und auch nicht seinen richtigen Namen benutzen.

Fast sechs Stunden lang lauschte ich seiner Geschichte. Ich

kam rasch zu dem Schluss, dass ich vor dem gefährlichsten Mann stand, dem ich in meinem Leben begegnet war.

Als Feinde in sein Land einfielen, hatte er eine Abteilung von 15 Kämpfern angeführt, die entschlossen waren, die Invasoren zurückzuschlagen. Er berichtete: „Ich freute mich im Namen Allahs, wenn es mir gelang, mich nachts an einen feindlichen Soldaten anzuschleichen, ihm still die Kehle durchzuschneiden und sein Blut als ein Opfer für den Allmächtigen über meine Hände rinnen zu lassen."

Seine Beschreibungen waren so plastisch und gleichzeitig so nüchtern-trocken, dass mir an einer Stelle die Frage herausrutschte: „Wie viele Menschen haben Sie getötet?"

Er erwiderte: „Bei 100 habe ich aufgehört zu zählen. Das waren aber nur die Menschen, die ich persönlich getötet habe, nicht die im Gefecht." Ich musste schlucken.

Er erzählte weiter. Nach einer Weile hatte er immer wieder denselben Traum, jede Nacht. In dem Traum hatte er lauter Blutflecken an den Händen. Mit der Zeit wurden diese Flecken immer größer, bis ihm das Blut im Traum buchstäblich von den Armen troff.

Schon bald wurde ihm klar, dass er da von dem Blut der Männer träumte, die er getötet hatte. Die Träume waren so plastisch und lebendig, dass er schließlich Angst vor dem Einschlafen hatte. Er sagte mir: „Ich hatte Angst, dass ich dabei war, verrückt zu werden. Noch schlimmer wurde es, als ich das Blut auch sah, wenn ich wach war. Ich wusch mir die Hände, ich schrubbte sie mit Sand und Bimsstein, aber nichts half, das Blut verschwand nicht mehr."

Doch eines Nachts veränderte sich der Traum plötzlich. Mein Gegenüber berichtete: „Als ich wieder hilflos auf das Blut schaute, das meine Arme herunterlief, sah ich auf einmal einen Mann, der vor mir stand. Er war weiß gekleidet und hatte Narben am Kopf, an den Händen, an der einen Seite und an den

Füßen. Der Mann mit den Narben sagte zu mir: ‚Ich bin Jesus, der Messias. Ich kann dein Blut abwaschen – wenn du mich suchst und an mich glaubst.‘"

Jesus suchen – er hatte keine Ahnung, wie er das anstellen sollte. Aber er fing an. Er brauchte über ein Jahr, um an eine Bibel zu kommen, und noch länger, um das, was er darin las, zu verstehen. Von Zeit zu Zeit begegnete er Menschen, die ihm einige seiner Fragen beantworten konnten. Und dann, eines Tages, fand er Jesus! Als er ihn in sein Herz eingeladen hatte, wurde er das Blut los. „Jesus nahm dieses Blut auf sich."

Von Stund an hörten die Träume auf.

An diesem Punkt kannte er niemanden, der ihn im Glauben hätte unterweisen können. In seinem Land gab es keine einzige Kirche, auch keinen Hauskreis. Und so las und studierte er die Bibel weiter alleine und tat einfach alles, was der Heilige Geist ihm befahl.

Nach einiger Zeit fing er an, Bibeln, Bibelteile, andere christliche Bücher und sogar einen *Jesus*-Film aus einem Nachbarland über die Berge in sein eigenes Land zu schmuggeln. Zwei Jahre lang machte er das. Eines Tages, als er auf einem der hohen Gebirgspässe um eine Ecke bog, stand er auf dem schmalen Pfad plötzlich den 15 Männern gegenüber, die er früher angeführt hatte. Sie hatten ihren alten Kommandanten gesucht, der so unvermittelt verschwunden war. Manche behaupteten sogar, dass er ein Verräter des Islam geworden war.

Jetzt hatten sie ihn! Sie warfen ihn zu Boden und begannen, ihn zu schlagen. Sie wollten ihn so lange schlagen, bis er tot war.

Was sie nicht wussten, war, dass einer von ihnen ebenfalls zum Glauben an Jesus Christus gekommen war. Dieser Mann trat mutig vor und sagte: „Stopp! Nicht so schnell! Lasst uns überlegen, ob wir da nicht etwas Dummes machen. Wenn wir unseren früheren Kommandanten gleich jetzt töten, erfahren wir womöglich nie, mit wem er zusammenarbeitet und wer all die Verräter auf beiden Seiten der Grenze sind. Ich schlage vor, dass ich ihn zu der Stadt unten im Tal schaffe. Dort kann ich seine Wunden verbinden lassen und ihn gefangen halten. Wenn er so weit wiederhergestellt ist, dass er sprechen kann, können wir ihn dann verhören. Zur Not foltern wir ihn so lange, bis er uns alles sagt. Wenn wir jetzt nichts überstürzen, können wir vielleicht etwas sehr Wichtiges erfahren."

Die anderen fanden, dass sein Plan vernünftig klang. Sie überließen ihren früheren Kommandanten der Obhut dieses heimlichen barmherzigen Samariters. Der lud ihn auf einen Esel, schmuggelte ihn aus dem Gebirge heraus ins Tal und rettete so sein Leben. Er versorgte seine Wunden und sorgte dafür, dass er sein Werk fortführen konnte.

Während ich dieser schier unglaublichen Geschichte lauschte, ging ich davon aus, dass ihr Erzähler für mich nie mehr als ein Schatten und eine Stimme sein würde. Und damit war ich völlig einverstanden. Aber ich hatte jetzt so viele Menschen interviewt, dass ich manchmal auch heraushörte, was die Leute *nicht* sagten und welchen Themen sie auswichen. Nachdem ich mir fast sechs Stunden lang die Lebensgeschichte dieses Christen angehört hatte, dankte ich ihm für seine Bereitschaft, mit mir zu reden. Ich sagte ihm, wie stark sein Glaubenszeugnis mich bewegte und dass ich zusammen mit ihm Gott pries, für alles, was er in ihm und durch ihn getan hatte. Seine Geschichte, so versicherte ich ihm, hatte mein Leben und meinen Glauben verändert.

Aber ich konnte mir nicht verkneifen, an einer Stelle etwas zu bohren. „Sie haben mir erzählt, dass Sie verheiratet sind und mehrere Söhne haben und dass Sie Ihre Frau und Kinder ebenfalls zu Christus geführt und sogar getauft haben. Ich frage mich gerade: Welche Rolle spielen sie in Ihrem Dienst? Darüber haben Sie gar nichts gesagt. Wie helfen sie Ihnen? Wie geht es Ihrer Familie?"

Was jetzt kam, traf mich vollkommen unvorbereitet. Mit einem Satz sprang der Mann aus der Dunkelheit heraus und baute sich vor mir auf. Seine vernarbten Hände pressten sich auf meine Schultern, der Blick seiner wilden, dunklen Augen bohrte sich in die meinen. Instinktiv musste ich an meine Frage denken, wie viele Menschen er getötet hatte.

Stundenlang hatte ich ihm wie gebannt zugehört. Jetzt brach mir der kalte Schweiß aus, als er mich schüttelte und zischte: „Wie kann Gott das verlangen? Sag es mir! Wie kann Gott so was verlangen?"

War er am Ende nicht auf mich wütend, sondern auf Gott? Ich merkte, wie mein Herz wieder zu schlagen begann. Mein innerer Nebel lichtete sich noch mehr, als er fortfuhr: „Ich habe ihm alles gegeben! Mein Körper wurde zerbrochen, ich war im Gefängnis, ich habe gehungert, ich bin geschlagen und für tot liegen gelassen worden!" Seine Worte erinnerten mich an den Leidenskatalog des Apostels Paulus in 2. Korinther 11.

„Ich bin sogar bereit gewesen, für Jesus zu sterben! Aber weißt du, wovor ich Angst habe, solche Angst, dass ich nachts nicht schlafen kann? Dass Gott von meiner Frau und meinen Kindern noch einmal das verlangt, was ich ihm schon bereitwillig gegeben habe. Wie kann er das tun? Sag es mir! Wie könnte Gott das von meiner Frau und meinen Kindern verlangen?"

Ich überlegte kurz und bat Gott, mir die richtigen Worte zu geben, dann antwortete ich: „Bruder, meine Frau ist zu Hause in Kentucky, und meine beiden Söhne, die noch leben, gehen zur Schule bzw. studieren; es geht ihnen gut." Ich erzählte ihm etwas von Timothy; über meine Jahre in Somalia hatten wir schon gesprochen.

Und dann sagte ich: „Ich kann dir deine Frage nicht beantworten. Aber ich möchte dich etwas anderes fragen, was ich mich auch selbst fragen musste: Ist Jesus das wert? Ist er dein Leben wert? Ist er das Leben deiner Frau und Kinder wert?"

Und der gefährlichste Mann, dem ich je begegnet bin, begann zu schluchzen. Er schlang seine Arme um mich, vergrub sein Gesicht an meiner Schulter und weinte. Als er sich beruhigt hatte, trat er zurück und wischte sich die Tränen ab. Dieser Gefühlsausbruch schien ihm peinlich zu sein.

Dann sah er mir wieder in die Augen, nickte und sagte: *„Jesus ist das wert.* Er ist mein Leben wert, das meiner Frau und das meiner Kinder! Ich muss sie mit einbeziehen in das, was Gott durch mich tut!"

Und er sagte mir Auf Wiedersehen, drehte sich um und ging aus dem Zimmer.

(Meine Begegnung mit diesem Mann liegt jetzt über zwölf Jahre zurück. Als ich das letzte Mal von ihm hörte, taten er und seine Familie immer noch die Arbeit für Gottes Reich, die er mir beschrieben hatte. Und er ist bis heute der gefährlichste Mann, der mir je begegnet ist.)

32.

Jesuslieder

Nach Hause zurückgekehrt, staunte ich erneut, dass die Geschichten aus meinen Interviews wie direkt aus dem Neuen Testament entsprungen schienen. Das fanden auch meine Familie, die Studierenden und unsere „Projektgruppe verfolgte Christen", als ich ihnen die Geschichten erzählte – eine wunderbare Bestätigung. Fast überall, wo ich diese Glaubenszeugnisse weitergab, kam es zu lebhaften Diskussionen über das, was sie für uns zu Hause bedeuteten.

Nicht zuletzt die Geschichte von „dem gefährlichsten Mann, dem ich je begegnet war", schien die Menschen tief zu berühren. Ich hatte inzwischen noch etwas über ihn entdeckt. Seine Bereitschaft, für seinen Glauben selbst großes Leiden zu erdulden, hatte zwei Gründe. Erstens: Er begriff, was Verfolgung war und was seine Verfolger wollten. Und zweitens: Er kannte den, für den er litt. Und er kannte Jesus nicht nur, er war auch überzeugt, dass Jesus jeden Preis wert war, den sein Glaube ihn kosten mochte. Dies traf auf so viele Christen aus aller Welt zu, denen ich begegnet war, und mit Sicherheit auf diesen meinen jüngsten Interviewpartner.

Diese Gedanken führten immer wieder zu langen Diskussionen darüber, was unser Glaube kostet und wie viel wir bereit sind, für Jesus auf uns zu nehmen.

◆◆◆

Immer wieder erzählte ich auch, wie Gott jenen hartnäckigen Arzt benutzt hatte, um mich mit der Nase auf einen von Gott selbst organisierten Termin zu stoßen. Ich bekannte, dass es vier sehr direkter E-Mails bedurft hatte, bis ich endlich reagierte. Es war mir peinlich, dass solch ein Aufwand nötig gewesen war, bis ich mich endlich an den Ort begab, wo Gott mich haben wollte. Auf wunderbare Weise hatte ich in der hintersten Ecke der Welt fünf Konvertiten aus dem Islam getroffen. Wäre es nach mir gegangen, ich hätte die Sache glatt verpasst. Diese Männer hatten darum gebetet, dass Gott ihnen jemanden schickte, der ihnen half, ihnen Mut machte und ihnen das Evangelium erklärte. Ich war ihre Gebetserhörung – aber ich hatte mich lange gegen Gottes Ruf gesträubt. Wir unterhielten uns zu Hause wiederholt darüber, wie wir Gottes Führung erkennen können – oder auch verpassen. Wir staunten darüber, wie kreativ Gott bei der Verwirklichung seiner Pläne war – und mussten gleichzeitig betreten zugeben, wie oft wir seine Stimme nicht hören konnten oder wollten.

◆◆◆

Es waren geruhsame und erfüllte Tage zu Hause. Für mich war es eine Freude, die Lebensberichte weiterzugeben. Aber allmählich merkte ich, wie es mich drängte, meine Reisen fortzusetzen und noch mehr Geschichten zu sammeln, die ich dann weitergeben könnte.

Ich war sicher, dass es da draußen noch viele Geschichten mit vielen nützlichen Erkenntnissen gab. Ich würde zunächst nach Südostasien zurückkehren, um mehrere – vor allem buddhistische und hinduistische – Länder kennenzulernen, in denen ich noch nicht gewesen war. Dann würde ich Bangladesch und Pakistan besuchen und darauf noch tiefer in das Herz des Islam vordringen, zuerst in Zentralasien, dann am Persischen Golf und im Nahen Osten und zum Schluss in Nord- und Ostafrika.

◆◆◆

Im Laufe der Jahre bin ich so vielen Menschen mit so vielen Geschichten begegnet, dass es noch viele Bücher füllen würde, von allen zu berichten. Ursprünglich hatten Ruth und ich für unser Projekt zwei Jahre veranschlagt; inzwischen ist daraus ein Lebensprojekt, ja eine Lebensleidenschaft geworden. 15 Jahre später sind wir immer noch dabei zu lernen, wie wir verfolgten Christen die richtigen Fragen stellen können, um das Entscheidende noch besser zu erfassen.

◆◆◆

Meine Begegnung mit den fünf Konvertiten aus dem letzten Kapitel war nur durch Gottes Führung möglich gewesen. Nur er hatte sie organisieren können. Diese fünf Christen hatten wochenlang gewartet und gebetet, dass jemand in ihre Grenzstadt am Ende der Welt käme, der sie im Glauben unterweisen konnte. Aus der Rückschau kann ich nur sagen, dass Gottes Hand nicht nur diese Szene, sondern unser ganzes Projekt von Anfang an begleitet, ja geleitet hat. Hätten wir unsere Suche nach Antworten in der muslimischen Welt begonnen, wo die Fragen sich uns aufgedrängt hatten, und unsere Pilgerreise in der umgekehrten Richtung gemacht, von den islamischen Ländern nach China und dann nach Russland, hätten wir vielleicht nur unsere Zeit, unser Geld und unsere Kraft vergeudet und das Projekt wäre womöglich ein Desaster geworden.

Dass wir es so machten, wie wir es machten, lag nicht an unserer strategischen Genialität (auch wenn wir uns das zunächst vielleicht einbildeten), sondern hier war eindeutig der Heilige Geist selbst am Werk. Gott organisierte nicht nur einzelne Begegnungen mit bestimmten Personen, er war auch mit dabei, als wir unseren Reiseplan erstellten.

Wäre ich zuerst in die islamischen Länder gefahren, hätte die relativ geringe Zahl von Konvertiten, die ich ohne zu großes Risiko hätte interviewen können, uns womöglich nur noch mehr entmutigt. So wenige ... Zu wenige, um einen statistisch aussagekräftigen Querschnitt darzustellen, aus dem man sinnvolle Folgerungen, Muster oder Trends ableiten konnte. Eine solch geringe Zahl von Interviews hätte einfach nicht ausgereicht, um daraus hilfreiche und für die Christen in anderen Verfolgungsländern anwendbare Erkenntnisse zu entwickeln.

Doch in Russland und Osteuropa fand ich einen Leib Christi vor, der Jahrzehnte intensiver Verfolgung hinter sich hatte. Hier konnte ich aus erster Hand studieren, was sein Überleben und Wachstum begünstigt bzw. behindert hatte. Es gab reichlich Interviews, und fast vom ersten Tag an sah ich mich Menschen gegenüber (und zwar vielen), deren Glaube durch die Verfolgung gewachsen war. In China war es nicht anders; das explosionsartige Wachstum der Hauskirchenbewegung dort lieferte uns jede Menge Interviewpartner, die uns von ihren Erlebnissen berichten konnten. Viele, viele Menschen konnten es kaum erwarten, einen Glauben zu bezeugen, der Verfolgung nicht nur überlebt hatte, sondern durch sie gewachsen und gereift war.

Nach dieser Vorbereitung waren wir endlich so weit, dass wir uns in die Welt des Islam begeben konnten. Wir hatten mittlerweile wichtige Muster und Trends identifiziert, auf die es zu achten galt. Außerdem hatten wir unsere zu Beginn des Projekts formulierten Leitfragen weitgehend in den Papierkorb geworfen und waren dazu übergegangen, die Christen einfach zu bitten, uns ihre Geschichte zu erzählen. In den Tausenden von Stunden, die ich zuhörte, wurde ich immer besser darin, Mosaiksteine zusammenzufügen, Muster zu entdecken und zu sehen, was wir und was Christen in aller Welt hier lernen konnten.

Wir hatten ursprünglich vorgehabt, für die Christen, die in den christenfeindlichsten Gegenden der Welt arbeiten, so etwas wie Lehrgänge oder Handbücher zu entwickeln. Was am Ende herauskam, war etwas ganz anderes. Anstatt einen Lehrplan zusammenzustellen, waren wir selbst die Schüler, denen die verfolgten Christen beibrachten, wie man Jesus folgt, ihn liebt und Tag für Tag mit ihm geht.

Wie man mit Jesus lebt – einerseits wussten wir das natürlich alles schon. Aber was wir hier ganz neu entdeckten, war eine Beziehung zu Jesus, die genau das war, was man im Neuen Testament findet. Es ist eine Beziehung, die heute noch Leben verwandelt.

◆◆◆

Seit vielen Jahren betrieb eine christliche Hilfsorganisation aus dem Westen in einer Stadt eines großen islamischen Landes ein kleines Krankenhaus. Die meisten Einheimischen wussten es zu schätzen, eine gute medizinische Versorgung vor der Haustür zu haben, und sahen über die Religion der Krankenhausmitarbeiter hinweg. Was die Ärzte und Schwestern glaubten, war ihnen egal; was zählte, war, dass sie ihnen halfen, gesund zu werden.

Doch ein paar radikale Muslime sahen das anders, und der fanatischste aller Gegner wohnte gleich gegenüber dem Haupteingang. Er betrieb dort einen Laden, nur ein paar Häuser von der nächsten Moschee entfernt.

Jeden Freitag stand dieser Ladenbesitzer (nennen wir ihn Mahmoud) vor seiner Ladentür und versuchte, die Menge, die auf dem Weg zum Gebet vorbeiströmte, aufzuhetzen. Dann ging er selbst in die Moschee, wo er lauthals behauptete, dass die „Ungläubigen" im Krankenhaus gute Muslime übers Ohr hauten und vergifteten. Einzelne Mitarbeiter verfluchte er namentlich. Er war ein hasserfüllter Mann und ließ an keinem, der mit diesem Krankenhaus zu tun hatte, ein gutes Haar.

Nach ein paar Jahren erkrankte Mahmoud unheilbar an Krebs. Seine abergläubischen muslimischen Kunden hatten Angst, sich bei ihm anzustecken, und kamen nicht mehr in seinen Laden. Jetzt war er nicht nur todkrank, sondern konnte noch nicht einmal mehr seine Frauen und seine Kinder ernähren.

Als die Mitarbeiter des Krankenhauses von Mahmouds Los erfuhren, begannen viele von ihnen, auf dem Weg zu oder von ihrer Arbeit in seinen Laden zu gehen. Sie kauften in dem Geschäft ihres ärgsten Widersachers ein. Sie unterhielten sich mit ihm und fragten, wie es seiner Familie ging. Regelmäßig erkundigten sie sich nach seiner Gesundheit, nicht ohne ihm zu sagen, dass sie für ihn beteten. Sie begannen schließlich, ihn zu pflegen, ja sogar ihn zu waschen, wenn dies nötig war. Diese Jünger und Jüngerinnen von Jesus liebten den Mann, der sie all die Jahre verfolgt hatte. Mahmouds steinernes Herz wurde weich und sein Hass begann sich in Dankbarkeit und Freundschaft zu verwandeln.

Noch in seinen letzten Lebenstagen nahm er die barmherzige und professionelle medizinische Pflege der „bösen Ungläubigen" an. Er ließ sich von denen, die er für seine Feinde gehalten hatte, helfen, in Würde und Frieden zu sterben. Kurz bevor er mit 57 Jahren starb, wurde Mahmoud selbst ein Nachfolger von Jesus.

Mahmouds Tod machte seine jüngste Frau, Aischa, mit ganzen 24 Jahren zu einer Witwe mit vier Kindern. Sie hatte aus nächster Nähe mitbekommen, wie die Christen aus dem Krankenhaus ihren Mann, der so viele Jahre gegen sie geflucht und gewettert hatte, liebevoll umsorgten. In seinen letzten Lebenstagen nahm auch sie Jesus als ihren Herrn an, und nach Mahmouds Tod wurde Aischa eine entschiedene Zeugin ihres neuen Glaubens und vielleicht die effektivste Evangelistin im ganzen Viertel.

Ihren muslimischen Verwandten und Freunden gelang es nicht, diese mutige junge Frau zum Schweigen zu bringen. Schließlich wurden die Behörden auf sie aufmerksam, und sie wurde, obwohl man in ihrem Land Frauen eigentlich nicht ins Gefängnis steckte, von der Polizei verhaftet.

Man machte ihr die heftigsten Vorhaltungen und drohte ihr jede nur denkbare Strafe an. Dann warf man sie nicht in eine Gefängniszelle, sondern in den dunklen, muffigen, noch nicht fertiggestellten Keller des Polizeireviers. Hier gab es absolut kein Licht, und über den Lehmboden huschten Spinnen, Ratten und anderes Ungeziefer.

Aischa war völlig verängstigt und stand kurz davor, aufzugeben. Sie öffnete den Mund, um zu Gott zu schreien und zu sagen, dass sie nicht mehr konnte. Aber was aus ihrem Mund und aus ihrer Seele herauskam, war etwas ganz anderes: eine Melodie des Lobens und Dankens.

Sie sang.

Überrascht und gestärkt vom Klang ihrer eigenen Stimme

und überwältigt von dem frisch erwachten Bewusstsein der Gegenwart Gottes, begann sie, ihre Anbetung des Herrn noch lauter hinauszusingen. Bald merkte sie, wie in dem Gebäude über ihr ein Büro nach dem anderen merkwürdig still wurde.

Dann strömte plötzlich Licht in den finsteren Keller. Die Falltür hatte sich geöffnet. Der Polizeichef persönlich zog Aischa aus ihrem Loch heraus und sagte: „Ich werde Sie freilassen; Sie können nach Hause gehen."

„Nein, bitte nicht!", protestierte sie. „Das können Sie nicht machen! Es ist nach Mitternacht, da darf ich mich nicht auf der Straße blicken lassen."

Er wusste natürlich so gut wie sie, dass in diesem Land Frauen nachts nicht allein unterwegs sein durften. War das hier nur ein Trick, um ihr noch mehr zu schaden?

„Sie verstehen mich nicht", erwiderte der Polizeichef. „Machen Sie sich keine Sorgen, ich selbst werde Sie nach Hause bringen ... unter einer Bedingung."

Aischa konnte sich denken, was für eine Bedingung das war. Aber wie sich zeigte, hegte er keinerlei unmoralische Absichten. Der Polizeichef, einer der mächtigsten Männer der Stadt, sah die 24-Jährige an und schüttelte den Kopf. „Ich verstehe das einfach nicht ... Sie haben vor nichts Angst!"

Er seufzte und schüttelte wieder den Kopf. „Meine Frau, meine Töchter, sämtliche Frauen in meiner Familie haben Angst vor allem Möglichen. Aber Sie haben keine Angst. Ich werde Sie jetzt sicher nach Hause bringen, und in drei Tagen komme ich bei Ihnen vorbei und hole Sie ab und fahre Sie zu meinem Haus. Ich möchte, dass Sie dort meiner ganzen Familie erklären, warum Sie keine Angst haben. Und dass Sie dieses Lied singen."

◆◆◆

Ich bin sicher, dass Aischa durchaus Angst hatte. Aber wie so viele andere Christen, die in Verfolgung leben, weigerte sie sich, sich von ihrer Angst beherrschen zu lassen. Durch den Glauben fand sie Mittel und Wege, ihre Angst zu überwinden.

Aufgrund der anderen Glaubenszeugnisse, die ich bereits gehört hatte, begriff ich sofort, was für eine lebenswichtige Rolle im Glaubensleben dieser jungen Frau das Singen von Anbetungs- und Jesusliedern spielte. Es war ganz ähnlich wie das, was ich von Gläubigen wie Dmitri und Tavian aus so ganz anderen Kulturen gehört hatte.

Und was taten eigentlich Paulus und Silas, als sie in Philippi im Gefängnis saßen? Sie sangen und lobten Gott (Apostelgeschichte 16,25).

Der Befund war eindeutig: Ein lebendiger Glaube wie der von Aischa konnte in der widrigsten Umgebung Wurzeln schlagen, leben und gedeihen. Es war faszinierend und Mut machend, wie auf ihrer Glaubensreise die gleichen Faktoren zutage traten, die ich schon bei so vielen anderen Christen gesehen hatte. Das Puzzle begann sich zusammenzufügen. Ob in Russland, China, Osteuropa, Südostasien, in den islamischen Ländern oder damals in der Welt der Bibel – überall erzählten Christen, die leiden mussten und verfolgt wurden, die gleiche Geschichte, taten das Gleiche, um zu überleben, erlebten die Gegenwart desselben Gottes.

❖❖❖

Es war einer der schwärzesten Tage meiner frühen Zeit in Somalia, während meiner ersten oder zweiten Reise nach Mogadischu im Jahr 1992. Ich ging zusammen mit meinen bewaffneten somalischen Begleitern eine von Bombentrichtern übersäte Straße entlang. Wir waren dabei, das Viertel um unsere Zentrale herum zu erkunden. Was brauchten die Menschen hier, wo konnten wir helfen?

Eigentlich war es eine überflüssige Suche. Die Menschen, die ich hier sah, brauchten eigentlich alles! Auf Schritt und Tritt nichts als Ruinen, Tod und Zerstörung; ich wusste gar nicht, wo wir mit dem Helfen anfangen sollten. Als ich durch diese Straßen ging, spürte ich die Gegenwart des Bösen wie nie zuvor in meinem Leben. Sie lastete auf der Gegend wie ein spürbarer, greifbarer Schatten. Es fühlte sich an, als würde eine Schraubzwinge langsam mein Herz zusammendrücken, um unerbittlich jede Hoffnung herauszuquetschen, bis nur noch die pure Verzweiflung und Resignation übrig waren.

Dann zerriss plötzlich ein Geräusch die unsichtbare schwarze Decke des Bösen. Was war das? Ich war verwirrt, dann geschockt, dann sprachlos vor Staunen. Es war ein Geräusch, das überhaupt nicht hierher passte, aber es war so willkommen wie das Geräusch eines Wasserfalls mitten in der Wüste.

Hier, an diesem finstersten Ort auf der Erde, hörte ich etwas, das wie ein Engelschor klang. Für einen Augenblick hatte ich Angst, zu halluzinieren. Ich blieb abrupt stehen. Aus welcher Richtung kam das Singen? Meine Begleiter waren ebenfalls stehen geblieben; ich sah, dass auch sie es hörten.

„Hier entlang!", sagte ich. Wir marschierten in die Richtung. Das Singen wurde lauter. An der nächsten Straßenecke blieb ich stehen, um zu lauschen. Wir änderten wieder die Richtung. Die Musik kam immer näher, bis wir vor dem Tor eines kleinen Anwesens standen.

Ich klopfte heftig an das Tor. Ein Wächter kam, der uns fortschicken wollte. Nach einigen Verhandlungen ließ er uns ein, und wir standen in einem kleinen Waisenhaus, wo unter der enthusiastischen Leitung einer jungen Somalierin namens Sophia ein Kinderchor nach Herzenslust sang.

Ich wusste damals noch nicht, wie viele überraschende Begegnungen und Glaubensabenteuer, wie viel Freud und Leid, Lachen und Tränen Sophia, Ruth und ich im Laufe der nächsten 10 Jahre in drei verschiedenen Ländern gemeinsam erleben würden. Als ich sie an jenem Tag in dem Waisenhaus kennenlernte, hatten das Chaos und die Gewalt des langen, brutalen Bürgerkriegs ihr bereits ihren Arbeitsplatz, ihre Wohnung und ihre Familie weggenommen. Die Menschen, die ihr vor vielen Jahren von Jesus erzählt hatten, waren aus dem Land geflüchtet. Äußerlich war sie ein Wrack – zerlumpt, erschöpft und dünn wie ein Besenstiel. Sie war vielleicht 1,60 Meter groß.

Aber in diesem Wrack von einer Frau steckte genügend Kraft, um in dem zerstörten Viertel von Mogadischu 30 Waisenkinder um sich zu sammeln. Mit ihrer bloßen Willenskraft, so schien es, hatte sie diese Kinder am Leben erhalten, bis Hilfe kommen würde. Für die Kleinen war sie ihr rettender Engel – und Sophia selbst wartete auf *ihren* rettenden Engel, der die Erhörung ihrer Gebete wäre.

In diesen schweren Tagen sang Sophia und brachte auch den Kindern Lieder bei.

Als ich zu ihr trat, flüsterte sie: „Sie gehören zu Jesus, oder? Ich habe darum gebetet, dass Sie kommen."

Noch bevor sie das sagte, war mir klar gewesen, dass Sophia eine Christin war. Ich hatte die Liebe Gottes in ihren Augen leuchten gesehen und in den Liedern der Kinder gehört. Ich bat sie, mir ihre Geschichte zu erzählen. Zu meiner Überraschung erfuhr ich, dass diese lächelnde, fröhliche Frau ein typisch somalisches Schicksal hinter sich hatte. Ihr Mann war im Bürgerkrieg umgekommen, und ihre beiden kleinen Töchter waren vor ein paar Monaten verschwunden; sie nahm an, dass auch sie nicht mehr lebten.

Ihre gesamte Familie war nicht mehr. Sie hatte alle ihre Lieben verloren – und jetzt versuchte sie, das Leben dieser Waisenkinder, die ebenfalls ihre Familien verloren hatten, ein Stückchen heller zu machen. Sie war ein Leuchtturm der Liebe in dieser absoluten Finsternis. Ihre Lieder bezeugten einen lebendigen Glauben – und stärkten diesen Glauben. Sie gossen Freude und Hoffnung in die Seelen der Waisenkinder, und jetzt war ihr Klang durch die Straßen von Mogadischu gewandert und hatte dem Mitarbeiter eines Hilfswerks aus dem Ausland, den die Verzweiflung gerade lähmen wollte, neue Kraft gegeben.

Ich war auf der Suche nach Hilfsprojekten gewesen, hatte mich gefragt, wo wir am besten anfangen würden. Jetzt wusste ich: Egal, was wir noch alles in Somalia machen würden, wir würden Sophia und ihren Waisenkindern helfen! Und das taten wir auch.

Dies war das erste Mal, dass unsere Lebensgeschichten sich berührten und unsere Wege sich kreuzten. Einige Jahre später erfuhr ich „rein zufällig", dass Sophias Töchter noch lebten und in einem somalischen Flüchtlingslager in Äthiopien waren; ich selbst konnte ihr die freudige Nachricht überbringen.

Doch später musste ich sie dann trösten, als ihre Schwiegereltern ihr das Herz brachen und gerichtlich durchsetzten, dass sie kein Sorgerecht für die Mädchen bekam, ja sie nie wieder sehen durfte. Warum sie das taten? Sie wollten nicht, dass ihre Enkelkinder von einer „Ungläubigen" erzogen wurden, die an Jesus glaubte.

Noch später durften wir Sophias Trauung mit einem somalischen christlichen Flüchtling in einem Nachbarland feiern. Einige Zeit danach ließen wir unsere Beziehungen spielen, um sie in ein drittes Land zu fliegen, wo sie und ihr neues Baby die nötige medizinische Versorgung bekamen, die ihnen das Leben rettete. Die Ärzte und Schwestern auf der Entbindungsstation vor Ort hatten ihr gesagt, dass sie eher sie und ihr Kind sterben lassen würden, als eine ehemalige Muslima zu behandeln, die Christin geworden war.

Und womit hatte unsere Teilnahme am Leben dieser Frau begonnen? Mit einem Lied!

◆◆◆

Sie haben es sicher schon gemerkt: Ich lerne etwas langsam. Ich weiß nicht, warum ich noch ein Beispiel brauchte, damit endlich der Groschen bei mir fiel. Aber ob ich es brauchte oder nicht – Gott erinnerte mich noch ein weiteres Mal an die Macht, die in Glaubensliedern steckt.

Ich besuchte gerade ein anderes islamisches Land im Nahen Osten und hörte mir die Geschichte eines Christen an, der für seinen Glauben ins Gefängnis gekommen war. Obwohl man ihn rund um die Uhr bewachte, hielt er in seiner Zelle täglich seine Andacht. Eines Tages kamen zwei der Wärter ganz aufgeregt zu ihm und verlangten, dass er mit dem Singen aufhörte, „damit du uns nicht noch mit deinen Liedern bekehrst".

Offenbar hatten diese muslimischen Gefängniswärter die Macht der Jesuslieder um einiges schneller erkannt als ich; sie brauchten nicht Hunderte von Interviews dazu.

Als ich endlich zwei und zwei zusammenzählte und genügend Puzzleteile zusammenfügte, begriff ich, was für eine mächtige Glaubenskraft in der Musik liegt und dass diese Macht in der islamischen Welt bereits wirkte. Erst als ich das erkannt hatte, erschloss sich mir noch eine andere, größere Wahrheit, die mein ganzes Leben veränderte.

Ich hatte immer geglaubt: Jesus meinte seinen Missionsbefehl an seine Jünger ernst – er will tatsächlich, dass wir die ganze Welt mit seiner Botschaft erreichen. Ich war überzeugt davon: Er will dieses große Ziel mit *unserer* Hilfe erreichen. Einer der Gründe für meine Resignation in Somalia war ja mein wachsender Zweifel, ob Gott wirklich auch in Ländern wie Somalia wirkte. Damit war auch eine andere Frage verbunden, die mich nicht losließ: Wenn Gott sich aus Ländern wie Somalia zurückgezogen hat, was erwartet er dann von seinen Jüngern dort?

Auf meiner Pilgerreise durch Länder mit Christenverfolgung

begann ich allmählich zu begreifen, dass Gott ohne uns nicht hilflos ist. Doch, er will unsere Hilfe, er schätzt sie, er ruft uns dazu auf, als seine Mitarbeiter die Welt zu verändern. Aber unser allmächtiger Gott ist nie hilflos – auch ohne uns nicht!

Ich erkannte auch, dass unserem allwissenden Gott nichts von all dem verborgen ist, was in seiner Welt geschieht – auch an den dunklen Orten, die ganz im Griff des Bösen zu sein scheinen. Selbst dort ist unser allgegenwärtiger Gott nicht abwesend, bis wir dem Ort zu Hilfe eilen.

Es ist sehr wichtig, dass wir erkennen: Gott schätzt unsere Hilfe. Doch noch mehr sollten wir wissen: Unser allmächtiger Gott kann mit und ohne uns wirken; unser allwissender Gott ist nicht blind für das Böse in seiner Welt, und unser allgegenwärtiger Gott ist immer da, auch wenn wir nicht da sind.

Eine der spannendsten und am meisten Mut machenden Erkenntnisse meiner Reise war gerade dies: Gott ist immer da und wirkt immer, selbst an den finstersten und bösesten Orten der Erde. Schon lange, bevor Ruth und ich kamen, hatte er in Somalia gewirkt. Anstatt zu denken, dass wir als Gottes Schafe ganz auf uns gestellt sind und im Land der Wölfe alles von der Pike auf selbst machen müssen, sollten wir das erkennen, was Gott bereits getan hat und weiter tut. Dann können wir getrost an seine Seite treten und gemeinsam überlegen, wie wir darauf aufbauen können. Dies ist eine viel bessere und effektivere Strategie zur Erfüllung des Missionsbefehls, gerade an den schwierigsten und scheinbar hoffnungslosesten Orten.

Sobald wir herausgefunden haben, was Gott bereits tut, um sich den Menschen zu zeigen, brauchen wir nur den anderen den Weg zu ihm zu zeigen. Dieser Gedanke gab mir neue Hoffnung. Allmählich fragte ich mich, ob es nicht Zeit war, dass ich wieder mit Singen anfing.

33.

Die eigentliche Frage

In den letzten 15 Jahren haben Ruth und ich über 700 persönliche, in die Tiefe gehende Interviews geführt mit Christen aus 72 Ländern, wo Jünger Jesu verfolgt werden oder früher verfolgt wurden. Diese Interviews haben wir aufgenommen, dokumentiert und analysiert, und jeden Monat werden es mehr. Wir haben diese Reisen von Anfang an gemeinsam geplant, vor- und nachbereitet. Unser Leben und unsere Arbeit sind lange schon ein gemeinsames Abenteuer, das vor Somalia begann und lange nach Somalia weitergeht. Unsere Pilgerreise durch das Land der Verfolgung war und ist (heute mehr denn je) eine gemeinsame Entdeckungsreise, die uns an Orte in der Welt geführt hat, von denen wir nie gedacht hätten, dass wir sie einmal besuchen würden. Sie hat uns auch geistliche Höhen und Tiefen gezeigt, von deren Existenz wir nichts geahnt hatten.

Jede Reise, die ich im Rahmen dieses Abenteuers unternommen habe, hat Ruth miterlebt, auch wenn ich alleine fuhr. Wenn ich nach Hause zurückkam, war sie es, der ich zuerst und am ausführlichsten Bericht erstatten musste. Von der Planung bis zur Auswertung jeder Reise war sie meine wertvollste Beraterin. Sie transkribierte die Bandaufnahmen von Tausenden Interviewstunden und half mir, unsere Ergebnisse zu sichten und zu analysieren.

In der letzten Zeit war Ruth bei vielen Interviews dabei. Sie hat auch zahlreiche eigene Interviews durchgeführt, wo Sitte und Kultur mir dies nicht erlaubten. Sie kann zum Beispiel mit Frauen in muslimischen Kulturen sprechen, wo die islamischen Gesetze des Landes Interviews durch Männer verbieten.

Wir treffen uns nicht mehr mit jenen 90 Studierenden (von denen inzwischen 60 selbst ausgezogen sind, um das Licht und die Liebe Jesu an einige der finstersten Orte dieser Welt zu tragen). Dafür gibt es jetzt eine noch viel größere Familie, zu der wir gehören: die weltweite Familie Gottes. Theoretisch habe ich wahrscheinlich schon immer gewusst, wie riesig diese Familie ist. Aber durch die Interviews habe ich viele ihrer Mitglieder kennengelernt, von denen ich vorher nicht die leiseste Ahnung gehabt hatte.

❖❖❖

Ruth und ich erzählen die Geschichten, die wir gehört, und das, was wir gelernt haben, gerne weiter, um Christen in den westlichen Ländern zu einer neuen und vielleicht biblischeren Sicht des Themas „Leiden um Christi willen" zu verhelfen. Oft sprechen wir darüber, wie die Beziehung von Leiden und Verfolgung zum christlichen Glauben ist. Wir wünschen uns sehr, dass unsere Brüder und Schwestern in Christus erkennen: Der größte Feind unseres Glaubens heute ist nicht der Kommunismus, Buddhismus, Hinduismus oder Atheismus, ja noch nicht einmal der Islam. Unser größter Feind ist die *Verlorenheit* der Menschen, und gegen diesen Feind hat Jesus seine Jünger hinausgeschickt und ihnen in Matthäus 28,18-20 die Strategie vorgegeben. Von demselben Feind sprach er, als er klarstellte, warum er in die Welt gekommen war: „Der Menschensohn ist gekommen, Verlorene zu suchen und zu retten" (Lukas 19,10).

Es ist unsere Hoffnung, dass überall in der Welt Christen so nahe an Gottes Herz kommen, dass sie, wenn sie das Wort „Muslime" hören, nicht zuerst an somalische Piraten, Selbstmordattentäter, Dschihadisten oder Terroristen denken. Wenn wir das Wort „Muslime" hören, sollten wir jeden einzelnen Muslim als einen Verlorenen sehen, der von Gott geliebt ist –

als jemanden, der Gottes Gnade und Vergebung braucht. Jeder Muslim ist ein Mensch, für den Christus gestorben ist.

Nichts ist für Ruth und mich erfüllender, als die Beispiele, Geschichten und Erfahrungen einer bestimmten Gruppe verfolgter Christen zu nehmen und ihre geistlichen Einsichten an verfolgte Nachfolger von Jesus an einem anderen Ort der Welt weiterzugeben. Stellen Sie sich vor, wie ein Christ in einem muslimischen Land sich fühlen muss, wenn er hört, dass die Pastoren von 10 Millionen chinesischen Gläubigen diese dazu aufrufen, jeden Morgen etwas früher aufzustehen, um für ihre Glaubensgeschwister in den islamischen Ländern zu beten, die *wirklich* verfolgt werden! Als wir dies Konvertiten aus dem Islam erzählten, weinten sie und riefen aus: „Gott, bitte lass uns so lange leben, dass wir nach China gehen können, um unseren Brüdern und Schwestern dort zu danken, die uns nicht vergessen haben und jeden Morgen für uns beten!"

◆◆◆

Wie viele von uns, die heute Jesus nachfolgen wollen, haben sich schon gewünscht, sie wären dabei gewesen, als die ersten Christen aus der Kraft des Auferstehungsglaubens die Welt auf den Kopf stellten? Ich glaube, wir *können* dabei sein und brauchen dazu keine Zeitmaschine. Wir müssen nur auf unsere Brüder und Schwestern heute sehen und hören, die an den schwierigsten Orten der Erde treu für Christus leben.

Als Ruth und ich vor etwa 30 Jahren mit unseren Söhnen nach Afrika gingen, war ich ein naiver Bauernjunge aus Kentucky, der glaubte, dass Gott uns in die weite Welt schickte, um den Menschen zu erzählen, wer Jesus ist und was in der Bibel steht. Heute sehe ich, dass Gott uns in die Welt gehen ließ, damit *wir* lernen konnten, wer Jesus ist – von Menschen, die ihn wirklich kennen und das Wort Gottes leben.

Ich habe so viel mehr gelernt, als ich weitergegeben habe. Heute weiß ich: Als Ruth und ich vor 15 Jahren unsere Pilgerreise zu den verfolgten Christen begannen, stellten wir die falschen Fragen und suchten nach den falschen Antworten. Was wir durch Gottes Gnade und mit der Hilfe Hunderter treuer Menschen entdeckten, war nicht so sehr eine Strategie oder Methode, es war eine Person. *Wir fanden Jesus – und entdeckten, dass er auch im 21. Jahrhundert lebt und handelt. Er offenbart sich in Leben, Worten und im Auferstehungsglauben verfolgter Christen.*

Diese Christen leben nicht nur *für* Jesus, sie leben jeden Tag *mit* ihm. Und sie haben mir eine ganz neue Perspektive zum Thema „Verfolgung" geschenkt. Seit Jahrzehnten versuchen viele besorgte Christen im Westen, ihren Glaubensgeschwistern in aller Welt zu „helfen", die leiden müssen, weil sie Jesus nachfolgen. Doch unsere Pilgerreise zu den Hauskirchen in der Verfolgung hat uns gezeigt, dass Gott vielleicht umgekehrt *sie* gebrauchen will, um *uns* zu helfen – gegen die oft geistlich lähmenden, ja manchmal tödlichen Auswirkungen unseres verwässerten, kraftlosen westlichen Christentums.

Wie die meisten Amerikaner bin ich kaum oder nie wegen meines Glaubens verfolgt worden. Vor diesem Hintergrund war es für mich eine harte Nuss, mich der Realität einer Unterdrückung von Christen zu stellen. Zunächst erwuchsen meine Fragen dazu aus meiner eigenen begrenzten Erfahrung. Vor allem wollte ich wissen: *Warum?*

Warum werden auf der Erde so viele Menschen, die an Jesus glauben, verfolgt?

Warum werden in anderen Ländern Christen auf die Straße gesetzt, enterbt, geschlagen, inhaftiert, ja getötet?

Warum wird eine junge Frau aus einer muslimischen Familie, die zu Jesus gefunden hat, mit einem 30 Jahre älteren Muslim zwangsverheiratet, um ihr den Mund zu stopfen und ihr Glaubenszeugnis zu unterbinden?

Immer wieder dieselbe Frage: *Warum?*

Oft glauben wir ja, wenn wir so etwas fragen, die Antwort schon zu haben. Zum Beispiel: „Die Menschen in diesen Ländern sind eben ungebildet. Die Leute, die den Christen das antun, sind Ignoranten. Ignoranz führt zu Verfolgung."

Oder: „Diese Länder brauchen eine bessere Regierung. Wenn man dort eine westliche Demokratie einführte, die die Menschen- und Bürgerrechte garantiert, wäre Christenverfolgung ungesetzlich und würde aufhören."

Oder auch: „Wenn die Menschen ein bisschen toleranter wären, könnten wir alle in Frieden zusammenleben. Mehr Toleranz, und es gibt keine Verfolgung mehr."

Aber keine dieser Antworten kommt auch nur in die Nähe der eigentlichen Ursache der Christenverfolgungen. Nachdem wir fast 30 Jahre lang durch die Welt der Verfolgung gereist sind und mit Hunderten von Christen gesprochen haben, die für ihren Glauben leiden müssen, können wir ohne jeden Zweifel sagen, dass die Hauptursache der Christenverfolgungen in der heutigen Welt *die Menschen sind, die ihr Herz und ihr Leben Jesus ausgeliefert haben.*

Denken Sie einmal darüber nach, was das bedeutet.

Jahrzehntelang haben wir in den Kirchen im Westen gelernt, für ein Ende der Verfolgung unserer Brüder und Schwestern in aller Welt zu beten und zu arbeiten. Wir rufen Gemeinden, kirchliche Initiativen, ja sogar unsere Regierungen dazu auf, Unterdrückerregime anzuprangern und unter Druck zu setzen, damit Verfolgung und Diskriminierung ein Ende haben. Manchmal verlangen wir sogar, dass die Verfolger bestraft werden.

Dabei scheinen wir ganz zu vergessen, dass Jesus selbst gesagt hat, die Welt werde seine Jünger ablehnen und verfolgen, so wie sie auch ihn ablehnte. Wäre eine Erhörung unserer Gebete für ein Ende der Christenverfolgungen vielleicht gleichbedeutend damit, dass niemand mehr Christus als seinen Herrn und Heiland annimmt? Denn wenn niemand mehr dies täte, würde die Christenverfolgung vielerorts sofort aufhören. So lange Menschen zu Jesus finden, wird an ein Ende der Christenverfolgung nicht zu denken sein. Die Frage klingt vielleicht komisch, aber sollten wir wirklich Gott um ein Ende der Verfolgungen bitten?

Ruth und mir ist kein einziger geistlich reifer Christ begegnet, der verfolgt wurde und der uns gebeten hätte, für ein Ende der Verfolgung zu beten. Stattdessen bitten verfolgte Christen uns regelmäßig um Gebet dafür, dass sie *in* ihrer Verfolgung und ihrem Leiden treu und gehorsam bleiben. Das ist eine radikal andere Perspektive.

Wie kommt es, dass so viele Millionen, die Jesus nachfolgen, ihren Glauben in Ländern praktizieren, wo Verfolgung die Regel ist?

Die erste und grundlegendste Antwort ist: Diese Menschen haben ihr Leben Jesus gegeben.

Die zweite Antwort ist: Sie haben beschlossen, Jesus nicht für sich zu behalten. Nachdem sie zum Glauben an ihn gekommen sind, brennt ihr Herz so für ihn, dass sie gar nicht anders können, als das Evangelium von seinem Sühnetod, seiner Liebe und Vergebung auch ihren Verwandten, Freunden und Nachbarn zu sagen. Damit aber wählen diese Christen die Verfolgung.

Anders ausgedrückt: Für die meisten Christen ist Verfolgung vermeidbar. Wenn jemand Jesus einen guten Mann sein lässt, ihn nicht sucht und ihm nicht nachfolgt, wird er auch nicht verfolgt werden. Und selbst dort, wo jemand ein Jünger von Jesus geworden ist, wird er nicht verfolgt werden, solange er seinen Glauben für sich behält. Wenn ein Christ den Mund hält, ist die Gefahr, dass er für seinen Glauben leiden muss, sehr gering.

Wenn wir also wollen, dass es weniger Christenverfolgung gibt, lässt sich das ganz einfach erreichen:

Erstens: Lassen Sie Jesus in Ruhe.

Zweitens: Wenn Sie ihn trotzdem finden, behalten Sie ihn

für sich. Wo kein Glaube ist und nicht über das Evangelium gesprochen wird, hört Verfolgung sofort auf.

Der Grund für Christenverfolgungen ist also, dass immer wieder Menschen zu Jesus finden – und ihn anschließend nicht für sich behalten.

Die verfolgten Christen, mit denen wir sprachen, haben uns noch etwas anderes gezeigt: Die Freiheit, an Jesus zu glauben und diesen Glauben weiterzugeben, hat nichts mit dem politischen System zu tun, in dem wir leben, und den bürgerlichen und politischen Freiheiten, die es uns gewährt oder verweigert.

Dies gehört zum Wichtigsten, was wir von verfolgten Christen gelernt haben: Sie (genau wie Sie und ich) können Jesus in ihrer Heimat – und sei es Somalia, Pakistan oder China – genauso weitergeben, wie Sie und ich das in den USA oder anderen „westlichen" Ländern können. Es kommt nicht auf die politische Freiheit an, sondern schlicht auf den Gehorsam. Der Preis für diesen Gehorsam kann unterschiedlich hoch sein, aber es ist *immer* möglich, den Missionsbefehl von Jesus auszuführen. Jeder Christ an jedem Ort hat diese Option.

Der letzte Befehl von Jesus an seine Jünger war, in der ganzen Welt seine Zeugen zu sein. Er hat diesen Befehl nicht auf westliche, demokratische oder „freie" Länder beschränkt. Und es ist ein Befehl – und kein Vorschlag, eine Empfehlung oder eine gute Idee. Jesus weist alle seine Nachfolger an, seine Botschaft in die ganze Welt zu tragen.

Wenn wir verfolgte Christen fragten, würden sie uns daran erinnern, dass wir alle die gleiche Freiheit und Verantwortung haben, Jesus in jeden Winkel dieser Erde zu tragen. Die Frage ist nie: „Habe ich die Gelegenheit dazu?", sondern: „Bin ich gehorsam?" Die Gläubigen in der Welt der Verfolgung haben ihre Antwort auf diese entscheidende Frage gegeben.

Vielleicht haben manche von uns das noch nicht getan. Die Frage, die wir beantworten müssen, lautet: Haben wir den

Mut, unsere Freiheit gehorsam einzusetzen, um Salz und Licht für alle Menschen zu sein, wo sie auch leben, mit allen Konsequenzen, die dies haben kann? Unser Gehorsam kann uns Leiden und Verfolgung eintragen, aber auch dann haben wir die Freiheit zu gehorchen. Wieder und wieder haben verfolgte Christen die Macht eines entschlossenen, mutigen Glaubens demonstriert. Wieder und wieder haben sie Gott gehorcht und die Folgen willig auf sich genommen. Selbst in den repressivsten Ländern haben diese Gläubigen begriffen, dass sie sich frei dafür entscheiden können, Jesus zu gehorchen.

Doch viele von uns leben nicht in repressiven Ländern. Unser größtes Risiko beim Weitergeben der Guten Nachricht von Jesus ist womöglich, dass man uns auslacht oder für komische Heilige erklärt. Vielleicht fragen wir uns sogar, warum wir uns um die Christen, die in anderen Ländern verfolgt werden, überhaupt kümmern sollten.

Die Antwort: Indem wir uns um verfolgte Christen kümmern, identifizieren wir uns mit ihnen.

Vor nicht langer Zeit gehörten Ruth und ich zu einem Seelsorgeteam, das christliche Mitarbeiter in einem muslimischen Land betreute. Kurz zuvor waren drei ihrer Kollegen von Islamisten ermordet worden. Es war eine Zeit des Trauerns und Fragens, aber für viele von uns war die stärkste Erinnerung aus diesen Tagen die *Freude*. Die Trauer steckte tief, sehr tief sogar. Aber die Freude war trotzdem überdeutlich. Wir spürten eine überirdische, himmlische Nähe. Durch ihren Tod waren diese Diener Jesu Teilhaber an seinem Kreuz geworden. Sie hatten ihr eigenes Kreuz auf sich genommen – für Jesus, um seine Zeugen zu sein.

Wir lernten damals eine wichtige geistliche Wahrheit: Bevor wir die volle Bedeutung der Auferstehung fassen können, müssen wir zuerst die Kreuzigung erleben oder miterleben. Wenn wir unser Leben so leidens- und opferscheu verbringen, dass wir dem geringsten Verfolgungsrisiko ausweichen, entdecken wir vielleicht nie die ganze Freude, das Staunen und die Kraft eines Auferstehungsglaubens. Ironischerweise könnte gerade unsere Leidensscheu das sein, was uns von einer tieferen Gemeinschaft mit dem auferstandenen Jesus abhält.

◆◆◆

Überall in der Welt sind uns Jünger und Jüngerinnen von Jesus begegnet, die auch seine „schwierigsten" Lehren annehmen. Sie begreifen, dass der, der sein Leben retten will, zuerst bereit sein muss, es zu verlieren. Sie nehmen dieses Risiko auf sich, weil sie davon überzeugt sind, dass am Ende das Gute über das Böse siegen wird, die Liebe über den Hass, und dass durch die Kraft unseres Auferstehungsglaubens das Leben den Tod für immer überwinden wird. Sie wissen, dass das Schlusskapitel der größten Geschichte aller Zeiten schon geschrieben ist und dass Gott in alle Ewigkeit seinen Willen durchsetzen wird.

Doch noch ist es nicht so weit und es tobt ein echter Kampf – der geistliche Kampf, von dem Paulus in Epheser 6,12 spricht: Es ist der Kampf „gegen Mächte und Gewalten des Bösen, die über diese gottlose Welt herrschen". Die Christen, an die er damals schrieb, wussten, was er meinte, und die verfolgten Christen heute wissen es auch.

Tatsache ist, dass jeder, der Jesus nachfolgt, mit in diesem Kampf steht. Die Getreuen, die für die Sache Christi einen persönlichen Preis des Leidens und der Verfolgung zahlen, wissen, dass ihr Glaube etwas kostet. Ihr Glaubenszeugnis, ihr Leben und ihr Vorbild sollten uns Inspiration und Lehre sein. Ihre Erlebnisse zeigen uns, worum der Kampf geht, und sie zeigen uns auch viel über das Böse und seine Macht.

Christen, die wissen, was es heißt, für Jesus zu leiden, können uns helfen, die Taktiken und das Ziel des Feindes besser zu verstehen. Das Ziel des Satans, der Kern des Bösen oder der

Verfolgung liegt nicht so sehr darin, Menschen, die Jesus nach-folgen, mit Hunger, Schlägen, Gefängnis, Folter und Tod zu traktieren. Satans Strategie ist viel einfacher und, wenn man so will, teuflischer. Was ist sein eigentliches Ziel? Ganz einfach: der Welt den Zugang zu Jesus zu verwehren!

Der größte Wunsch des Teufels für diesen Planeten ist, dass er sich nicht um Jesus kümmert. Er will, dass wir Jesus den Rücken kehren – oder, besser noch, ihn gar nicht erst finden. Und wenn ihm dies nicht gelingt, schaltet er auf Plan B um und kämpft darum, dass die Christen den Mund halten, sodass sie niemand anderen zu Christus führen.

So einfach ist das.

Haben wir das Wesen dieses geistlichen Kampfes und die Strategie des Feindes einmal begriffen, dann sehen wir deutlich, was für eine Rolle die Christen in ihm spielen sollen. Und wie wichtig es ist, dass wir das Glaubenszeugnis, die Treue und den Gehorsam wählen.

Jeden Morgen stehen wir neu vor der Wahl. Mit wem wollen wir uns heute identifizieren – mit den verfolgten Brüdern und Schwestern oder mit ihren Verfolgern? Wir treffen diese Wahl jedes Mal, wenn wir uns überlegen, ob wir Jesus anderen Menschen bringen oder ihn für uns behalten sollen.

Wir identifizieren uns entweder mit den verfolgten Christen, indem wir zu ihnen stehen und ihrem Beispiel folgen, oder wir identifizieren uns mit ihren Verfolgern, indem wir Jesus nicht unseren Verwandten, Freunden und Feinden bezeugen. Wer sagt, dass er Jesus nachfolgt, ihn aber nicht bezeugt, stellt sich eigentlich auf die Seite der Taliban, des Unrechtregimes in Nordkorea, der Geheimpolizei im kommunistischen China und all der Somalias und Saudi Arabiens dieser Welt. Christen, die ihren Glauben nicht weitergeben, machen sich zu Erfüllungs-gehilfen des Satans bei seinem Ziel, der Welt Jesus vorzuenthal-ten. Mit unserem Schweigen machen wir uns mitschuldig.

Wenn Ruth und ich in Gemeinden im Westen unsere Vorträge halten, werden wir oft gefragt, ob wir glauben, dass es auch in den USA zu Christenverfolgungen kommen wird. Ich antworte dann oft ganz unverblümt: „Warum soll der Teufel uns aufwecken, wenn er uns so gut eingeschläfert hat?" Warum soll er uns angreifen, wenn wir ihm so gut helfen? Wahrscheinlich findet er, dass es besser ist, uns weiterschlafen zu lassen.

Unser Problem ist nicht, dass uns das Leiden der verfolgten Christen egal wäre. Wir wissen, was in der Welt vor sich geht. Wer dieses Buch gelesen hat, der weiß, was für Opfer viele Christen für ihren Glauben bringen. Wir wissen heute besser Bescheid darüber, wie es anderen Gliedern des Leibes Christi geht, als zu jedem anderen Zeitpunkt der Menschheitsgeschichte.

Es reicht nicht, dankbar dafür zu sein, dass es uns so gut geht. Es ist nicht genug, an die leidenden Christen in aller Welt zu denken und für sie zu beten. Ja, es reicht noch nicht einmal, uns mit den anderen Gliedern des Leibes Christi in der Welt zu identifizieren.

Letztlich ist das Problem eine Sache des richtigen Blickwinkels. Anstatt unsere Gedanken, unsere Gebete, unsere Aufmerksamkeit und Identifikation auf das *Leiden* unserer Brüder und Schwestern in aller Welt zu konzentrieren, sollten wir uns zuallererst fragen, *ob wir Jesus gehorsam sind.* Er bittet, ja, er befiehlt uns, den Menschen, denen wir begegnen, von ihm zu erzählen – hier und heute, wo immer wir gerade sind.

Es geht schlicht um unseren Gehorsam. Wenn Jesus wirklich unser Herr ist, werden wir ihm gehorchen. Gehorchen wir ihm nicht, ist er nicht unser Herr.

Vielleicht sollten wir uns nicht fragen: „Warum werden andere Christen verfolgt?", sondern lieber: „Warum werden wir nicht verfolgt?"

Ich kann sie nicht vergessen, die Worte meines Freundes Stojan. Er wusste von dem geistlichen Kampf und wie wichtig unsere Entscheidungen sind. Er sagte zu mir: „Ich danke Gott und freue mich über die Gewissheit, dass ich in meinem Land im Gefängnis gelitten habe, damit du, Nik, in Kentucky in aller Freiheit anderen von Jesus erzählen konntest."

Und dann hob er seine Stimme und fuhr fort: „Gib nie in der Freiheit das auf, was wir in der schlimmsten Verfolgung nicht aufgegeben haben – unser Zeugnis von der Macht der Auferstehung Jesu Christi!"

Stojan hatte seine Entscheidung seit Langem getroffen. Sie und ich stehen jeden Morgen neu vor dieser Entscheidung: Werde ich heute meine Freiheit nutzen, Jesus zu bezeugen, oder den Mund halten?

34.

Die Reise beginnt – kommen Sie mit!

Ich habe bereits gestanden, dass ich mein Lebenswerk in dem naiven Glauben begann, Gott schicke Ruth und mich in die weite Welt, um Verlorenen von Jesus zu erzählen und ihnen zu erklären, was die Bibel für ihr Leben bedeutete. Heute weiß ich, dass Gott mich in die Welt gehen ließ, damit ich herausfand, wer Jesus wirklich ist und was die Bibel für *mein* Leben bedeutet. Er wollte, dass ich dies von Christen lernte, die ihn viel besser kannten als ich – Christen, die seine Botschaft bereits in ihrem Alltag lebten.

Viele der Menschen, denen ich auf dieser Reise begegnete, sind nicht nur meine persönlichen Lehrer und Freunde im Glauben geworden; sie sind auch geistliche Helden, deren

Beispiel mich demütig macht und anspornt. Und kein anderes Glied des Leibes Christi hat mich demütiger gemacht, mich mehr inspiriert und mich mehr gelehrt als die Hauskirchenchristen, die ich in China kennenlernte.

Wie ich schon berichtet habe, war eine Hauskirchenbewegung tief in der Provinz so isoliert vom Rest der Welt, dass einige ihrer Leiter mich tatsächlich fragten, ob die Botschaft von Jesus schon über China hinausgekommen war. Sie wollten wissen, ob es auch in anderen Ländern Menschen gab, die ihn kannten und zu ihm beteten. Nun, an dieser Stelle muss ich etwas nachtragen, was ich oben noch nicht erwähnt habe. Als ich diesen chinesischen Christen sagte, dass sie in der Welt Milliarden Brüder und Schwestern im Glauben hatten und dass es in fast jedem Land Christen gab, klatschten sie und riefen Halleluja. Und dann … fragten sie mich, wie das in meinem Land mit den Christen war.

Ich sagte ihnen, dass es in den USA zig Millionen Christen gab, die sich in Zehntausenden großer und kleiner Gemeinden trafen, in jeder Stadt und jedem Dorf. Darauf stießen diese Pastoren und Evangelisten Begeisterungsschreie aus und weinten vor Freude über die Gnade, die Gott ihren amerikanischen Schwestern und Brüdern erwiesen hatte. Dann bombardierten sie mich mit anderen Fragen: Wie lernte man in meinem Land Jesus kennen? Hatten wir in Amerika Bibeln? Wie waren die Gottesdienste? Wo wurden die Pastoren ausgebildet? Die Fragen nahmen kein Ende.

Ich versuchte, ihnen zu beschreiben, wie das Christentum in meiner Kultur aussah. Sie staunten nur so. Aber nach einer Weile wurde ihre Begeisterung allmählich weniger und die Stimmung änderte sich. Ich merkte, wie einer der Männer ganz still wurde und dann zu weinen anfing. Es waren keine Freudentränen, er schien todtraurig zu sein. Andere taten es ihm nach.

In was für ein kulturelles Fettnäpfchen hatte ich da getreten?

Ich fragte meine Zuhörer, was los sei. Ein sichtlich bestürzter Pastor erklärte mir: „Wir fragen uns, warum Gott euch Christen in Amerika so liebt, dass er euch mehr segnet als uns. Warum tut er so viele große Dinge für euch?"

Ich war schockiert, ja entsetzt über diese Frage. Sofort begann ich, meine neuen Freunde an die vielen Beispiele für die wunderbare Gnade Gottes zu erinnern, die chinesische Christen mir erzählt hatten. Sie hatten mir berichtet, wie er ihnen im Gefängnis Kraft und Mut gegeben hatte. Oder sie wiederholt vor der Polizei beschützt hatte. Oder ihre Gebete wunderbar erhört oder durch Träume und Visionen zu ihnen gesprochen hatte. Ich erinnerte an das noch nie dagewesene explosionsartige Wachstum der Hauskirchen, das trotz 50 Jahren kommunistischer Unterdrückung viele Millionen Chinesen zu Christus gebracht hatte.

Ich erinnerte sie an die Berichte von Heilungswundern, die ich von ihnen selbst gehört hatte, und wie sehr ich mir wünschte, einmal eine Totenauferweckung zu erleben. Ich versuchte ihnen klarzumachen, dass all diese Dinge doch so viele unleugbare Beweise von Gottes Gegenwart und Macht und von seiner gewaltigen Gnade und überfließenden Liebe für China und seine Menschen waren.

Meine Freunde hörten mir geduldig zu. Und dann wurden sie meine Lehrer. Lesen Sie, was sie mir sagten:

„Sie sehen selbst, wie wir uns hier heimlich mit Ihnen treffen, Dr. Ripken. Wir haben Ihnen erzählt, wie unsere Hausgemeinden von einem Bauernhof und einem Haus zum anderen wandern, oft bei Nacht und Nebel. Und Sie erzählen uns, dass in Ihrem Land die Pastoren in aller Öffentlichkeit das Evangelium predigen können und dass die Christen überall Gottesdienst halten können, sooft sie wollen.

Sie haben mitbekommen, wie wir eine Bibel zerrissen und aufgeteilt haben, damit jeder Hauskirchenpastor wenigstens einen Teil von Gottes Wort mit zu seiner Gemeinde nehmen kann. Und Sie erzählen uns, dass Sie in Ihrem Büro sieben verschiedene Bibelübersetzungen im Regal stehen haben und zahlreiche christliche Bücher besitzen und regelmäßig christliche Zeitschriften lesen.

Keiner von uns hier hat je ein eigenes Gesangbuch besessen. Aber Sie sagen uns, dass es in Ihren Gemeinden genug Gesangbücher für jeden gibt und dass man sie in jedem Buchladen kaufen oder kistenweise vom Verlag bestellen kann. Und dass viele Radio- und Fernsehsender christliche Musik ausstrahlen.

Sie haben erzählt: In Ihrem Land begehen alle Menschen, selbst wenn sie keine Christen sind, die Geburt von Jesus mit einem nationalen Feiertag. Und es gibt Gemeinden, die die Geburt von Jesus aufführen, um die Menschen zu unterhalten.

Wir haben Ihnen berichtet: Von unseren Pastoren werden so viele verhaftet, dass sie ihre wichtigste theologische Ausbildung in Gefängnissen erhalten. Aber Sie sagen uns: In Amerika gibt es besondere Ausbildungsstätten für zukünftige Pastoren.

Jawohl, wir haben Ihnen erzählt, dass wir für Kranke beten und dass viele von ihnen ein Heilungswunder erfahren. Aber vielleicht nur einer von 1.000 Geheilten dankt Gott oder findet zu Jesus. Sie erzählen uns, dass die Christen in Ihrem Land zu christlichen Ärzten, ja sogar in christliche Krankenhäuser gehen können.

Also, Dr. Ripken, was meinen Sie: Welche dieser Dinge sind die größten Wunder?"

Jetzt war ich an der Reihe mit Weinen. In diesem Augenblick dämmerte es mir, wie viel ich bisher für selbstverständlich genommen hatte – lauter Dinge, die für mich „normal" waren, aber in den Augen Millionen verfolgter Christen die reinsten Wunder.

Tatsache ist: Diese Dinge, die wir für selbstverständlich halten, sind allesamt Wunder!

Das lernte ich damals von diesen chinesischen Hauskirchen-christen. Ihr Nachhilfeunterricht öffnete mir die Augen für die Wundermacht Gottes, die heute noch in unserer Welt gegen-wärtig ist. Auf meiner langen Reise haben meine chinesischen Brüder und Schwestern und andere verfolgte Christen in aller Welt mir meine Kirche, meinen Gottesdienst, meine Bibel, mei-nen Glauben und noch viel mehr zurückgegeben.

Heute kann ich kein Abendmahl feiern, ohne an jenes letzte Abendmahl mit meinen vier somalischen Freunden in Moga-dischu zu denken, die bald darauf Märtyrer wurden. Wenn ich heute das Brot und den Wein entgegennehme, tue ich das stell-vertretend für all die Brüder und Schwestern in aller Welt, die das heilige Abendmahl vielleicht nie mehr werden feiern kön-nen.

Wenn ich heute ein Gesangbuch aufschlage, denke ich an Ta-vian, den alten singenden Heiligen, wie er in seiner Gefängnis-zelle über 600 Lob- und Danklieder komponierte, die jetzt jede Woche überall in Kirchen seines Landes gesungen werden.

Wenn ich heute sonntags in den USA in einen Gottesdienst gehe und wir Körper, Stimmen und Seelen erheben, um Gott mit Singen zu loben, denke ich an eines der antichristlichsten Länder der Erde, wo die Christen sich an wechselnden Wochen-tagen in Gruppen von maximal fünf Personen versammeln und dabei ihre Lieblingslieder „singen", indem sie stumm die Lippen bewegen, damit die Nachbarn sie nicht hören und die Geheim-polizei rufen. Und wenn ein Chorlied oder Solo mich besonders bewegt, denke ich manchmal an Aischas mutige Stimme aus dem finsteren Keller des Polizeigebäudes oder an den mächtigen Chor der 1.500 Gefangenen, die im sowjetischen Gefängnis mit ausgebreiteten Armen stehend und mit den Gesichtern nach Osten Dmitris Lied sangen.

Wenn ich heute nach einer Bibel im Bücherregal meines Ar-beitszimmers greife und überlege, welche Übersetzung ich gerade brauche, sehe ich jene chinesischen Hauskirchenpastoren vor mir, wie sie nach der heimlichen Konferenz jeder mit einer Handvoll Seiten aus einer Bibel nach Hause gingen, über die sie so lange predigen würden, bis sie die nächsten Seiten bekamen. Oder die jungen Leute auf der Jugendkonferenz in Moskau vor über 50 Jahren, die alle vier Evangelien vollständig aus dem Gedächtnis zusammenbekamen. Oder die Hunderte Interviewpartner, die mir wie aus der Pistole geschossen ihren Lieblingsbibelvers oder -abschnitt aufsagen konnten, der ihnen während der langen Jahre des Leidens und der Verfolgung die Kraft gegeben hatte, ihren Glauben lebendig zu halten.

◆◆◆

Als die Ripkens Somalia verließen, waren sie entmutigt und besiegt. Als Tim in Nairobi gestorben war, packten wir unsere Sachen und gingen wie geprügelte Hunde in die USA zurück, mit nichts als ein paar Koffern, einem kleinen Container mit unserem irdischen Besitz und einer gewaltigen Hypothek seelischer Wunden und Fragen an Gott – die Bilanz von eineinhalb Jahrzehnten des Einsatzes in Übersee.

Heute, 15 Jahre danach, glaube ich: Wenn Ruth und ich dann einfach in Kentucky geblieben wären, an unserem alten College, bei unseren Verwandten und Freunden, hätten wir vielleicht auch Heilung und neue Hoffnung gefunden, aber ich habe den starken Verdacht, dass es eine kleinere Hoffnung und oberflächlichere Heilung gewesen wäre. Doch es kam ganz anders. Die Menschen, die wir auf unserer langen Pilgerreise unter den verfolgten Christen trafen, zeigten uns nicht nur ganz neu und vertieft, *was* wir nach Gottes Willen *tun* sollen, sondern auch, *wer* wir *sein* sollen.

Was sie uns vorgelebt und was sie uns erzählt haben, hat nicht nur unsere Hoffnung erneuert und unsere Wunden geheilt, es hat uns einen neuen Blick für die Welt und für unsere Berufung gegeben, unseren Glauben wiederbelebt und unser Leben verändert. Für immer.

◆◆◆

Samira ist eine der stärksten und mutigsten Christinnen aus der muslimischen Welt, die Ruth und ich kennen. Jung, allein- stehend und gebildet, gab sie Jesus ihr Leben nach einer Reihe von Träumen und Visionen. Sie war wie durch ein Wunder an eine Bibel gekommen und hatte angefangen, sie zu lesen. Mit einem konservativen Imam hatte sie über ihre Fragen und Glau- bensprobleme gesprochen, und schließlich hatte sie ihr Herz Je- sus gegeben.

Als ich Samira kennenlernte, hatte sie bereits aus ihrem Land flüchten müssen und arbeitete für die UNO in Flüchtlings- lagern an der Grenze zwischen zwei zentralasiatischen Ländern. Als sie in den Interviewraum trat, war sie nach der strengs- ten Scharia-Vorschrift gekleidet. Ich staunte. Aber noch mehr staunte ich, als sie, kaum dass sie die Tür hinter sich geschlossen hatte, den Hidschab ablegte, der ihren Kopf bedeckte, sodann die schwarze, wallende Burka, die ihren Körper umhüllte, und sich als attraktive, lächelnde junge Frau mit bunter, aber züchti- ger Bluse und Jeans an der anderen Seite des Tisches niederließ. Sie hatte diese Kleidung unter der Burka getragen.

Ihre Verwandlung geschah so plötzlich und war so vollstän- dig und umwerfend, dass ich mir vorkam wie jemand, der zu- schaute, wie ein herrlicher Schmetterling aus seinem Kokon schlüpft.

In fließendem Englisch erklärte Samira mir, dass ihre gegen- wärtige Aufgabe bei den Vereinten Nationen die Vertretung von Frauen war, die von Talibankämpfern vergewaltigt worden wa- ren. Die Taliban trachteten ihr – wegen ihres christlichen Glaubens und weil sie die Vergewaltiger vor ein UN-Gericht bringen wollte – nach dem Leben. Sie hatte persönlich über 30 Frauen zu Christus geführt und getauft und unterwies sie nun im Glauben – all dies in einer Umgebung, wo es fast keine männlichen Christen gab, die sie hätten beschützen können.

Staunend hörte ich zu, wie sie mir die Geschichte ihrer eigenen geistlichen Reise erzählte. Kein Zweifel: Diese Frau war ein Werkzeug Gottes!

Zum Zeitpunkt unseres Gesprächs wollten Samiras Vorgesetzte sie in die USA ausfliegen, zu ihrem eigenen Schutz. Ich bat sie, doch zu bleiben; wie sollte Gott an diesem finsteren und schwierigen Ort Ersatz finden für diese junge Glaubensheldin? Doch die langsamen, aber unerbittlichen Mühlen der internationalen Diplomatie mahlten bereits. Samira wurde aus Zentralasien in den Mittleren Westen der USA ausgeflogen, wo sie ein neues Leben begann.

Wieder zu Hause angekommen, berichtete ich Ruth von dieser bemerkenswerten jungen Frau, und es gelang uns, sie für eine Woche aus ihrer neuen Heimat zu uns nach Kentucky zu holen.

Am Sonntag fuhren wir mit Samira zum Gottesdienst in eine mittelgroße Kirche. Es zeigte sich, dass dies ein Taufgottesdienst war; eine ganze Familie – Vater, Mutter und zwei Kinder – wurde getauft. Samira saß zwischen Ruth und mir auf der Bank. Als die Taufe begann, merkte ich, wie sie immer unruhiger wurde; sie zupfte sich nervös an den Händen, und ihr Oberkörper ging hin und her. Hatte sie eine Panikattacke? Ich fragte sie flüsternd, ob ihr etwas fehlte.

Samira zog an meinem Ärmel und flüsterte mir heftig ins Ohr: „Ich kann's nicht glauben, dass ich das miterleben darf! Eine Taufe in aller Öffentlichkeit! Eine ganze Familie auf einmal! Keiner schießt auf sie, keiner bedroht sie, niemand wird ins Gefängnis kommen oder gefoltert oder umgebracht werden!

Eine ganze Familie, die sich öffentlich und frei taufen lässt! Ich
hätte mir nie träumen lassen, dass Gott so etwas tun kann! Dass
ich so ein Wunder erleben darf ...“

Ich musste lächeln, als ich den Blick zurück zum Taufbecken
vorne in der Kirche richtete. Ein paar Sekunden später merkte
ich, wie Samira ihren Blick über die Menschen in den Bank-
reihen gleiten ließ. Jetzt sah sie verunsichert aus. Unsere Blicke
trafen sich, und sie beugte sich zu mir und flüsterte: „Warum
stehen die nicht alle auf?“

„Wie meinst du das?“, flüsterte ich zurück.

„Warum stehen die nicht alle und klatschen und jubeln über
so ein Wunder von Gott? Ich – ich platze gleich vor Freude! Ich
glaube, ich muss gleich *schreien* vor Freude!“

Fast lachte ich laut los: „Nur zu, Schwester! Ich schreie mit!“
Einen Augenblick lang sah es so aus, als würde sie es machen.
Aber sie tat es nicht, und ich auch nicht.

Doch den Rest dieses Gottesdienstes liefen Ruth und mir
die Tränen herunter, als wir unsere Aufmerksamkeit teilten zwi-
schen der Tauffamilie und dem hingerissenen Gesicht unserer
Freundin Samira, dieser Konvertitin aus einem der härtesten
Länder der Welt, die uns gerade klargemacht hatte, was für ein
Wunder dies hier war.

Und es *ist* ja alles ein Wunder! Verfolgte Brüder und Schwestern aus aller Welt haben es entdeckt und mir gesagt: *Niemand
ist wie Jesus, und nichts kann es aufnehmen mit der Kraft unseres
Auferstehungsglaubens!*

◆◆◆

Auf unserer langen Reise durch das Land der Christenverfolgung
durften Ruth und ich zu den Füßen vieler treuer Jünger und Jüngerinnen von Jesus sitzen: Samira, Tavian, Dmitri, Stojan, Aischa,
Pramana, der alte Pastor Chang und so viele andere. Als wir ihren

erstaunlichen Geschichten lauschten, war es, als ob unsere Bibel aufklappte und die Menschen aus ihren Seiten heraussprangen.

Heute stelle ich Gott in aller Demut eine ganz andere Frage als die, mit der ich diese Reise begonnen hatte. Meine Frage lautet jetzt:

Was soll ich tun, Herr? Du kamst mir viel zahmer vor und mein Glaube viel pflegeleichter, als ich deine alten Schriften studierte und dich brav in der Vergangenheit ließ. Aber wenn ich dich, deine Auferstehungskraft, deine Herrlichkeit und dein Wort in die Gegenwart hineinlasse, wird alles ganz anders! Dann wird die Botschaft des Evangeliums zur Schlagzeile für die Welt von heute!

Also: Was soll ich machen mit diesem Auferstehungsglauben? Was soll ich tun, Herr? Was willst du?

◆◆◆

Für die Ripkens geht das Abenteuer weiter. Wie ist es mit Ihnen? Wollen Sie mit uns gehen? Wollen Sie wissen, wie Sie das anfangen?

Fangen Sie damit an, dass Sie das befolgen, was die Stimme des Heiligen Geistes Pramana in seiner nächtlichen Vision befahl: „Suche Jesus. Suche das Evangelium."

Wenn Sie das tun, werden Sie erfahren, was zahllose Christen aus allen religiösen Kulturen der Welt uns bezeugt haben: „Es ist niemand wie Jesus. Kein anderer bietet uns solch einen Glauben an!"

Haben Sie keine Angst vor den Kosten und Risiken. Erinnern Sie sich an das, was der gefährlichste Mann, der mir je begegnet ist, mir sagte: „Jesus ist es wert!" Er ist es wert – alles!

Beginnen Sie Ihre eigene geistliche Reise. Entdecken Sie den unbeschreiblichen Frieden und die Kraft, die auch Ihnen offenstehen, wenn Sie im Auferstehungsglauben leben. Es wird Ihr ganzes Leben verändern und Ihre Welt auf den Kopf stellen.

Ich weiß, das klingt verrückt. Aber es ist nicht verrückt. Es ist die Torheit Gottes, die klüger ist als alle menschliche Weisheit. Wer darauf setzt, ist bereit, sie zu beschreiten – die unfassbaren Wege Gottes.

Der Dienst von Open Doors

Über 100 Millionen Menschen leiden heute aufgrund ihres christlichen Glaubens unter Benachteiligung und Verfolgung. Manchen wird verboten, Gottesdienste zu besuchen oder sich zum Gebet zu versammeln. Wieder andere werden wegen ihres Glaubens an Jesus Christus gefoltert oder gar ermordet. Open Doors ist ein überkonfessionelles christliches Hilfswerk, das sich seit fast 60 Jahren weltweit für verfolgte Christen einsetzt.

Wie es begann

Die Arbeit begann 1955 mit dem Schmuggeln von Bibeln hinter den Eisernen Vorhang. Damals brachte der Holländer Anne van der Bijl, der als Bruder Andrew oder – nach seiner Bestseller-Autobiografie – als „Der Schmuggler Gottes" bekannt wurde, Bibeln in Länder von Polen bis nach China. Heute ist Open Doors in rund 50 Ländern aktiv, vor allem in Asien, Afrika und dem Nahen und Mittleren Osten.

Schwerpunktbereiche unseres Dienstes

- Verteilung von Bibeln und christlichem Schulungsmaterial
- Ausbildung von Pastoren und Mitarbeitern der Untergrundgemeinden
- Gefangenenhilfe und Unterstützung der Familien von ermordeten Christen
- Aufbau von Zufluchtsstätten für ehemalige Muslime, die Christus angenommen haben
- Soziale Hilfsprojekte für mittellose Christen in der Verfolgung (Hilfe zur Selbsthilfe)
- Nothilfeprojekte in Konflikt- und Katastrophengebieten
- Information, Gebets- und Hilfsaufrufe an die Christen in der freien Welt

Was Sie tun können

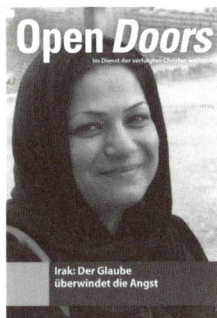

Wer für verfolgte Christen beten möchte, kann das monatliche Open Doors-Magazin kostenlos beziehen.

Darin gibt es aktuelle Berichte von der verfolgten Kirche, konkrete Gebetsanliegen für jeden Tag des Monats und Projektbeispiele.

Darüber hinaus gibt es eine Vielzahl von Möglichkeiten, sich für verfolgte Christen zu engagieren. Gerne kommen Mitarbeiter von Open Doors auch zu Vorträgen oder zu Predigten in Ihre Gemeinde. Sprechen Sie uns an:

Open Doors Deutschland
Postfach 1142, 65761 Kelkheim
Telefon +49-(0)6195-6767 0
Telefax +49-(0)6195-6767 20
Internet: www.opendoors.de
E-Mail: info@opendoors.de
Postbank Karlsruhe
BLZ: 660 100 75
Konto: 315 185 750
IBAN: DE67 6601 0075 0315 1857 50
BIC: PBNKDEFF

Open Doors Schweiz
Postfach 147,
CH-1032 Romanel s/Lausanne
Telefon +41-(0)21-731 01 40
Telefax +41-(0)21-731 01 49
Internet: www.opendoors.ch
E-Mail: info@opendoors.ch
Postkonto Schweiz: 34-4791-0

www.facebook.com/opendoorsDE

Bruder Andrew, Al Janssen
Verräter ihres Glaubens

Das gefährliche Leben von Muslimen,
die Christen wurden

416 Seiten, Taschenbuch, 4. Auflage
ISBN 978-3-7655-4019-6

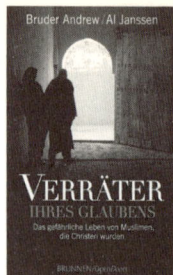

Ahmed war von Jesus so fasziniert, dass er in der Moschee öffentlich eine sehr gefährliche Frage stellte. Den anschließenden Schlägen und Misshandlungen seiner Familie konnte er nach einigen
Tagen entkommen. Doch wohin jetzt? Er musste untertauchen.
Noch mehr jungen Männern und Frauen geht es ähnlich. Sie suchen nach einem Ausweg …

Bruder Andrew, Susan DeVore Williams
**Gott versetzt Berge,
wenn wir ihn bitten**
Erfahrungen des „Schmuggler Gottes" mit
der Macht des Gebets

160 Seiten, Taschenbuch, 6. Auflage
ISBN 978-3-7655-3897-1

Aufrüttelnde Einsichten eines Menschen, der immer wieder alles
auf die „Karte Gottes" gesetzt hat. Aber darf man wirklich Gott
bitten, seine Pläne zu ändern? Sollten Christen nicht immer beten:
„Dein Wille geschehe"? Der „Schmuggler Gottes" stellt infrage, was
er christlichen Fatalismus nennt. Er belegt mit aufregenden Ein-
blicken seine Gebetserfahrungen: Gott versetzt sogar „Berge", wenn
wir ihn bitten …